CB130887

Pôr o leitor directamente em contacto
com textos marcantes da história da filosofia
– através de traduções feitas
a partir dos respectivos originais,
por tradutores responsáveis,
acompanhadas de introduções
e notas explicativas –
foi o ponto de partida
para esta colecção.
O seu âmbito estender-se-á
a todas as épocas e todos os tipos
e estilos de filosofia,
procurando incluir os textos
mais significativos do pensamento filosófico
na sua multiplicidade e riqueza.
Será assim um reflexo da vibratilidade
do espírito filosófico perante o seu tempo,
perante a ciência
e o problema do homem
e do mundo.

Textos Filosóficos

Director da Colecção: Artur Morão

1. *Crítica da Razão Prática*, Immanuel Kant
2. *Investigação sobre o Entendimento Humano*, David Hume
3. *Crepúsculo dos Ídolos*, Friedrich Nietzsche
4. *Discurso de Metafísica*, Immanuel Kant
5. *Os Progressos da Metafísica*, Immanuel Kant
6. *Regras para a Direcção do Espírito*, René Descartes
7. *Fundamentação da Metafísica dos Costumes*, Immanuel Kant
8. *A Ideia da Fenomenologia*, Edmund Husserl
9. *Discurso do Método*, René Descartes
10. *Ponto de Vista Explicativo da Minha Obra de Escritor*, Sören Kierkegaard
11. *A Filosofia na Idade Trágica dos Gregos*, Friedrich Nietzsche
12. *Carta sobre a Tolerância*, John Locke
13. *Prolegómenos a toda a Metafísica Futura*, Immanuel Kant
14. *Tratado da Reforma do Entendimento*, Bento de Espinosa
15. *Simbolismo: Seu Significado e Efeito*, Alfred North Withehead
16. *Ensaio sobre os Dados Imediatos da Consciência*, Henri Bergson
17. *Enciclopédia das Ciência Filosóficas em Epítome (Vol. I)*, Georg Wilhelm Friedrich Hegel
18. *A Paz Perpétua e Outros Opúsculos*, Immanuel Kant
19. *Diálogo sobre a Felicidade*, Santo Agostinho
20. *Princípios da Filosofia do Futuro*, Ludwig Feuerbach
21. *Enciclopédia das Ciência Filosóficas em Epítome (Vol. II)*, Georg Wilhelm Friedrich Hegel
22. *Manuscritos Económico-Filosóficos*, Karl Marx
23. *Propedêutica Filosófica*, Georg Wilhelm Friedrich Hegel
24. *O Anticristo*, Friedrich Nietzsche
25. *Discurso sobre a Dignidade do Homem*, Giovanni Pico della Mirandola
26. *Ecce Homo*, Friedrich Nietzsche
27. *O Materialismo Racional*, Gaston Bachelard
28. *Princípios Metafísicos da Ciência da Natureza*, Immanuel Kant
29. *Diálogo de um Filósofo Cristão e de um Filósofo Chinês*, Nicholas Malebranche
30. *O Sistema da Vida Ética*, Georg Wilhelm Friedrich Hegel
31. *Introdução à História da Filosofia*, Georg Wilhelm Friedrich Hegel
32. *As Conferências de Paris*, Edmund Husserl
33. *Teoria das Concepções do Mundo*, Wilhelm Dilthey
34. *A Religião nos Limites da Simples Razão*, Immanuel Kant
35. *Enciclopédia das Ciência Filosóficas em Epítome (Vol. III)*, Georg Wilhelm Friedrich Hegel
36. *Investigações Filosóficas sobre a Essência da Liberdade Humana*, F. W. J. Schelling
37. *O Conflito das Faculdades*, Immanuel Kant
38. *Morte e Sobrevivência*, Max Scheler
39. *A Razão na História*, Georg Wilhelm Friedrich Hegel
40. *O Novo Espírito Científico*, Gaston Bachelard
41. *Sobre a Metafísica do Ser no Tempo*, Henrique de Gand
42. *Princípios de Filosofia*, René Descartes
43. *Tratado do Primeiro Princípio*, João Duns Escoto
44. *Ensaio sobre a Verdadeira Origem, Extensão e Fim do Governo Civil*, John Locke
45. *A Unidade do Intelecto contra os Averroístas*, São Tomás de Aquino
46. *A Guerra e A Queixa da Paz*, Erasmo de Roterdão
47. *Lições sobre a Vocação do Sábio*, Johann Gottlieb Fichte
48. *Dos Deveres (De Officiis)*, Cícero
49. *Da Alma (De Anima)*, Aristóteles
50. *A Evolução Criadora*, Henri Bergson
51. *Psicologia e Compreensão*, Wilhelm Dilthey
52. *Deus e a Filosofia*, Étienne Gilson
53. *Metafísica dos Costumes, Parte I, Princípios Metafísicos da Doutrina do Direito*, Immanuel Kant
54. *Metafísica dos Costumes, Parte II, Princípios Metafísicos da Doutrina da Virtude*, Immanuel Kant
55. *Leis*. Vol. I, Platão
58. *Diálogos Sobre a Religião Natural*, David Hume

Princípios de Filosofia

Título original:
Principes de Philosophie
(Principiorum Philosophiae)

Tradução: João Gama

Revisão da tradução:
Joaquim Alberto Ferreira Gomes e
José Manuel de Magalhães Teixeira

Capa: FBA

Depósito Legal nº 245739/06

Impressão e acabamento:
PAPELMUNDE
para
EDIÇÕES 70, LDA.
Setembro de 2016

ISBN (10): 972-44-1267-9
ISBN (13): 978-972-44-1267-2
ISBN da 1ª edição: 972-44-0967-8

EDIÇÕES 70, Lda.
Rua Luciano Cordeiro, 123 – 1º Esqº - 1069-157 Lisboa / Portugal
Telefs.: 213190240 – Fax: 213190249
e-mail: geral@edicoes70.pt

www.edicoes70.pt

René Descartes

Princípios de Filosofia

70

NOTA DO EDITOR

Princípios da Filosofia foram originalmente editados em Latim, em Amesterdão em 1644. Em 1647 foram traduzidos para Francês pelo abade Picot, e reeditados por ele em 1651 e 1658. A presente tradução foi cotejada com o texto latino mas teve por base uma edição francesa de 1681, revista e corrigida; relativamente à edição latina, os acrescentos ao texto na edição francesa estão devidamente assinalados entre parêntesis rectos. A edição portuguesa — ao contrário da edição francesa — coloca os desenhos junto dos artigos a que dizem respeito (no que segue a edição em Latim), bem como introduz no texto, entre parênteses rectos, remissões a artigos que contribuem para a melhor compreensão da exposição.

À Sereníssima Princesa Isabel,
primeira filha de Frederico, Rei
da Boémia, Conde de Palatino
e Príncipe Eleitor do Império.

Senhora,

O maior fruto que recebi dos escritos que antes publiquei, foi proporcionar-me a honra de ser conhecido de Vossa Alteza e de lhe poder falar algumas vezes, o que me permitiu conhecer em Vós tais dons [qualidades tão raras e estimáveis] que, ao propô-las à posteridade como exemplo, penso assim prestar um serviço ao público. Não me ficaria bem adular ou escrever coisas de que não possuo conhecimento seguro, sobretudo nas primeiras páginas deste livro, em que me esforcei por estabelecer os princípios da verdade [de todas as verdades que o espírito humano pode saber]. A generosa modéstia que se vê brilhar em todas as acções de Vossa Alteza persuade-me de que os discursos simples e francos de um homem que só escreve aquilo em que acredita vos serão mais agradáveis do que os louvores floreados e rebuscados daqueles que estudaram a arte dos cumprimentos. Por isso, só escreverei nesta carta aquilo que, apoiado na razão ou na experiência, sei que é verdadeiro, e filosofarei aqui no exórdio da mesma maneira que no resto do livro.

Há uma grande diferença entre as verdadeiras virtudes e as aparentes: também verificamos que existem outras diferenças entre as que verdadeiramente procedem do exacto conhecimento da verdade e as que são acompanhadas de ignorância ou erro. As virtudes que, falando com propriedade, classifico como aparentes não passam de vícios que, não sendo tão frequentes como outros que lhes são contrários, costumam ser mais estimados do que as virtudes, que são intermédias [virtudes de que os vícios opostos constituem os excessos]. Assim, e porque há mais pessoas que receiam demasiado os perigos do que as que os receiam pouco, é frequente considerar-se que a temeridade é uma virtude, que surge mais frequentemente do que a autêntica coragem. É por isso que os pródigos costumam ser mais louvados do que os liberais; e aqueles que são verdadeiras pessoas de bem não adquirem tão facilmente a reputação de devotos como os supersticiosos e os hipócritas. Quanto às verdadeiras virtudes, não derivam todas de um verdadeiro reconhecimento, mas há as que algumas vezes surgem [da imperfeição ou] do erro: assim, com frequência a simplicidade é causa da bondade, o medo leva à devoção e o desespero à coragem.

Ora, as virtudes, assim acompanhadas de alguma imperfeição diferem entre si, e têm-se-lhes dado também diversos nomes. Mas aquelas que derivam apenas do conhecimento do bem e que, por isso, são tão puras e perfeitas, têm todas a mesma natureza e podem ser compreendidas unicamente sob o nome de sabedoria. Verdadeiramente sábio é aquele que tem a vontade firme e confiante de usar sempre a razão o melhor possível e praticar nas suas acções o que julga ser o melhor, tanto quanto a sua natureza o permite. É isso o que o torna justo, corajoso e moderado, além de todas as outras virtudes, que são de tal maneira unidas entre si que nenhuma parece melhor do que as outras: assim, ainda quando essas virtudes são mais perfeitas do que aquelas que, com a mistura de um defeito, se tornam mais visíveis, todavia não é costume dedicar-lhes tantos louvores já que em geral os homens os notam menos.

Além disso, das duas coisas exigidas à sabedoria tal como a considerámos, a saber: [que] o entendimento [conheça tudo o que é bem] e [que a] vontade [esteja sempre disposta a segui-lo], dos dois resta a vontade, porque todos os homens podem possuí-la igualmente, ao passo que o entendimento de alguns já não é tão bom como o de outros. Há ainda, contudo, os que, tendo menos espírito, podem ser tão perfeitamente sábios quanto a sua natureza o permite, tornando-se assim muito agradáveis a Deus pela sua virtude, pois possuem apenas uma firme resolução de fazer todo o bem que puderem, nada omitindo para aprender o que ignoram. Todavia, há também os que, com persistente vontade de fazer bem e um cuidado muito particular em se instruírem, têm igualmente um excelente espírito e alcançam sem dúvida um mais alto grau de sabedoria do que os outros. E vejo que estas três coisas se encontram perfeitamente representadas em Vossa Alteza. Pelo cuidado que tiveram em a instruir, é evidente que nem os divertimentos da Corte, nem a forma como as princesas costumam ser educadas [desviando-se inteiramente do conhecimento das Letras] puderam impedir-vos de terdes estudado diligentemente tudo o que de melhor se encontra nas Ciências. Conhece-se a excelência do vosso espírito por havê-las aprendido perfeitamente em tão pouco tempo. Mas tenho ainda outra prova que só eu posso avaliar, pois nunca encontrei ninguém que tenha compreendido tão bem e tão completamente tudo o que os meus escritos contêm. Com efeito, há vários que os consideram demasiados obscuros, até mesmo entre os melhores espíritos e os mais doutos. Aliás, noto que quase todos os que concebem facilmente as coisas que pertencem às Matemáticas não são de modo algum dotados para compreender a Metafísica, ao passo que outros compreendem facilmente a Metafísica mas não sabem assimilar aquelas. [E tanto é assim que posso afirmar, com verdade, que] só em Vossa Alteza encontrei o espírito para o qual ambos são igualmente fáceis, e por isso tenho boas razões para o considerar incomparável. Porém, o que aumenta ainda mais a minha admiração é que um conhecimento tão perfeito e diverso das várias ciências não se encontre em qualquer velho doutor que se tenha dedicado muitos anos à contemplação, mas sim numa princesa ainda jovem e cujo aspecto se assemelha mais àquele que os poetas atribuem às Graças do que às Musas ou à sábia Minerva. Enfim, não observo apenas em Vossa Alteza tudo quanto o espírito requer à mais alta e mais excelente sabedoria, mas também tudo o que pode ser exigido pela vontade ou pelos costumes, nos quais se vê a magnanimidade e a doçura [juntas a um tal temperamento]. E embora a fortuna vos tenha atacado com contínuas injúrias [e pareça ter envidado todos os esforços para vos fazer mudar de disposição], nunca pôde, por pouco que fosse, irritar-vos ou abater-vos o ânimo. E esta perfeita sabedoria obriga-me a tanta veneração que não somente penso em dever-vos este livro, visto tratar da Filosofia, como também não sentirei mais zelo em filosofar, isto é, em procurar obter sabedoria, do que tenho em ser,

Senhora,
de Vossa Alteza,
o mais humilde, muito obediente
e muito dedicado servidor

DESCARTES

Carta do autor ao tradutor francês, ao jeito de prefácio

Senhor,

Tão clara e perfeita é a tradução dos meus *Princípios*, que se deu ao incómodo de fazer, que me leva a esperar que agora sejam lidos em francês por mais pessoas do que o foram em latim, e que sejam melhor compreendidos. Receio apenas que o título afaste muitos dos que não foram alimentados nas Letras e que têm má opinião da Filosofia pois aquela que lhes foi ensinada não lhes agradou, o que me leva a pensar que seria melhor acrescentar-lhe um prefácio em que expusesse o objecto do livro, o desígnio que me propus ao escrevê-lo e a utilidade que se pode extrair dele. E embora me coubesse a mim escrever tal prefácio, visto dever saber tais assuntos melhor do que qualquer outro, outra coisa não consigo obter de mim próprio senão resumir aqui os principais pontos que irão ser tratados. Deixo por isso à vossa discrição o tornar patente aquilo que julgar mais apropriado.

Primeiramente, gostaria de começar pelas coisas mais vulgares como, por exemplo, que esta palavra *Filosofia* significa o estudo da sabedoria, e por sabedoria não se deve entender apenas a prudência nos negócios mas um conhecimento perfeito de todas as coisas que o homem pode saber, tanto para a conduta da sua vida como para a conservação da saúde e invenção de todas as artes. E para que este conhecimento assim possa ser, é necessário deduzi-lo das primeiras causas, de tal modo que para se conseguir obtê-lo — e a isto se chama filosofar — há que começar pela investigação dessas primeiras causas, ou seja, dos princípios. Estes devem obedecer a duas condições: uma, é que sejam tão claros e evidentes que o espírito humano não possa duvidar da sua verdade desde que se aplique a considerá-los com atenção; a outra, é que o conhecimento das outras coisas dependa deles, de maneira que possam ser conhecidos sem elas, mas não o inverso. Depois disto é indispensável que a partir desses princípios se possa deduzir o conhecimento das coisas que dependem deles, de tal modo que no encadeamento das deduções realizadas não haja nada que não seja perfeitamente conhecido. Na verdade, só Deus é perfeitamente sábio e tem o perfeito conhecimento da verdade de todas as coisas; mas pode dizer-se que os homens têm maior ou menor sabedoria de acordo com o maior ou menor conhecimento das verdades mais importantes. E suponho que nesta matéria não há nada com que os doutos não estejam de acordo.

Seguidamente faria notar a utilidade desta Filosofia e mostraria que, uma vez que se estende a tudo o que o espírito humano consegue saber, devemos acreditar que apenas ela nos distingue dos mais selvagens e bárbaros, e que uma nação é tanto mais civilizada e polida quanto melhor os seus homens filosofarem: e assim, o maior bem de um Estado é possuir verdadeiros filósofos. Além disso, para cada homem em particular é útil não só viver com os que se aplicam a tal estudo, mas também que é incomparavelmente melhor que cada qual se aplique a ele, pois vale muito mais servirmo-nos dos nossos próprios olhos para nos conduzirmos e desfrutarmos, por seu intermédio, da beleza das cores e da luz, do que mantê-los fechados e dispor apenas de si próprio para se conduzir. Ora, viver sem filosofar é ter os olhos fechados e nunca procurar abri-los; e o prazer de ver todas as coisas que a nossa vista descobre não é nada comparado com a satisfação que advém do conhecimento daquilo que se encontra pela Filosofia. Finalmente, este assunto é mais necessário para regrar os costumes e nos conduzirmos nesta vida do que o uso dos olhos para nos guiar os passos. Os brutos animais que apenas possuem o corpo para conservar ocupam-se continuamente na procura de alimentos; mas os homens, cuja parte principal é o espírito, deveriam empregar os seus principais cuidados na procura da sabedoria, que é o seu verdadeiro alimento. Também estou convencido de que muitos não deixariam de o fazer se tivessem a esperança de o conseguir e se soubessem quanto são capazes disso. Não existe alma, por menos nobre que seja, que, embora fortemente ligada aos objectos dos sentidos, não se afaste algumas vezes deles para desejar outro bem maior, apesar de frequentemente ignorar em que consiste. Aqueles que a sorte mais favorece com saúde, honras e riquezas não estão mais isentos de tal desejo do que os outros; pelo contrário, estou persuadido de que estes suspiram com mais ardor por um bem mais soberano do que todos aqueles que já possuem. Ora, este bem soberano adquire-se pela razão natural sem a luz da fé e não é outra coisa senão o conhecimento da verdade através das suas primeiras causas, isto é, a sabedoria, de cujo estudo a Filosofia se ocupa. E visto que todas estas coisas são inteiramente verdadeiras, não seriam difíceis de ensinar se fossem bem deduzidas.

Mas, impedidos de crer nelas, pois por experiência sabemos que aqueles que fazem profissão de ser filósofos são com frequência menos sábios e menos razoáveis do que os outros que nunca se aplicaram a tal estudo, explicarei aqui sumariamente em que consiste a ciência que presentemente possuímos e os graus de sabedoria a que se chegou. O primeiro grau contém noções tão claras em si próprias que as podemos adquirir sem meditação; o segundo compreende tudo o que a experiência dos sentidos nos leva a conhecer; o terceiro é aquilo que a conversa dos outros homens nos ensina; e a este se podemos acrescentar um quarto grau, a leitura, não de todos os livros, mas particularmente daqueles que foram escritos por pessoas capazes de nos darem boas instruções, porque é também uma espécie de conversa que sustentamos com os seus autores. Na verdade, a sabedoria que habitualmente possuímos leva-nos de súbito a uma crença infalível.

Ora, através de todos os tempos houve grandes homens que se esforçaram por encontrar um quinto grau para alcançar a sabedoria, um grau incomparavelmente mais alto e mais seguro do que os outros quatro e que consiste em procurar as primeiras causas e os verdadeiros princípios donde se podem deduzir as razões de tudo quanto pode ser conhecido; e os que se chamam filósofos são exactamente os que trabalham para isso. Todavia, não conheço quem haja, até agora, alcançado este objectivo. Os primeiros e os principais de que temos notícia são os escritos de Platão e Aristóteles, entre os quais apenas existe esta diferença: o primeiro seguiu as pisadas do seu mestre Sócrates e confessou, genuinamente, que ainda não encontrara nada de certo, contentando-se com escrever as coisas que lhe pareceram verosímeis e imaginando alguns princípios com que procurava explicar outras coisas. Quanto a Aristóteles, teve menos franqueza, e embora se mantivesse durante vinte anos como seu discípulo e não tivesse outros princípios senão os do mestre, alterou completamente a forma de os divulgar e propô-los como verdadeiros e seguros, embora não haja qualquer indício de os ter considerado como tais. Ora, estes dois homens tinham muito mais espírito e sabedoria do que aquela que se adquire pelos quatro graus precedentes, o que lhes conferia muita autoridade. Assim, aqueles que vieram depois limitaram-se mais a seguir as suas opiniões do que a investigar alguma coisa de melhor. A principal disputa que os seus discípulos tiveram entre si foi tratar de saber se deviam pôr todas as coisas em dúvida ou então se havia algumas que fossem certas. Isso arrastou, a uns e a outros, a extravagantes erros: aqueles que defendiam a dúvida logo a tornavam extensiva às acções da vida, de tal maneira que desprezavam o uso da prudência para se conduzirem;

e os que sustentavam a certeza, supondo que devia depender dos sentidos, fiaram-se neles tão completamente que se chegou a dizer que Epicuro ousara afirmar, contra todos os raciocínios dos astrónomos, que o Sol não era maior do que parecia.

Um defeito que se pode observar na maior parte das polémicas é que a verdade se encontra a meio de duas opiniões, e cada uma afasta-se da outra conforme a tendência para se contradizer. Mas o erro dos que pendiam demasiado para o lado da dúvida não foi seguido durante muito tempo e o dos outros foi corrigido, pois reconheceu-se que os sentidos nos enganam acerca de muitas coisas. No entanto, que eu saiba, o erro ainda não foi completamente eliminado, pois não basta dizer que a certeza não se encontra nos sentidos: a certeza provém somente do entendimento quando este tem percepções evidentes. Enquanto se dispuser unicamente de conhecimentos adquiridos por meio dos quatro primeiros graus da sabedoria não se deve duvidar das coisas que se nos afiguram verdadeiras; por outro lado, também não podem ser consideradas tão certas ao ponto de não se poder mudar de opinião sempre que a evidência de alguma razão obrigue a isso.

Quem não conhecer tal verdade, ou se alguém a conhecer e não a utilizar, então a maior parte daqueles que nos últimos séculos quiseram ser filósofos seguiram Aristóteles cegamente, deturpando o sentido dos seus escritos e atribuindo-lhe opiniões que ele próprio não reconheceria como suas se acaso voltasse ao mundo. No número dos que o seguiram incluem-se alguns dos melhores espíritos cuja juventude foi influenciada pelas suas opiniões, porque são as únicas que se ensinam nas escolas, o que os preocupou de tal maneira que não lograram chegar ao conhecimento dos verdadeiros princípios. Embora os aprecie a todos, e não queira tornar-me odioso retomando velhas disputas, posso provar aquilo que digo: todos supuseram como princípio alguma coisa que não conheciam perfeitamente. Por exemplo, não sei de nenhum que não tenha considerado o peso dos corpos terrestres; ora, embora a experiência mostre claramente que os corpos, que se dizem pesados, descem para o centro da Terra, nem por isso conhecemos a natureza daquilo a que se chama peso, isto é, a causa ou princípio que assim os faz descer, e por isso devemos estudá-los de outra maneira. O mesmo se pode dizer relativamente ao vazio e aos átomos, como também ao calor e ao frio, ao seco e ao húmido, ao sal, ao enxofre e ao mercúrio, e a todas as coisas semelhantes que alguns supuseram como princípios. Ora, todas as conclusões deduzidas de um princípio que não é evidente também não podem ser evidentes, apesar de terem sido deduzidas evidentemente; donde se segue que todos os raciocínios que defenderam tais princípios não forneceram o conhecimento certo de nenhuma coisa, nem, por consequência, fez avançar um único passo da investigação da sabedoria. E se alguma coisa encontraram de verdadeiro foi apenas por meio de algum dos quatro meios acima referidos. Contudo, não quero diminuir em nada o mérito de ninguém; sinto-me apenas obrigado a dizer, para consolação dos que ainda não estudaram nada, que, tal como numa viagem, enquanto voltamos as costas ao lugar para onde pretendemos ir, afastamo-nos dele quanto mais depressa caminharmos, de forma que, embora sigamos pelo caminho certo, só chegaríamos mais cedo se tivéssemos empreendido a viagem mais cedo; assim, quando temos maus princípios afastamo-nos do conhecimento da verdade e da sabedoria quanto mais nos esforçamos por nos cultivarmos e nos aplicarmos cuidadosamente a extrair deles as diversas consequências pensando que isso é filosofar: donde se deve concluir que aqueles que menos têm aprendido com aquilo que até agora se chamou Filosofia são os mais capazes de aprender a verdadeira.

Depois de ter explicado tudo isto, gostaria de expor as razões que servem para provar que os verdadeiros princípios que permitem alcançar o mais alto grau da sabedoria, que consiste no soberano bem da vida, são aqueles que expus neste livro; e, para tanto, apenas duas são necessárias: a primeira, que os princípios sejam muito claros; e a segunda, que deles se possa deduzir todas as outras coisas. Na verdade apenas existem estas duas condições exigidas por esses princípios. Ora, posso facilmente provar que são muito claros: em primeiro lugar pela forma como os encontrei, isto é, rejeitando todas as coisas em que podia encontrar a mínima oportunidade de duvidar; é certo que aquelas que não puderam ser rejeitadas por este processo, e desde que passamos a considerá-las, são as mais evidentes e as mais claras que o espírito humano consegue conhecer. Aquele que pretende duvidar de tudo não pode no entanto duvidar que existe enquanto duvida, e que aquele que assim raciocina, não podendo duvidar de si próprio e todavia duvidando de tudo o resto, não é aquilo a que chamamos corpo, mas sim aquilo a que chamamos alma ou pensamento. Assim, considerei o ser, ou a existência de tal pensamento, como o primeiro princípio, do qual deduzi muito claramente os seguintes: que Deus existe e é o autor de tudo o que existe no mundo e que, sendo a fonte da verdade, não criou o nosso entendimento de tal maneira que este se possa enganar no juízo que faz das coisas e das quais tem uma percepção muito clara e muito distinta. São estes os princípios de que me sirvo no que respeita às coisas imateriais ou metafísicas, dos quais deduzo, muito claramente, os princípios das coisas corporais ou físicas: que há corpos extensos em comprimento, largura e altura, que têm diversas formas e se movem de diversas maneiras. Eis, em poucas palavras, os princípios donde deduzo a verdade das outras coisas. A outra razão que prova a clareza dos princípios é o facto de terem sido conhecidas em todos os tempos, reconhecidas como verdadeiras e indubitáveis por todos os homens, exceptuando apenas a existência de Deus, que alguns puseram em causa porque atribuíram demasiado valor às percepções dos sentidos, já que Deus não pode ser visto nem tocado.

Porém, embora todas as verdades que introduzo nos meus princípios tenham sido conhecidas em todas as épocas e em todo o mundo, no entanto, que eu saiba, não houve até hoje ninguém que os tenha reconhecido como princípios da Filosofia, isto é, como aqueles princípios a partir dos quais se pode deduzir o conhecimento de todas as outras coisas que existem no mundo. Por isso, falta-me demonstrar que assim sucede realmente; e parece-me que o melhor é recorrer à experiência, isto é, convidando os leitores a ler este livro que, embora não trate de todas as coisas, o que seria impossível, explica as que me foi dado abordar; e assim, aqueles que as lerem com atenção poderão ficar persuadidos de que não é necessário procurar outros princípios para além daqueles que estabeleci para chegar aos mais altos conhecimentos de que o espírito humano é capaz; principalmente se após a leitura se derem ao cuidado de considerar quantas questões diversas são explicadas aí, e se, examinando também as dos outros, verificarem que até agora razões verosímeis foram dadas poucas para explicar as mesmas questões por meio de princípios diferentes dos meus. E para que possam empreendê-lo facilmente, poderia dizer-lhes que aqueles que estão imbuídos das minhas opiniões têm muito menos dificuldade em entender os escritos dos outros e reconhecer-lhes o seu justo valor do que aqueles que não o estão, contrariamente ao que há pouco disse sobre aqueles que começaram pela filosofia antiga e que, quanto mais a estudaram, menos aptos se encontravam para apreender a verdadeira.

Acrescentaria também uma palavra de advertência quanto à maneira de ler este livro: deve ser percorrido, antes de mais, como se fosse um romance, sem forçar demasiado a atenção nem deter-se perante as dificuldades que se for encontrando, de modo a saber apenas por alto de que matérias tratarei. Depois disto, se considerarem que merecem ser examinadas e se sentirem curiosidade em lhes conhecer as causas, podem lê-lo uma segunda vez para atender ao encadeamento das minhas razões; contudo, torna-se indispensável que não se deixem desanimar de novo se acaso não o compreenderem todo ou não entenderem bem todas as razões. Então, convém anotar ou simplesmente sublinhar os pontos de dificuldade e continuar a ler, sem interrupção, até ao fim. Depois, se pegarem no livro pela terceira vez, creio que encontrarão a solução para a maior parte das dificuldades com que anteriormente se depararam; e se algumas ainda restarem, creio que se chegará finalmente à solução relendo-o.

Ao examinar a natureza dos vários espíritos dei-me conta de que, por mais grosseiros e atrasados que fossem, dificilmente se encontra algum radicalmente incapaz de participar dos bons sentimentos e até de adquirir todas as mais altas ciências desde que se conduzissem como é necessário. Também isto pode ser provado pela razão: uma vez que os princípios são claros e que só se deve fazer deduções por meio de raciocínios muito evidentes, possuiremos espírito suficiente para compreender as coisas que dependem deles. Todavia, para além do obstáculo dos preconceitos, de que ninguém se encontra inteiramente livre, dado que muitas vezes aqueles que mais estudaram as ciências são os mais prejudicados por elas, sucede quase sempre que aqueles que são dotados de espírito moderado negligenciam o estudo porque não se acham capazes de o fazer, e os outros, mais entusiasmados, vão com demasiada pressa e com frequência aceitam princípios que não são evidentes, retirando deles consequências incertas. Por isso, gostaria de assegurar aos que desconfiam demasiado das suas forças que nos meus escritos não existe nada que não possam entender completamente se se esforçarem por examiná-los; e, entretanto, advertirei também os outros de que até os espíritos mais excelentes terão necessidade de muito tempo e de atenção para compreenderem todas as coisas que tive a intenção de abordar.

Em seguida, para fazer compreender bem qual o objectivo com que os publiquei, gostaria de explicar a ordem que deve ser seguida para se ficar informado. Primeiramente, um homem que só possui ainda o conhecimento vulgar e imperfeito que pode ser obtido pelos quatro meios acima explicados deve antes de tudo tratar de formar uma moral que regule as acções da sua vida, porque é nosso dever esforçarmo-nos por viver bem. Depois disto deve estudar também a Lógica; não a da Escola, porque esta, falando com propriedade, é apenas uma dialéctica tendente a ensinar os meios de fazer compreender a outrem as coisas conhecidas, e a dizer, sem prévio juízo, várias palavras referentes ao que não se sabe, corrompendo mais o bom senso do que enriquecendo-o. Deve-se estudar a Lógica que ensina a bem conduzir a razão com o objectivo de descobrir as verdades desconhecidas; e porque depende bastante do uso, o estudioso deve exercitar-se durante algum tempo a praticar as regras referentes a questões fáceis e simples, como as das Matemáticas. Então, desde que haja adquirido o hábito de encontrar a verdade nestas questões, deve começar a aplicar-se à verdadeira Filosofia, cuja primeira parte é a Metafísica, que contém os princípios do conhecimento, entre os quais se encontra a explicação dos principais atributos de Deus, da imaterialidade das nossas almas e de todas as noções claras e simples que residem em nós. A segunda é a Física, e depois de termos encontrado os verdadeiros princípios das coisas materiais devemos examinar, na generalidade, como todo o universo é composto; seguidamente, e em particular, a natureza da Terra e de todos os corpos que se acham mais comummente à sua volta, tal como o ar, a água, o fogo, o íman e os minerais. No seu seguimento, é necessário investigar, também em particular, a natureza das plantas, dos animais e, sobretudo, do homem, a fim de encontrarmos as outras ciências que nos são úteis. Assim, a Filosofia é como uma árvore, cujas raízes são a Metafísica, o tronco a Física, e os ramos que saem do tronco são todas as outras ciências, que se reduzem a três principais: a Medicina, a Mecânica e a Moral, entendendo por Moral a mais elevada e mais perfeita, porque pressupõe um conhecimento integral das outras ciências, e é o último grau da sabedoria.

Ora, como não é das raízes nem do tronco das árvores que se colhe os frutos, mas apenas das extremidades dos ramos, a principal utilidade da Filosofia depende daquelas suas partes que são aprendidas em último lugar. Porém, e embora as ignore quase todas, o zelo com que sempre me esforcei por prestar serviço ao público está na origem de mandar imprimir, há dez ou doze anos, alguns ensaios sobre as coisas que me era dado supor ter compreendido. A primeira parte desses ensaios foi um discurso a respeito do *Método* para bem conduzir a razão e procurar a verdade nas ciências, onde expus sumariamente as principais regras gerais da Lógica e de uma Moral imperfeita que se pode adoptar provisoriamente enquanto não alcançamos nada de melhor. As outras foram três tratados: um de *Dióptrica*, outro dos *Meteoros*, e o último de *Geometria*. Foi meu objectivo, com a *Dióptrica*, mostrar que se podia ir bastante longe na Filosofia e assim chegar ao conhecimento das artes úteis à vida, visto que a invenção dos óculos de alcance, que aí explicava, é uma das mais difíceis que jamais haviam sido investigadas. Com os *Meteoros* desejava que se reconhecesse a diferença que existe entre a filosofia que cultivo a aquela que se ensina nas escolas onde se costuma tratar a mesma matéria. Finalmente, com a *Geometria* pretendia demonstrar que encontrara várias coisas até aí ignoradas e que se podia descobrir ainda muitas outras, e através deste processo incitar todos os homens à investigação da verdade. Prevendo, desde então, a dificuldade que muitos teriam em conceber os fundamentos da Metafísica, procurei explicar os seus pontos principais num livro de *Meditações* não muito grande, mas cujo volume foi engrossado e cuja matéria foi bastante esclarecida com as objecções que várias pessoas muito doutas me enviaram a seu respeito e também com as respostas que lhes dei. Depois, finalmente, quando me pareceu que estes tratados precedentes haviam preparado suficientemente o espírito dos leitores para acolherem os *Princípios da Filo-*

sofia, publiquei-os e dividi o livro em quatro partes, contendo a primeira os princípios do conhecimento, que é aquilo a que se pode chamar a Filosofia Primeira ou a Metafísica: por isso, para a compreender convém ler primeiro as *Meditações* que escrevi sobre o mesmo assunto. As outras três partes contêm tudo quanto há de mais geral na Física, tal como a explicação das primeiras leis ou princípios da Natureza, e o modo como são compostos os céus, as estrelas fixas, os planetas, os cometas e todo o universo em geral; depois, em particular, a natureza da terra, do ar, da água, do fogo e do íman, que são os corpos que se pode encontrar com mais frequência à nossa volta por toda a parte; e de todas as qualidades que se observam nestes corpos, tais como a luz, o calor, o peso e outras. Por tudo isto penso ter contribuído para explicar a Filosofia ordenadamente, sem ter omitido nenhuma das coisas que devem preceder as últimas que escrevi.

A fim de levar por diante tal objectivo, de seguida deveria explicar a natureza de cada um dos outros corpos mais particulares que existem na Terra, tais como minerais, plantas, animais, e principalmente o homem; e finalmente tratar da Medicina, da Moral e das Mecânicas. Seria isto o que eu precisaria de fazer para proporcionar aos homens um corpo completo de Filosofia. E não me sinto ainda tão velho, nem suspeito tanto das minhas forças, nem me encontro tão afastado do conhecimento do que falta, que não ousasse esforçar-me por levar tal objectivo a bom termo se acaso me fosse fácil realizar todas as experiências necessárias para apoiar e justificar os meus raciocínios. Porém, como para isso seria preciso fazer grandes despesas, que eu não poderia sustentar se não fosse ajudado pelo público, e não vendo como esperar tal ajuda, creio que doravante devo contentar-me com estudar para a minha instrução particular, esperando que a posteridade me desculpe o deixar de trabalhar, de agora em diante, para ela.

Contudo, para que se consiga ver aquilo em que penso que já fui útil, direi aqui, segundo a minha opinião, que frutos se podem colher dos meus princípios. O primeiro é a satisfação em encontrar neles várias verdades até agora ignoradas, embora a verdade não excite tanto a imaginação como as falsidades e as dissimulações, porque o contentamento propiciado por ela parece menos admirável e mais simples, mas é sempre mais durável e mais sólido. O segundo é que ao estudar tais princípios as pessoas se acostumarão aos poucos a julgar melhor todas as coisas: e deste modo serão mais sábias e usufruirão de um efeito contrário ao da filosofia comum, facilmente observável nos pedantes e que os torna menos capazes do uso da razão do que se nunca a tivessem aprendido. O terceiro é que as verdades que contêm, sendo muito claras e muito certas, eliminam todos os motivos de discussão, e por isso inclinarão os espíritos à tolerância e à concórdia, ao contrário das controvérsias da Escola, que tornam as pessoas mais teimosas e que são provavelmente a primeira causa das heresias e das dissenções que agora perturbam o mundo. O último e principal fruto de tais princípios é poder descobrir e cultivar várias verdades que não expliquei. E assim, passando aos poucos de umas para outras, com o tempo é possível adquirir um conhecimento perfeito de toda a Filosofia e subir ao mais alto grau da sabedoria. Tal como em todas as artes, que de início se mostram rudes e imperfeitas, em virtude de conterem alguma coisa de verdadeiro cujo efeito a experiência mostra, contudo acabam por aperfeiçoar-se pouco a pouco graças à prática. Assim, quando possuímos e seguimos verdadeiros princípios em Filosofia encontraremos por vezes outras verdades; e não se pode demonstrar melhor a falsidade dos princípios de Aristóteles do que afirmar que por seu intermédio não se logrou atingir nenhum progresso durante os séculos em que foram seguidos.

Sei perfeitamente que há espíritos tão precipitados e que usam de tão pouca circunspecção naquilo que fazem que, ainda que possuam fundamentos sólidos, não poderiam construir nada de seguro; e como geralmente são esses que mais prontamente escrevem livros, poderiam em pouco tempo estragar tudo quanto fiz, introduzindo a incerteza e a dúvida na minha forma de filosofar. Assim, esforcei-me cuidadosamente por bani-los, caso os seus escritos fossem recebidos como meus ou como contendo as minhas opiniões. Isto aconteceu recentemente com um daqueles que supostamente me seguia e que escreveu algures que estava tão seguro do seu espírito que não acreditava que as suas opiniões não pudessem ser aceites como minhas: de facto, no ano passado este autor publicou um livro intitulado *Fundamenta Physicae* onde, ainda que pareça não ter introduzido nada de novo acerca da Física e da Medicina que não seja extraído dos meus escritos (tantos dos que já publiquei como de um outro, ainda incompleto, sobre a natureza dos animais, que lhe foi parar às mãos), apesar de tudo efectuou uma transcrição inexacta, alterando a ordem e até negando algumas verdades da Metafísica, sobre a qual toda a Física se deve apoiar; e por isso sou obrigado a desmenti-lo completamente e rogar aqui aos leitores que nunca me atribuam qualquer opinião que não encontrem expressamente nos meus escritos, e que não aceitem nenhuma como verdadeira, quer nos meus escritos quer em outro lugar, se não verificarem que é claramente deduzidas dos meus princípios.

Também sei que poderão decorrer vários séculos antes que destes princípios se deduza as verdades neles implícitas, quer porque a maior parte das que falta encontrar depende de algumas experiências particulares que jamais se encontrarão por acaso, mas que devem ser procuradas com cuidado e esforço por homens muito inteligentes, quer porque mesmo aqueles que possuem a subtileza suficiente para se servirem bem deles dificilmente poderão realizá las; e também porque a maior parte dos melhores espíritos terá concebido tão má opinião da Filosofia, por causa dos defeitos notados na que utilizaram até ao presente, que jamais poderão decidir-se a descobrir uma melhor.

Mas se, finalmente, a diferença que observarem entre estes princípios e os de todos os outros, assim como a grande sucessão de verdade que deles se pode deduzir, os levar a conhecer quanto é importante prosseguir a investigação destas verdades, e verificarem até que grau de sabedoria, perfeição de vida e felicidade elas podem conduzir, ouso crer que todos procurarão aplicar-se a um estudo tão proveitoso, ou pelo menos que favorecerão e ajudarão, quanto estiver ao seu alcance, os que a isso se entregarem frutuosamente. Desejo que os nossos sucessores tenham o sucesso, etc.

Primeira Parte

DOS PRINCÍPIOS DO CONHECIMENTO HUMANO

1. Para examinar a verdade é necessário, pelo menos uma vez na vida, pôr todas as coisas em dúvida, tanto quanto se puder.

Porque fomos crianças antes de sermos homens, e porque julgámos ora bem ora mal as coisas que se nos apresentaram aos sentidos quando ainda não tínhamos completo uso da razão, há vários juízos precipitados que nos impedem agora de alcançar o conhecimento da verdade; [e de tal maneira nos tornam confiantes que] só conseguimos libertar-nos deles se tomarmos a iniciativa de duvidar, pelo menos uma vez na vida, de todas as coisas em que encontrarmos a mínima suspeita de incerteza.

2. Há, também, que considerar como falsas todas as coisas de que se pode duvidar.

Será mesmo muito útil rejeitarmos como falsas todas aquelas coisas em que pudermos imaginar a mínima dúvida, de modo a que [se descobrirmos algumas que apesar de tal precaução] nos pareçam claramente verdadeiras, possamos considerar que também elas são muito certas e as mais fáceis que é possível conhecer.

3. Não devemos, de modo algum, usar esta dúvida para a orientação das nossas acções.

Convém [entretanto notar que de modo nenhum entendo] que nos sirvamos de forma tão geral do duvidar, a não ser quando começarmos a aplicar-nos à contemplação da verdade. Pois em tudo aquilo que diz respeito à orientação da nossa vida muitas vezes somos obrigados a seguir opiniões apenas verosímeis, dado que as ocasiões de agir desapareceriam quase sempre antes de nos libertarmos de todas as dúvidas. E quando se encontram várias dessas ocasiões de agir acerca de um mesmo assunto — ainda que não concedamos, talvez, mais verosimilhança a uma do que a outras [se a acção não permite demora] —, a razão exige que escolhamos uma delas [e que, após tê-la escolhido, a sigamos firmemente como se a tivéssemos julgado certíssima].

4. Por que razão se pode duvidar das coisas sensíveis.

Mas para que nos ocupemos apenas do objectivo de investigar a verdade, em primeiro lugar devemos duvidar se de todas as coisas que caíram sob a alçada dos nossos sentidos ou que alguma vez imaginámos, algumas existam [verdadeiramente no mundo]. E duvidaremos delas, tanto porque a experiência nos mostrou que os sentidos nos enganaram em várias ocasiões, e por isso seria imprudência confiar demasiado naqueles que já nos enganaram, mesmo que tivesse sido só uma vez, como também porque quando dormimos sonhamos quase sempre, e então parece-nos que sentimos vivamente e imaginamos claramente uma infinidade de coisas que não se encontram onde as supomos. Quando assim estamos resolvidos a duvidar de tudo, já não resta sinal que nos possa indicar se os pensamentos que nos vêm em sonhos são mais falsos do que outros.

5. Por que razão se pode, também, duvidar das demonstrações de Matemática.

Também duvidamos de todas as outras coisas que outrora já nos pareceram muito certas, mesmo das demonstrações da Matemática e dos seus princípios, embora em si mesmos estes sejam conhecidos, porque há homens que se equivocaram no seu raciocínio sobre tais matérias; mas principalmente porque temos ouvido dizer que Deus, que nos criou, pode fazer tudo o que lhe agrada e não sabemos ainda se nos quis fazer de tal maneira a sermos sempre enganados, até em relação às coisas que supomos conhecer melhor. Visto que Ele permitiu que nos tenhamos enganado algumas vezes, como já observei, por que não permitiria que nos enganássemos sempre? E se queremos imaginar um Deus todo-poderoso que não é autor do nosso ser, e que subsistimos por nós próprios ou por qualquer outro meio por supormos tal autor menos poderoso, teremos sempre razão para crer que não somos tão perfeitos e que podemos ser continuamente enganados.

6. Somos dotados do livre arbítrio de nos abstermos de considerar as coisas duvidosas, e assim evitarmos sermos enganados.

Entretanto, mesmo que Aquele que nos criou fosse todo-poderoso, e mesmo que sentisse prazer em nos enganar, nem por isso, e sempre que nos aprouver, deixaríamos de sentir em nós a liberdade de evitar receber as coisas que não conhecemos bem, e assim evitarmos sermos enganados.

7. Só poderemos duvidar se existirmos; este é o primeiro conhecimento certo [que se pode adquirir].

Como rejeitamos tudo aquilo de que podemos duvidar ou que imaginamos ser falso, supomos facilmente que não há Deus, nem Céu, nem Terra, e que não temos corpo. Mas enquanto duvidamos da verdade de todas estas coisas poderíamos igualmente supor que não existimos: com efeito, temos tanta repugnância em conceber que aquele que pensa não existe verdadeiramente ao mesmo tempo que pensa que [apesar das mais extravagantes suposições] não poderíamos impedir-nos de acreditar que a conclusão penso, logo existo não seja verdadeira, e por conseguinte a primeira e a mais certa que se apresenta àquele que conduz os seus pensamentos por ordem.

8. A seguir também se conhece a distinção entre a alma e o corpo.

Também me parece que este é o meio mais adequado para conhecer a natureza da alma enquanto substância completamente distinta do corpo. Porque, examinando o que somos, nós, que pensamos agora, estamos persuadidos de que fora do pensamento não há nada que seja ou exista verdadeiramente, e concebemos claramente que, para ser, não temos necessidade de extensão, de figura, de estar em qualquer lugar, nem de outra coisa que se possa atribuir ao corpo, e que existimos apenas porque pensamos. Por conseguinte, a noção que temos de alma ou de pensamento precede a que temos de corpo, e esta é mais certa visto que ainda duvidamos que no mundo haja corpos, mas sabemos seguramente que pensamos.

9. O que é o pensamento.

Pela palavra pensamento entendo tudo quanto ocorre em nós de tal maneira que o notamos imediatamente por nós próprios; é por isso que compreender, querer, imaginar, mas também sentir, são a mesma coisa que pensar. Porque se afirmo que vejo ou que caminho, e daí infiro que existo; se ouço falar da acção que se pratica com os meus olhos ou com as minhas pernas, esta conclusão não é de tal modo infalível que eu não tenha razão para duvidar dela, porque eu posso pensar, ver ou caminhar quando durmo, embora não saia do mesmo sítio. Isto acontece-me algumas vezes quando durmo e poderia talvez suceder-me se não tivesse corpo: ao passo que se ouço falar somente da acção do meu pensamento, ou do sentimento, ou seja, do conhecimento que existe em mim e que me leva a supor que vejo ou caminho, esta mesma conclusão é tão absolutamente verdadeira que não posso duvidar dela, visto que se refere à alma, que é a única a ter a faculdade de sentir, ou de pensar de qualquer modo que seja.

10. Há noções tão claras por si próprias que ficam obscurecidas quando queremos defini-las de forma escolar; e que não podem ser adquiridas pelo estudo, mas nascem connosco.

Não explico aqui vários outros termos de que já me servi e de que tenciono continuar a servir-me [porque penso que quem lê os meus trabalhos conseguirá compreender por si próprio o que estes termos significam]. Além disso, observei que ao procurarem explicar pelas regras da sua lógica coisas que são conhecidas por si próprias, os filósofos não fizeram mais do que obscurecê-las. E uma vez que a proposição penso, logo existo é a primeira e a mais certa que se apresenta àquele que conduz os seus pensamentos por ordem, isso não implica que anteriormente não seja necessário saber o que é o pensamento, a certeza, a existência, e que para pensar era preciso ser e outras coisas semelhantes; porém, e porque se trata de noções tão simples por si próprias, que não nos levam ao conhecimento de nenhuma coisa existente, considerei que não deveriam ser abordadas aqui.

11. Como podemos conhecer a alma mais claramente do que o corpo.

A fim de saber como o conhecimento que possuímos do nosso pensamento precede o do corpo e é incomparavelmente mais evidente, de tal maneira que, ainda que não o fosse, teríamos razão para concluir que continuaria a existir tudo quanto existe, observaremos que, por uma luz que se encontra naturalmente nas nossas almas, sabemos que o nada não tem qualidades ou propriedades que o afectem; e se nos apercebemos de algumas, então necessariamente deve haver uma coisa ou substância de que dependem. Esta mesma luz mostra-nos também que conhecemos uma coisa ou substância tanto melhor quanto maior número de propriedades notarmos nela; ora, é certo que as notamos muito mais no nosso pensamento do que em qualquer outra coisa, tanto mais que não há nada que nos incite a conhecer seja o que for que não nos conduza, ainda com mais certeza, a conhecer o nosso pensamento. Por exemplo, se me persuado de que há uma terra, porque a toco ou vejo, mais razões tenho para estar persuadido de que o meu pensamento é ou existe, porque pode suceder que eu pense tocar a terra, embora não haja talvez nenhuma terra no mundo, e que não seja possível que eu, isto é, a minha alma, não seja nada enquanto tem este pensamento. Podemos concluir o mesmo de todas as outras coisas que nos vêm ao pensamento, isto é, que nós existimos porque as pensamos, embora elas talvez sejam falsas ou não tenham nenhuma existência. [E assim quanto ao resto.]

12. Da razão por que nem toda a gente conhece a alma desta maneira.

Aqueles que não filosofaram por ordem, formularam outras opiniões sobre este assunto porque nunca distinguiram com bastante cuidado a sua alma [ou seja, aquilo que pensa] do corpo [ou seja, o que é extenso em comprimento, largura e altura]. Mas ainda que não pusessem nenhuma dificuldade em crer que estavam no mundo, estando mais seguros disto do que de qualquer outra coisa, como não tiveram em conta que quando se tratava de uma certeza metafísica deviam considerar somente o pensamento, e que, pelo contrário, preferiam crer que era o corpo que viam com os olhos e tocavam com as mãos e ao qual despropositadamente atribuíam a faculdade de sentir, por isso não conheceram distintamente a natureza da alma.

13. Em que sentido se pode dizer que, se ignorarmos Deus, não teremos um conhecimento certo de nenhuma coisa.

O pensamento conhece-se a si mesmo desta maneira, embora persista em duvidar das outras coisas, e quando usa de circunspecção para tentar levar o conhecimento mais além encontra em si primeiramente as ideias de várias coisas; e enquanto as contempla simplesmente e não confirma se há alguma coisa fora de si semelhante às ideias e que também não o negue, está livre do perigo de se iludir. O pensamento encontra também algumas noções comuns com que compõe demonstrações que o persuadem tão absolutamente de que não poderia duvidar da sua verdade enquanto se dedicasse a isso. Por exemplo, tem em si as ideias dos números e das figuras; ou ainda a seguinte noção: «se acrescentamos quantidades iguais a outras quantidades iguais, o todo será igual», e muitas outras tão evidentes como esta, por meio das quais se torna fácil, por exemplo, demonstrar que os três ângulos de um triângulo são iguais a dois rectos, etc. Enquanto apreende estas noções, bem como a ordem pela qual deduziu tal conclusão ou outras semelhantes, o pensamento acha-se muito seguro da sua verdade. Porém, como não podia pensar sempre assim com tanta atenção, quando se lembra de alguma conclusão sem ter em conta a ordem da sua demonstração, pensando no entanto que o autor do seu ser teria podido criá-lo com tal natureza mesmo se se iludisse em tudo o que lhe parece muito evidente, vê bem que tem justa razão para desconfiar da verdade de tudo aquilo de que não se apercebe distintamente, e que não poderia ter nenhuma ciência certa antes de haver conhecido Aquele que o criou.

14. É possível demonstrar que Deus existe, apenas porque a necessidade de ser ou de existir está compreendida na noção que temos d'Ele.

Quando posteriormente o pensamento passa em revista as diversas ideias ou noções que estão em si aí encontra a noção de um ser omnisciente, todo-poderoso e extremamente perfeito [e facilmente julga, através do que apreende em tal ideia, que Deus, que é esse Ser todo perfeito, é ou existe: com efeito, embora o pensamento possua distintas ideias de muitas outras coisas, não encontra nada que o certifique da existência do seu objecto] e observa nessa ideia não-somente uma existência possível, como nas outras, mas absolutamente necessária e eterna. E como vê que na ideia que fez do triângulo se encontra compreendido que os seus três ângulos são iguais a dois rectos, da mesma maneira e só pelo facto de se aperceber de que a existência necessária e eterna está compreendida na ideia de um Ser perfeito, deve concluir que um tal Ser, todo perfeito, é ou existe.

15. A necessidade de ser não está assim compreendida na noção que temos das outras coisas, mas somente no poder ser.

O pensamento poderá ainda assegurar-se melhor da verdade desta conclusão se se prevenir de que não tem em si a ideia ou noção de nenhuma outra coisa em que possa reconhecer uma existência que seja assim absolutamente necessária; só por isso saberá que a ideia de um Ser todo perfeito não está nele por ficção, como se fosse uma quimera;

mas, pelo contrário, só porque nele está impressa uma natureza imutável e verdadeira e que necessariamente deve existir, dado que só é possível ser concebido como tendo existência necessária.

16. Os preconceitos impedem que muitos conheçam claramente esta necessidade de ser que está em Deus.

Se a nossa alma ou pensamento estivesse livre de preconceitos não teria nenhuma dificuldade em se persuadir desta verdade; mas como estamos habituados a distinguir a essência da existência em todas as outras coisas, e como nos é possível imaginar a nosso bel-prazer muitas ideias de coisas que nunca terão existido e que talvez nunca existirão, se não elevarmos o nosso espírito, como deve ser, à contemplação desse Ser todo perfeito, pode suceder que duvidemos se a ideia que temos d'Ele não será uma das que imaginámos, ou das que são possíveis, embora a existência não esteja necessariamente compreendida na sua natureza.

17. Quanto mais concebemos a perfeição numa coisa, tanto mais devemos crer que a sua causa deve ser também a mais perfeita.

Além disso, quando reflectimos sobre as diversas ideias que estão em nós, facilmente nos apercebemos de que não existe muita diferença entre elas enquanto as considerarmos simplesmente como as dependências da nossa alma ou do nosso pensamento, havendo casos em que uma representa uma coisa, e outra representa outra, mesmo que a sua causa seja tão perfeita quanto a perfeição do objecto que representam. Assim como nos dizem que alguém pensou numa máquina em que há muito artifício, temos razão para nos interrogar como pôde ter essa ideia: se viu essa máquina nalgum lado ou se aprendeu a ciência das Mecânicas, ou se é dotado de uma tal vivacidade de espírito que a tenha inventado por si mesmo sem ter visto nada de semelhante, porque todo o artifício representado na ideia que esse homem tem, como num quadro, deve estar na sua primeira e principal causa, não-somente por imitação, mas da mesma maneira ou de uma forma ainda mais eminente daquela que foi representada.

18. Por isso, uma vez mais se pode demonstrar que Deus existe.

De igual modo, porque encontramos em nós a ideia de um Deus ou de um Ser sumamente perfeito, podemos investigar a causa que determina essa ideia em nós. Todavia, depois de ter ponderado com a devida atenção como são imensas as perfeições que tal ideia nos representa, somos obrigados a confessar que só a poderíamos ter a partir de um ser muito perfeito. Ou seja: de um Deus que é verdadeiramente [ou que existe] porque, pela luz natural, sabemos que o nada não pode ser a origem do que quer que seja e que o mais perfeito não poderia ser uma consequência ou uma dependência do menos perfeito, mas também por verificarmos [por meio desta mesma luz] que é impossível que tenhamos a ideia ou a imagem do que quer que seja se em nós e fora de nós não houver um original que engloba todas as perfeições [que assim se nos apresentam]. Mas como sabemos que estamos submetidos a muitas imperfeições [e que não possuímos essa extrema perfeição de que temos a ideia], devemos concluir que elas estão nalguma natureza diferente da nossa, e na verdade muito perfeita, isto é, em Deus; ou pelo menos que outrora participaram de tal coisa, e que ainda são infinitas pelo facto de o terem sido.

19. Embora não compreendamos tudo o que está em Deus, todavia não há nada que não conheçamos tão claramente como as suas perfeições.

Não vejo aqui dificuldade de maior para aqueles que habituaram o espírito à contemplação da divindade e reconheceram as suas infinitas perfeições. Ainda que não as compreendamos, visto que a natureza do infinito é tal que pensamentos finitos não o poderiam compreender, no entanto concebemo-las mais clara e distintamente do que as coisas materiais [que são mais simples e não estão limitadas, e por isso o que concebemos a seu respeito é muito menos confuso. Por conseguinte, não há especulação que aperfeiçoe mais o nosso entendimento e que tenha mais importância do que esta] tanto mais que a consideração de um objecto que não possui limites nas suas perfeições nos enche de satisfação e segurança.

20. Não sendo nós a causa de nós próprios, a causa é Deus, e, por consequência, há um Deus.

Mas nem toda a gente o leva em consideração como deve. Sabemos perfeitamente quando e como temos uma ideia de qualquer máquina cheia de artifício; mas como não conseguimos recordar-nos, apesar de ter estado sempre em nós, quando e como Deus nos comunicou a ideia que temos d'Ele, é indispensável que quem tem em si a ideia das perfeições infinitas que estão em Deus faça ainda uma revisão e procure o autor da nossa alma [ou do nosso entendimento]. Porque aquele que conhece alguma coisa mais perfeita do que si próprio não se deu o seu próprio ser, visto que, pelo mesmo processo, ter-se-ia dado todas as perfeições de que tivesse conhecimento; nem poderia subsistir por nenhum outro meio senão por Aquele que possui efectivamente todas estas perfeições, isto é, Deus.

21. A simples duração da nossa vida é suficiente para demonstrar que Deus existe.

Não creio que se possa duvidar da verdade desta demonstração desde que se atenda à natureza do tempo ou à duração da nossa vida, cujas partes não dependem umas das outras nem nunca existem como um todo; por existirmos agora, não se deve concluir necessariamente que ainda existamos um momento depois, a não ser que alguma causa, a mesma que nos produziu, continue a produzir-nos, isto é, a conservar-nos. E sabemos que não há força em nós pela qual possamos subsistir ou conservar-nos a nós próprios por um só momento, e que Aquele que possui tanto poder que até nos faz subsistir fora de si e nos conserva, deve conservar-se a si próprio pois não carece de ser conservado seja por quem for já que é Deus.

22. Conhecendo que há um Deus, pela forma como aqui se explicou, também se conhece todos os seus atributos, visto que podem ser conhecidos apenas pela luz natural.

Ao provarmos desta forma a existência de Deus temos ainda mais uma vantagem, pois pelo mesmo processo conhecemos o que Ele é, tanto quanto a fragilidade da nossa natureza o permite. Ao reflectirmos sobre a ideia que naturalmente fazemos d'Ele, vemos que é eterno, omnisciente e todo-poderoso, que é a origem de toda a bondade e verdade, o criador de todas as coisas, e que, finalmente, tem em si tudo aquilo em que podemos reconhecer alguma perfeição infinita, ou que não está limitado por nenhuma imperfeição.

23. Deus não é corporal; não conhece, como nós, por meio dos sentidos; e não é o autor do pecado.

Com efeito, há coisas no mundo que são limitadas e de qualquer maneira imperfeitas, embora notemos algumas perfeições nelas; mas concebemos que não é possível que algumas delas estejam em Deus. Assim, dado que a extensão constitui a natureza do corpo, e que aquilo que é extenso pode ser dividido em várias partes, e que uma tal coisa denota uma imperfeição, concluímos que Deus não é um corpo. Embora seja uma vantagem o facto de os homens possuírem sentidos, no entanto, como as sensações se formaram em nós por impressões que vêm do exterior, o que significa uma independência, concluímos também que Deus não tem nada disso, e que, ao contrário de nós, entende e quer por operações diferentes, mas entende, quer e faz tudo sempre por uma acção única e muito simples; e Ele não quer a malícia do pecado, visto que esta constitui a privação do bem.

24. Depois de termos conhecido que Deus existe,
é necessário lembrarmo-nos de que o nosso entendimento
é finito e que o poder de Deus é infinito.

Depois de assim termos conhecido [que Deus existe e] que é ou pode ser o autor de tudo, se passarmos do conhecimento que possuímos da Sua natureza para a explicação das coisas que Ele criou, estaremos a seguir o melhor método [de que nos podemos servir para descobrir a verdade]. E se tentarmos deduzi-lo das noções que naturalmente estão nas nossas almas, lograremos uma ciência, isto é, conheceremos os efeitos pelas suas causas. Todavia, para que possamos empreendê-lo com mais segurança devemos lembrar-nos de que, ao examinar a natureza de alguma coisa, Deus, o seu autor, é infinito e que nós somos inteiramente finitos.

25. É necessário acreditar em tudo o que Deus revelou,
embora Ele esteja para além do alcance do nosso espírito.

Assim, se Deus nos concedeu a graça de descobrir coisas que ultrapassam o vulgar alcance do nosso espírito, como os mistérios da Encarnação e da Trindade, não oporemos qualquer dificuldade em acreditar neles, apesar de não os entendermos talvez muito claramente. Com efeito, não devemos achar estranho que na Sua natureza, que é imensa, e naquilo que fez, haja muitas coisas que ultrapassam a capacidade do nosso espírito.

26. Não é preciso procurar o infinito, mas somente pensar
que tudo aquilo em que não encontramos nenhum limite.
Como a extensão do mundo, a divisibilidade das partes
da matéria, o número das estrelas, etc. é indefinido.

Se pensarmos assim nunca nos perderemos em disputas acerca do infinito, pois seria ridículo que nós, sendo finitos, empreendêssemos determinar-lhe alguma coisa e por esse meio o supuséssemos finito ao tentar compreendê-lo. Por isso devemos preocupar-nos em responder àqueles que perguntam se a metade de uma linha infinita é infinita e se o número infinito é par ou ímpar, e outras coisas semelhantes, porque só aqueles que imaginam que o seu espírito é infinito é que devem examinar tais dificuldades. Quanto a nós, ao vermos coisas nas quais alguns dos nossos sentidos não notam limites, por essa razão não teremos a certeza de que sejam infinitas, e então devemos considerá-las apenas indefinidas. Assim, como só podemos imaginar uma extensão tão grande se ao mesmo tempo concebermos que possa haver outra ainda maior, diremos que a extensão das coisas possíveis é indefinida. E como não se pode dividir um corpo em partes tão pequenas, e como cada uma dessas partes não pode ser dividida noutras mais pequenas ainda, não podemos pensar que a quantidade pode ser indefinidamente dividida em partes. E porque não conseguimos imaginar tantas estrelas, até porque Deus poderia criar mais ainda, suporemos que o seu número é indefinido, e assim por diante.

27. A diferença entre indefinido e infinito.

A tais coisas chamaremos indefinidas em vez de infinitas, a fim de reservar apenas para Deus o nome de infinito: porque não reconhecemos limites às suas perfeições e também porque não alimentamos dúvidas de que não os pode ter. Das outras coisas, sabemos que não são assim absolutamente perfeitas, porque embora algumas vezes lhes notemos propriedades que se nos afiguram não ter limites, não deixamos de reconhecer que um tal facto procede da imperfeição do nosso entendimento e não da sua natureza.

28. Não é preciso examinar o fim com que Deus criou cada coisa, mas somente o meio pelo qual a produziu.

Não nos deteremos também a examinar os fins que Deus se propôs ao criar o mundo, e por isso rejeitaremos completamente a investigação das causas finais da nossa filosofia, porque não devemos presumir tanto de nós próprios ao ponto de crer que Deus nos quis fazer participar do seus intentos. Considerando-O, porém, como o autor de todas as coisas, esforçar-nos-emos apenas por encontrar, pela faculdade de raciocinar, que Ele depôs em nós o modo como puderam ser produzidas as coisas que apreendemos por intermédio dos sentidos. E pelos atributos através dos quais Deus quis dar-nos algum conhecimento, podemos ter a certeza de que aquilo que apreendemos clara e distintamente pertence à natureza das coisas e possui a perfeição de ser verdadeiro.

29. Deus não é a causa dos nossos erros.

O primeiro dos seus atributos a considerar consiste no facto de Deus ser muito verdadeiro e a fonte de toda a luz, de maneira que não é possível que nos engane, isto é, que seja directamente a causa dos erros a que nos encontramos expostos e que experimentamos em nós próprios. Ainda que a habilidade para iludir pareça ser um sinal de subtileza de espírito, a vontade de enganar só poderá proceder da malícia, do receio ou da fraqueza, e por conseguinte não pode ser atribuída a Deus.

30. E, por consequência, é verdadeiro tudo quanto conhecemos como tal e tudo quanto nos liberta das dúvidas acima expostas.

De onde se segue que a faculdade de conhecer, que nos foi dada [por Deus, e que chamamos luz natural], só apreende um objecto que seja verdadeiro enquanto o apreende, isto é, enquanto o conhece clara e distintamente. Teríamos razão para acreditar que Deus seria enganador se essa faculdade que nos concedeu nos levasse a tomar o falso pelo verdadeiro, ainda que a usássemos correctamente. Basta esta consideração para nos libertar de tal dúvida [hiperbólica] em que persistimos enquanto ainda não sabíamos se Aquele que nos criou experimentava prazer em que nos enganássemos sobre todas as coisas que se nos afiguravam muito claras. Isto deve servir-nos contra toda as outras razões que tínhamos para duvidar, às quais me referi acima; até as verdades da Matemática deixarão de ser suspeitas pelo facto de serem muito evidentes. No caso de apercebermos alguma coisa através dos sentidos, quer nos encontremos acordados ou a dormir, desde que na noção que tivermos dessa coisa separemos o que nela houver de claro e distinto do que é de obscuro e confuso, facilmente nos certificaremos daquilo que é verdadeiro. Não me alongo mais sobre este assunto porque já o tratei amplamente nas Meditações da minha Metafísica, e o que se segue servirá para o explicar ainda melhor.

31. Os nossos erros relativamente a Deus são apenas negações, mas relativamente a nós são privações [ou defeitos].

Como nos enganamos muitas vezes, embora Deus não seja enganador, se desejarmos investigar a causa dos nossos erros e descobrir a sua origem a fim de os corrigir, é preciso atendermos a que não dependemos tanto do nosso entendimento como da vontade, e que não são coisas [ou substâncias] que tenham necessidade do concurso actual de Deus para serem produzidas. De modo que os erros relativamente a Deus são apenas negações; ao passo que relativamente a nós constituem defeitos e imperfeições [isto é, não nos deu tudo quanto nos podia dar, e pelo mesmo modo se vê que não era obrigado a isso: que relativamente a nós fossem defeitos e imperfeições].

32. Em nós só há duas espécies de pensamento: a percepção do entendimento e a acção da vontade.

Todas as maneiras de pensar que experimentamos em nós podem reduzir-se a duas gerais: uma consiste em apreender pelo entendimento e a outra em determinar-se pela vontade. Assim, sentir, imaginar e mesmo conceber coisas puramente inteligíveis são formas diferentes de apreender; mas desejar, ter aversão, confirmar, negar e duvidar são formas diferentes de querer.

33. Só nos enganamos quando julgamos qualquer coisa que não conhecemos suficientemente.

Quando apreendemos alguma coisa não corremos o perigo de nos enganarmos se não formularmos nenhum juízo sobre essa coisa; e mesmo que o fizéssemos, também não cairíamos em erro se apenas dermos o nosso consentimento àquilo que está clara e distintamente compreendido naquilo que julgamos. Contudo, o que geralmente origina os nossos enganos é emitirmos juízos quando não temos ainda um conhecimento muito exacto daquilo que julgamos.

34. A vontade, tal como o entendimento, é exigida para julgar.

[Concordo que] se o nosso entendimento não interviesse, não poderíamos julgar nada porque não haveria sinal para a nossa vontade se determinar quanto àquilo que o entendimento não apreende. A vontade é absolutamente necessária para darmos o nosso consentimento àquilo que não apreendemos de nenhuma maneira; porém, para fazer um juízo não é necessário ter um conhecimento completo e perfeito; e por isso muitas vezes damos o nosso consentimento a coisas de que apenas tivemos um conhecimento muito confuso.

35. A vontade tem mais extensão do que o entendimento, derivando disso os nossos erros.

Além disso, o entendimento aplica-se apenas aos raros objectos que se lhe apresentam e o seu conhecimento é sempre muito limitado; embora a vontade possa parecer infinita, só apreendemos o que possa ser objecto de outra vontade, mesmo dessa vontade imensa que está em Deus, se a nossa vontade também o abarcar. Daí que geralmente a estendamos para lá do que conhecemos clara e distintamente. E quando abusamos dela desta forma não causa admiração que nos enganemos.

36. Os nossos erros não podem ser imputados a Deus.

Ainda que Deus não nos tenha dotado com um entendimento omnisciente, nem por isso devemos pensar que é o autor dos nossos erros, pois todo o entendimento criado é finito, e é próprio da natureza do entendimento finito não ser omnisciente.

37. A principal perfeição do homem é ter livre arbítrio, e é isso que o torna digno de louvor ou censura.

Pelo contrário, como a vontade é por natureza muito extensa, constitui para nós grande vantagem poder agir por seu intermédio, isto é, livremente. Assim, somos de tal maneira senhores das nossas acções que merecemos louvores quando as conduzimos bem. Porque, tal como não dirigimos às máquinas [que vemos moverem-se de várias formas, tão justamente como se poderia desejar] os louvores que verdadeiramente a elas se deveriam referir [porque tais máquinas não representam nenhuma acção que não devam praticar por meio das suas peças], mas sim ao operário que as construiu, porque teve o poder e a vontade de as compor com tanta habilidade: igualmente devemos atribuir mais alguma coisa quando escolhemos o que é verdadeiro e o distinguimos do falso graças a uma determinação da nossa vontade do que se o tivéssemos feito por determinação ou coacção [por um princípio estranho].

38. Os nossos erros são defeitos da nossa maneira de agir, mas não da nossa natureza; muitas vezes as faltas dos sujeitos podem ser atribuídas aos outros mestres, mas não a Deus.

É verdade que, sempre que erramos, a imperfeição está na maneira como agimos ou como usamos a liberdade; mas nem por isso o defeito está na nossa natureza, que se mantém a mesma, embora os nossos juízos sejam verdadeiros ou falsos. E ainda que Deus nos concedesse um conhecimento tão grande que ninguém errasse, nem assim teríamos o direito de nos queixar d'Ele. Porque embora censuremos e culpemos quem podia evitar um erro e não o fez, o mesmo não se passa relativamente a Deus. Tanto mais porque o poder dos homens os impede de prejudicar os que lhe são inferiores, e porque todo o poder que Deus tem sobre o universo é muito absoluto e livre. Por tal motivo devemos agradecer-Lhe os benefícios que nos concedeu e não nos podemos queixar por não nos favorecer com aquelas vantagens que nos faltam e que nos poderia ter atribuído.

39. A liberdade da nossa vontade conhece-se sem provas, apenas pela experiência que temos dela.

Quanto ao mais, é evidente que possuímos uma vontade livre, que pode ou não dar o seu consentimento, e isso pode ser considerado uma das noções mais comuns. A prova bem clara foi já apresentada um pouco atrás: ao mesmo tempo que duvidamos de tudo, chegando até a crer que o Criador empregou o seu poder para nos enganar, apercebemos em nós uma liberdade tão grande que poderíamos evitar crer naquilo que ainda não conhecemos distintamente. Ora, aquilo que apercebemos distintamente e de que não podemos duvidar durante uma suspensão tão geral é tão certo como qualquer outra coisa que alguma vez pudéssemos conhecer.

40. Sabemos também com segurança que Deus ordenou previamente todas as coisas.

Todavia, pelo que até agora nos foi dado conhecer acerca de Deus, sabemos que o seu poder é tão grande que cometeríamos um crime grave só por pensarmos que alguma vez seríamos capazes de realizar algo que Ele não houvesse ordenado anteriormente. Enredar-nos-íamos em enormes dificuldades se tentássemos acordar a liberdade da nossa vontade com as suas ordens e se procurássemos compreender [ambas, isto é, abarcar e como que limitar com o nosso entendimento toda a extensão do nosso livre arbítrio e a ordem da Providência eterna].

41. Como se pode acordar a nossa liberdade com a pré-ordenação divina.

Não teremos qualquer dificuldade em evitarmos isso se tivermos em conta que o nosso pensamento é finito e que a omnipotência de Deus é infinita e Lhe permite conhecer tudo o que é ou que pode ser desde toda a eternidade, como foi Sua vontade. Por isso, também temos inteligência suficiente para conhecer clara e distintamente que tal poder está em Deus, mas não a necessária para compreender a sua extensão de tal modo que possamos saber como permite que as acções dos homens sejam inteiramente livres e indeterminadas. E, por outro lado, estamos de tal modo seguros da liberdade e da indiferença que existe em nós que não há nada que conheçamos mais claramente [e assim a omnipotência de Deus não deve impedir-nos de crer nela]. Não devemos duvidar daquilo que observamos interiormente, pois por experiência sabemos que está em nós o facto de não compreendermos uma outra coisa cuja natureza sabemos ser incompreensível em si.

42. Embora nunca desejemos errar, todavia é por nossa vontade que erramos.

Por sabermos que o erro depende da nossa vontade e que ninguém quer enganar-se, é provável que nos cause admiração o facto de o erro se introduzir nos nossos juízos. É necessário, porém, notar que existe uma grande diferença entre querer ser enganado e querer dar o seu consentimento a opiniões que são a causa de nos enganarmos algumas vezes. Embora ninguém queira enganar-se expressamente, não há um único homem que não queira dar o seu consentimento a coisas que não conhece distintamente. Sucede até com frequência que o próprio desejo de conhecer a verdade leva aqueles que desconhecem a ordem correcta da investigação a deixarem de alcançar a verdade e a enganarem-se porque se precipitam nos seus juízos [e consideram como verdadeiro o que já alcançaram, embora não tenham suficiente conhecimento disso].

43. Nunca poderemos falhar se julgarmos apenas as coisas que apercebemos clara e distintamente.

Nunca tomaremos o falso pelo verdadeiro se julgarmos apenas o que vemos clara e distintamente, porque, não sendo Deus enganador, a faculdade de conhecer que nos deu não poderá falhar, nem mesmo a faculdade de querer, desde que não a ampliemos para além do que conhecemos. E mesmo quando tal verdade não tenha sido ainda demonstrada, somos tão naturalmente inclinados a dar o nosso consentimento às coisas que apreendemos manifestamente que não poderíamos duvidar enquanto as apercebemos dessa maneira.

44. Só julgamos mal aquilo que não compreendemos claramente, mesmo que o nosso juízo possa ser verdadeiro, pois a nossa memória engana-nos muitas vezes.

Também é muito certo que sempre que aprovamos alguma razão de que não temos conhecimento muito exacto, ou quando nos enganamos, ou se por mero acaso encontramos a verdade [não poderemos estar seguros de a ter encontrado e] não podemos ter a certeza de que não nos enganamos. Confesso que raramente julgamos uma coisa quando notamos que não a conhecemos distintamente; a razão dita-nos naturalmente que não devemos julgar nada, a não ser que antes de julgar conheçamos o objecto distintamente. Mas enganamo-nos muitas vezes, pois pensamos que já conhecemos muitas coisas e damos o nosso consentimento como se as tivéssemos examinado suficientemente, ainda que realmente nunca tivéssemos um conhecimento muito exacto delas.

45. O que é a percepção clara e distinta.

Há mesmo pessoas que durante toda a sua vida não percepcionam nada em condições de bem julgar, porque o conhecimento daquilo sobre o qual se pretende estabelecer um juízo indubitável deve ser claro e distinto. Chamo conhecimento claro àquilo que é manifesto a um espírito atento: tal como dizemos ver claramente os objectos perante nós, os quais agem fortemente sobre os nossos olhos dispostos a fitá-los. E o conhecimento distinto é aquela apreensão de tal modo precisa e diferente de todas as outras que só compreende em si aquilo que aparece manifestamente àquele que a considera de modo adequado.

46. O conhecimento pode ser claro sem ser distinto, mas não ao contrário.

Por exemplo, quando alguém sente uma dor aguda, o conhecimento que tem dessa dor é claro em relação a si, mas nem por isso é distinto, dado que geralmente o confunde com o falso juízo que faz acerca da natureza do que pensa estar na região ferida, que crê ser parecido à ideia ou à sensação da dor que está no pensamento, embora só percepcione claramente a sensação [ou o pensamento confuso que está nele]. Assim, o conhecimento pode ser claro sem ser distinto; mas nunca pode ser distinto se não for claro [pelo mesmo processo].

47. Para eliminar os preconceitos da nossa infância é necessário considerar o que há de claro em cada uma das nossas primeiras noções.

Durante os primeiros anos a nossa alma ou o pensamento estava tão fortemente ofuscado pelo corpo que não conhecia nada distintamente, apesar de compreender várias coisas com bastante clareza. Todavia, como reflecte sempre sobre as coisas que se lhe apresentam, atulhamos a memória com muitos preconceitos de que raramente nos conseguimos libertar, embora seja certo que só assim as poderemos examinar bem. Mas para que o possamos efectuar sem muito esforço, vou enumerar todas as noções simples que compõem os nossos pensamentos, separando o que há de claro e o obscuro em cada uma delas ou aquilo em que podemos falhar.

48. Tudo aquilo de que temos alguma noção é considerado como uma coisa ou como uma verdade; a enumeração das coisas.

Tudo quanto cai sob a alçada do nosso conhecimento distingue-se em dois géneros: o primeiro contém todas as coisas que possuem alguma existência e o outro todas as verdades que não são nada fora do pensamento. Em relação às coisas, em primeiro lugar temos certas noções gerais que podem referir-se a tudo: isto é, as noções de substância, de duração, de ordem, de número, e talvez outras ainda mais. Depois temos outras, mais particulares, que servem para distinguir aquelas. A principal distinção que observo entre as coisas criadas é que umas são intelectuais, isto é, substâncias inteligentes, ou então propriedades que pertencem a tais substâncias; as outras são corporais, isto é, corpos ou propriedades que pertencem ao corpo. Assim, o entendimento, a vontade e todas as formas de conhecer e de querer pertencem à substância que pensa; ao corpo referem-se a grandeza, ou a extensão em comprimento, largura e altura, a figura, o movimento, a localização das partes e a disposição para serem divididas, e ainda outras propriedades. Além disso, há ainda certas coisas que experimentamos em nós que não podem ser atribuídas apenas à alma ou ao corpo, como explicarei a seguir: é o caso dos apetites de beber ou de comer ou as emoções ou paixões da alma que não dependem só do pensamento, como a cólera, a alegria, a tristeza, o amor, etc.; ou ainda as sensações como a luz, as cores, os sons, os cheiros, os gostos, o calor, a dureza, e todas as outras qualidades que apenas ocorrem com a sensação do tacto.

49. As verdades não podem ser enumeradas assim, e aliás não há necessidade disso.

Até aqui enumerei tudo o que conhecemos como coisas ou como qualidades ou modos das coisas. [Resta falar do que conhecemos como verdades]. Por exemplo, quando pensamos que nunca se poderá fazer alguma coisa de nada, não cremos que tal suposição — do nada, nada se faz — exista ou seja propriedade de alguma coisa, mas tomamo-la como uma verdade eterna que tem o seu lugar no pensamento e à qual chamamos noção comum ou axioma: como quando se diz que é impossível que uma coisa seja e não seja ao mesmo tempo, que o que foi feito não pode ser feito de novo, que aquele que pensa não pode deixar de ser ou existir enquanto pensa, e muitas outras semelhantes que seria demorado enumerar [pois são apenas verdades e não coisas que estejam fora do pensamento, e destas há um número muito grande]. Mas também isso não é necessário, pois teríamos conhecimento delas quando se apresentasse a ocasião de pensar nelas e desde que estejamos isentos de preconceitos que nos ceguem.

50. Todas estas verdades podem ser claramente apreendidas, mas não por todos, devido aos preconceitos.

Por haver verdades que designamos por noções comuns, elas podem ser conhecidas clara e distintamente por todos, pois de outro modo não mereceriam tal nome. Contudo, também é certo que algumas verdades não merecem o olhar de alguns porque não lhes são suficientemente evidentes. Não que eu acredite que a faculdade de conhecer de alguns homens seja maior do que aquela que todos possuem comummente; mas principalmente porque em alguns as suas crenças estão imbuídas de opiniões precárias que são contrárias a algumas dessas verdades e impedem a sua apreensão, embora sejam bastante conhecidas daqueles que não estão sujeitos a preconceitos.

51. O que é a substância; um nome que não se pode atribuir a Deus e às criaturas no mesmo sentido.

No que respeita àquelas coisas que consideramos como tendo alguma existência, é necessário que as examinemos aqui uma após outra [a fim de distinguir o que é obscuro e o que é evidente na noção que temos de cada uma]. Quando concebemos a substância, concebemos uma coisa que existe de tal maneira que só tem necessidade de si própria para existir. [Mas pode haver obscuridade no que toca à explicação da expressão só tem necessidade de si própria]. Falando com propriedade, só Deus é assim e não há nenhuma coisa criada que por um só momento possa existir sem ser apoiada e conservada pelo seu poder. Por isso temos razão quando na Escola dizemos que o nome de substância não é unívoco relativamente a Deus e às criaturas, isto é, não concebemos distintamente nenhuma significação desta palavra que convenha a ambos com o mesmo sentido. [Mas porque entre as coisas criadas algumas são de tal natureza que não podem existir sem outras, distinguimo-las daquelas que só têm necessidade do concurso ordinário de Deus, chamando então substâncias a estas, e qualidades ou atributos das substâncias àquelas].

52. O que pode ser atribuído à alma e ao corpo no mesmo sentido e como se conhece a substância.

A noção que assim temos da substância criada refere-se a todas da mesma maneira, isto é, tanto às que são imateriais como às corpóreas, porque para compreender as substâncias basta verificar que podem existir sem o auxílio de qualquer outra coisa criada. Mas quando se trata de saber se alguma dessas substâncias existe verdadeiramente, isto é, se está presente no mundo, digo que não é suficiente que exista dessa maneira para a apercebermos, pois por si só não nos faz descobrir nada que desperte algum conhecimento particular no nosso pensamento. É necessário, portanto, que possua alguns atributos que possamos notar; e qualquer um é suficiente para esse efeito, porque uma das noções comuns é que o nada não pode ter nenhum atributo, propriedade ou qualidade. Por essa razão, logo que encontramos algum atributo podemos concluir que é o atributo de alguma substância, e que tal substância existe.

53. Cada substância tem um atributo principal; o da alma é o pensamento, e o do corpo é a extensão.

Se bem que cada atributo seja suficiente para conhecermos a substância, no entanto em cada uma há um atributo que constitui a sua natureza e a sua essência e do qual todos os outros atributos dependem. Assim, a extensão em comprimento, largura e altura constitui a natureza da substância corporal, e o pensamento constitui a natureza da substância que pensa. Com efeito, tudo quanto pode ser atribuído ao corpo pressupõe a extensão e não passa de dependência do que é extenso. Igualmente, todas as propriedades que encontramos na coisa pensante são diferentes maneiras de pensar. Por exemplo, não poderíamos conceber uma figura se não for uma coisa extensa, nem um movimento sem ser num espaço que é extenso; assim, a imaginação, o sentimento e a vontade dependem de tal maneira de uma coisa pensante que não os podemos conceber sem ela. Pelo contrário, já podemos conceber a extensão sem figura ou sem movimento, e a coisa pensante sem imaginação ou sem sentimento, e assim por diante, como se revelará a quem prestar atenção.

54. Como podemos ter pensamentos distintos em relação à substância que pensa, à que é corporal, e à de Deus.

Podemos, portanto, ter duas noções ou ideias claras e distintas: uma de uma substância criada que pensa e outra de uma substância extensa, desde que separemos cuidadosamente todos os atributos do pensamento dos atributos da extensão. Também podemos possuir uma ideia clara e distinta de uma substância não-criada que pensa e que é independente, isto é, de um Deus, desde que não pensemos que tal ideia represente tudo o que é n'Ele e que não acrescentemos nenhuma ficção do nosso entendimento; devemos apenas atender ao que está verdadeiramente compreendido na noção distinta que temos d'Ele e que pertence à natureza de um Ser todo perfeito. Na verdade, ninguém pode negar que a ideia de Deus esteja em nós, a não ser que queira acreditar, infundadamente, que o pensamento humano não pode ter nenhum conhecimento da Divindade.

55. Como podemos também ter pensamentos da duração, da ordem e do número.

Também concebemos muito distintamente o que é a duração, a ordem e o número se na ideia que temos disso não misturarmos o que pertence apenas à ideia de substância e se pensarmos apenas que a duração de cada coisa é um modo ou uma maneira como consideramos esta coisa enquanto ela é; assim, a ordem e o número não diferem, de facto, do que é ordenado e numerado, sendo apenas formas de examinarmos estas coisas.

56. O que é qualidade, atributo e maneira ou modo.

Quando digo [maneira ou] modo refiro-me apenas àquilo a que chamo atributo ou qualidade. Quando considero, porém, que a substância se dispõe ou diversifica de outra maneira, sirvo-me particularmente do nome modo ou maneira. E quando pode ser chamada assim em virtude desta disposição ou mudança, então dou o nome de qualidade às diversas maneiras que fazem com que ela possa ser denominada assim. Enfim, quando penso mais geralmente que esses modos ou qualidades estão na substância, considerando-os apenas como dependências dessa substância, designo-os por atributos. E como não devo conceber em Deus nenhuma variedade ou mudança, não digo que n'Ele haja modos ou qualidades, mas apenas atributos. E mesmo nas coisas criadas, chamo atributo e não modo ou qualidade àquilo que nelas se encontra sempre desta maneira, tal como a existência e a duração na coisa que existe e que dura.

57. Há atributos que pertencem às coisas às quais são atribuídos, e outros que dependem do nosso pensamento.

Destas qualidades ou atributos, alguns estão nas próprias coisas e outros só existem no nosso pensamento. O tempo, por exemplo, que distinguimos da duração em geral e que dizemos ser o número do movimento, não passa de uma certa maneira de pensarmos esta duração, visto não concebermos que a duração das coisas que se movem seja diferente das coisas que não se movem: tal como não conta mais tempo num do que noutro quando dois corpos se movem durante uma hora, um depressa e o outro lentamente, embora suponhamos mais movimento num desses corpos. Todavia, para compreendermos a duração das coisas subordinadas a uma mesma medida geralmente servimo-nos da duração de certos movimentos regulares que são os dias e os anos, e chamamos-lhes tempo depois de termos comparado essa duração desse modo; se bem que, de facto, fora da duração das coisas o que assim chamamos é apenas uma maneira de pensar.

58. Os números e os universais dependem do nosso pensamento.

Também aquilo que geralmente tomamos por número, sem reflectir sobre nenhuma outra coisa criada, não está fora do nosso pensamento, como todas essas outras ideias gerais que na Escola são entendidas com o nome de universais.

59. [Como se derivam os universais, que são cinco: género, espécie, diferença, próprio e acidente]. Quais são os universais.

Os universais derivam apenas do facto de nos servirmos de uma ideia para pensar várias coisas particulares que têm certa relação entre si. E quando num mesmo nome compreendemos as coisas representadas por tal ideia, esse nome é também universal. Exemplificando: quando vemos duas pedras, e sem investigarmos a sua natureza, observamos somente que são duas, ou seja, formamos em nós a ideia de um certo número a que chamamos o número dois. Se depois nos detivermos em duas árvores ou duas aves, notamos que há dois, sem pensar também no que é próprio da sua natureza, e por este meio retomamos a mesma ideia que formámos anteriormente, tornando-a universal, o mesmo acontecendo ao número dois, número que designamos como universal. Igualmente, quando consideramos uma figura de três lados formamos uma certa ideia a que chamamos ideia de triângulo, e geralmente servimo-nos dela para representar todas as figuras que só possuem três lados. Mas quando notamos mais particularmente que algumas figuras de três lados têm um angulo recto e outras não, formamos em nós a ideia universal de triângulo rectângulo que, embora referente à ideia precedente, que é geral e mais universal, pode ser designada por *espécie*, constituindo o ângulo recto a *diferença* universal pela qual os triângulos rectângulos diferem de todos os outros. Além disso, se notarmos que o quadrado do lado que contém o ângulo é igual aos quadrados dos outros dois lados, e que essa propriedade convém somente a esta espécie de triângulos, poderemos chamar-lhe *propriedade* universal dos triângulos rectângulos. Enfim, se supusermos que, destes triângulos, uns se movem e outros não, entendemos isso como um acidente universal nestes triângulos. É por isso que ordinariamente há cinco universais: o *género*, a *espécie*, a *diferença*, o *próprio* e o *acidente*.

60. Sobre as distinções: a distinção do que é real.

O número que observamos nas próprias coisas deriva da *distinção* entre elas. Há três tipos de distinção, a saber: *real*, *modal* e *distinção de razão*, feita por via do pensamento. A *real* encontra-se propriamente entre duas ou várias substâncias. Com efeito, podemos concluir que duas substâncias são realmente distintas uma da outra pelo facto de podermos conceber clara e distintamente uma delas sem pensar na outra. De acordo com aquilo que conhecemos de Deus, estamos certos de que Ele pode fazer tudo aquilo de que formamos uma ideia clara e distinta. Por isso, se tivermos a ideia, por exemplo, de uma substância extensa ou corporal, embora ainda não saibamos seguramente se tal coisa está presente no mundo, no entanto, e porque temos tal ideia, podemos concluir que ela pode existir; no caso de essa coisa existir, qualquer parte que possamos determinar do pensamento deve ser realmente distinta das suas outras partes. O mesmo acontece quando cada um de nós se apercebe de que pensa e, enquanto pensa, pode excluir de si ou da sua alma qualquer outra substância que pensa ou que é extensa, e assim podemos concluir também que cada um de nós, assim considerado, é realmente distinto de qualquer outra substância que pensa e de qualquer substância corporal. E mesmo que Deus tenha juntado tão estreitamente um corpo a uma alma sendo impossível uni-los mais, fazendo um composto dessas substâncias assim unidas, concebemos também que permaneceriam sempre realmente distintos apesar dessa união. Com efeito, independentemente da ligação que Deus estabeleceu entre eles, não conseguiu livrar-se do poder que tinha para os separar, ou para conservar um sem a outra. Ora, as coisas que Deus pode separar ou conservar separadamente umas das outras são realmente distintas.

61. Da distinção modal.

Há duas espécies de *distinção modal*: uma entre o modo a que chamámos maneira e a substância da qual ele depende e diversifica; e a outra entre duas diferentes maneiras de uma mesma substância. A primeira é importante porque podemos aperceber-nos claramente da substância sem a maneira que assim difere dela; e, reciprocamente, não podemos possuir uma ideia distinta de uma tal maneira sem pensar numa tal substância. Há, por exemplo, uma distinção modal entre a figura ou o movimento e a substância corporal de que ambos dependem. Há também outra distinção entre afirmar ou recordar-se e a coisa pensante. Quanto à outra espécie de distinção, ou seja, entre duas diferentes maneiras de uma mesma substância, ela é importante porque nos permitir conhecer uma dessas maneiras sem a outra: a figura sem o movimento ou o movimento sem a figura; mas não podemos pensar distintamente numa ou noutra se soubermos que ambas dependem da mesma substância. Por exemplo: se uma pedra se move e se, além disso, é quadrada, podemos conhecer a sua figura quadrada sem saber que ela se move. Reciprocamente, podemos saber que se move sem saber se é quadrada; mas não podemos ter conhecimento distinto desse movimento e dessa figura se não conhecermos que ambos estão na mesma coisa, isto é, na substância dessa pedra. No que respeita à distinção entre a maneira como uma substância difere de outra substância, ou seja, entre a maneira de outra substância, dado que o movimento de um corpo difere de outro corpo ou de uma coisa pensante, ou então dado que o movimento é diferente da dúvida, acho que se deve chamar-lhe real e não modal, porque não poderíamos conhecer os modos sem as substâncias de que dependem e porque as susbtâncias são realmente distintas umas das outras.

62. Da distinção por via do pensamento.

Enfim, a *distinção por via do pensamento* consiste em que algumas vezes podemos distinguir uma substância dos seus atributos, sem os quais não seria possível termos um conhecimento distinto; também pode consistir em nos esforçarmos por separar dois atributos da mesma substância [pensando num sem pensar no outro]. Esta distinção é importante porque se retirarmos esse atributo podemos ter uma ideia clara e distinta dessa substância; e também porque se separarmos esse atributo dos outros não conseguimos obter uma ideia clara e distinta de um ou vários desses atributos. Por exemplo, porque qualquer substância cessa de existir quando deixa de durar, a duração só se distingue da substância pelo pensamento. Isto sucede geralmente com todos os atributos que nos possibilitam pensamentos diversos de uma mesma coisa, tais como a extensão do corpo e a sua propriedade de ser divisível em várias partes, e que não diferem do corpo que nos serve de objecto, e reciprocamente um do outro, pois por vezes pensamos confusamente num sem pensar no outro. Recordo-me que no final das respostas que dei às primeiras objecções que me chegaram acerca das

Meditações da minha Metafísica confundi a distinção por via do pensamento com a modal. Mas isso não invalida o que escrevo aqui, porque na altura não era meu propósito tratar amplamente essa matéria, bastando-me distingui-las da distinção real.

63. Como se pode ter noções distintas da extensão e do pensamento, constituindo uma a natureza do corpo e a outra a da alma.

Também podemos considerar o pensamento e a extensão como as coisas principais que constituem a natureza da substância inteligente e corporal; e por isso só devemos concebê-las como a própria substância que pensa e que é extensa, isto é, como a alma e o corpo, pois desta forma conhecemo-los clara e distintamente. Torna-se mesmo mais fácil conhecer uma substância pensante ou uma substância extensa do que a substância em si, deixando de lado a questão de saber se ela pensa ou se é extensa. Com efeito, é fácil separar a noção de substância da noção de pensamento e extensão [pois estas noções só diferem da substância porque algumas vezes consideramos o pensamento ou a extensão sem reflectir sobre a própria coisa que pensa ou que é extensa]. E a nossa concepção não é mais distinta porque compreende poucas coisas, mas porque discernimos cuidadosamente o que ela compreende, e porque evitamos confundi-la com outras noções que a tornariam mais obscura.

64. Como se pode conceber distintamente o pensamento e a extensão tomando-os como modos ou atributos dessas substâncias.

Também podemos considerar o pensamento e a extensão como modos ou maneiras diferentes que se encontram na substância, isto é, quando consideramos que uma mesma alma pode ter pensamentos diversos e que um mesmo corpo, com a sua grandeza, pode ser extenso de várias maneiras, mais em comprimento e menos em largura ou altura, e por vezes, ao contrário, mais em largura e menos em comprimento; e só distinguimos pensamento e extensão do que pensa e é extenso como as dependências da própria coisa de que dependem; e conhecemo-las tão clara e distintamente como a sua substância, desde que não pensemos que subsistem por si próprias, mas que são somente as maneiras ou dependências de algumas substâncias. Quando as tomamos como propriedades das substâncias de que dependem, facilmente as distinguimos dessas substâncias e tomamo-las pela sua verdadeira natureza. Ao passo que se as quiséssemos considerar sem substância, isso poderia levar-nos a encará-las como coisas que subsistem por si próprias, de tal modo que confundiríamos a ideia da substância com a ideia das suas propriedades.

65. Como se concebem também as suas diversas propriedades ou atributos.

Também podemos conceber muito distintamente diversas maneiras de pensar, como entender, imaginar, recordar, querer, etc., e diversas maneiras de extensão ou que pertencem à extensão, como todas as figuras em geral, a localização das partes e os seus movimentos, desde que as consideremos como simples dependências das substâncias em que se encontram. Quanto ao movimento, desde que pensemos somente no movimento que se faz de um lugar para outro, sem investigar a força que o produz, dá-lo-ei a conhecer na altura devida.

66. Também temos noções distintas dos nossos sentimentos, afecções e apetites, embora frequentemente nos enganemos nos juízos que fazemos deles.

Falta referir os sentimentos, as afecções e os apetites, dos quais também podemos ter um conhecimento claro e distinto desde que nos juízos que fizermos deles apenas inclirmos aquilo que conhecemos com precisão por meio da nossa percepção e que seja certificado pela razão. Porém, não é necessário usar continuamente tal precaução, pelo menos em relação aos sentidos, porque desde o começo da nossa vida acreditámos sempre que todas as coisas que sentíamos existiam fora do nosso pensamento e que eram completamente semelhantes aos sentimentos ou às ideias que tínhamos delas. Assim, por exemplo, quando víamos uma certa cor, acreditávamos ver uma coisa que subsistia fora de nós e que era semelhante à ideia que possuíamos. Ora, temos julgado sempre assim e pareceu-nos que isso era tão claro e distinto, por estarmos habituados a julgar dessa maneira — que não devemos estranhar que alguns continuem a fazê-lo — de tal modo estão persuadidos deste falso preconceito que nem sequer o põem em dúvida.

67. Enganamo-nos frequentemente quando julgamos que sentimos uma dor em qualquer parte do nosso corpo.

A mesma prevenção é adequada a todos os nossos outros sentimentos, mesmo aos do prazer e da dor. Embora não acreditássemos que fora de nós, nos objectos exteriores, houvesse coisas semelhantes ao prazer ou à dor que sentíamos, por isso não consideramos tais sentimentos como ideias que estivessem apenas na nossa alma; todavia acreditávamos que estavam nas mãos, nos pés e noutras partes do nosso corpo. E no entanto não há razões para acreditarmos que a dor que sentimos no pé, por exemplo, seja algo fora do nosso pensamento mas que está no pé, ou que a luz que pensamos ver no Sol esteja no Sol, assim como a sentimos em nós. E se alguns ainda se deixam persuadir por uma opinião tão falsa é porque dão grande importância aos juízos que formularam quando eram crianças [e que não conseguem esquecer de modo a construir outros mais sólidos], como se tornará ainda mais manifesto pelo que se segue.

68. Como nessas coisas se deve distinguir entre aquilo em que nos podemos enganar e aquilo que concebemos claramente.

A fim de podermos distinguir entre o que é claro nos nossos sentimentos e aquilo que é obscuro, observaremos em primeiro lugar que conhecemos clara e distintamente a dor, a cor e outras sensações quando as consideramos simplesmente como pensamentos; mas quando julgamos que a cor, a dor, etc., são coisas que subsistem fora do pensamento, nunca chegamos a conceber que coisa é essa cor, essa dor, etc. E o mesmo sucede quando alguém diz que vê cor num corpo ou sente dor nalgum dos membros, como se dissesse que via ou sentia alguma coisa, embora não tenha um conhecimento distinto daquilo que vê e sente. Porque mesmo que não examine os seus pensamentos com atenção e se persuada de que possui algum conhecimento, por acreditar que a cor que supõe ver num objecto se assemelha à sensação que experimenta em si, no entanto verificará que não tem nenhum conhecimento disso se reflectir sobre o que lhe é representado pela cor ou pela dor que existem num corpo colorido ou numa parte ferida.

69. Conhecemos as grandezas, as figuras, etc., de maneira completamente diferente das cores, das dores, etc.

Isso acontece principalmente quando no corpo apercebido julgamos conhecer melhor o que é a grandeza, a figura ou o movimento, pelo menos aquele movimento que se realiza de um lugar para outro (porque os filósofos, imaginando outros movimentos além deste, não lograram conhecer efectivamente a sua verdadeira natureza); ou também quando consideramos a situação das partes, a duração, o número ou as outras propriedades que aprendemos claramente em todos os corpos, como já salientámos, mas não da mesma maneira que a cor no mesmo corpo, a dor, o cheiro, o gosto, o sabor e tudo aquilo que já referi que deve ser atribuído aos sentidos. Quando vemos um corpo não é a sua cor ou a figura que o limita que nos assegura da sua existência; no entanto, a maneira de conhecermos nele a propriedade que nos leva a atribuir-lhe uma figura é completamente diferente da maneira que nos leva a dizer que nos parece colorido.

70. Podemos julgar as coisas sensíveis de duas maneiras: uma conduz-nos ao erro e a outra evita-o.

Portanto, quando dizemos a alguém que vemos cores nos objectos, é evidente que isso equivale a dizer-lhe que em tais objectos vemos qualquer coisa cuja natureza ignoramos, mas que no entanto causa em nós uma certa sensação clara e manifesta a que chamamos sensação das cores. Porém, os nossos juízos diferem muitas vezes. Com efeito, cairemos em equívoco se nos contentarmos em crer que há algo nos objectos (isto é, nas coisas tais como elas são) que causa em nós esses pensamentos confusos a que chamamos sensações; e por isso, para obstar à surpresa da ilusão, devemos evitar julgar temerariamente uma coisa que não conhecemos bem. Mas quando cremos aperceber uma certa cor num objecto, apesar de não termos nenhum conhecimento distinto daquilo a que damos esse nome — e apesar de a nossa razão não nos permitir ver nenhuma semelhança entre a cor que supomos estar nesse objecto e aquela que está no nosso pensamento —, no entanto, porque nos esquecemos disso e porque notamos nesses objectos várias propriedades como a grandeza, a figura, o número, etc., que existem neles do mesmo modo que os nossos sentidos ou o nosso entendimento nos faz vê-los, facilmente nos persuadimos de que aquilo a que chamamos cor num objecto é qualquer coisa que existe nesse objecto e que se assemelha em tudo à cor que está no nosso pensamento. E por isso pensamos ver claramente nessa coisa aquilo que nunca pertenceu à sua natureza.

71. Os preconceitos da nossa infância são a causa primeira e principal dos nossos erros.

Foi deste modo que recebemos a maior parte dos nossos erros. Durante os primeiros anos de vida a alma encontrava-se tão estreitamente ligada ao corpo que só se aplicava àquilo que causava impressões nele, não considerando ainda se tais impressões eram produzidas por coisas que existiam fora de si. Apenas sentia: a dor, quando o corpo era ofendido; o prazer, quando recebia algo agradável; ou então, quando essas impressões eram tão leves que o corpo não retirava disso nenhuma comodidade ou incomodidade que importasse à sua conservação, a alma tinha sensações como aquelas a que se chama gosto, cheiro, som, calor, frio, luz, cor e outras semelhantes, que verdadeiramente não representam nada existente fora do nosso pensamento, mas que são diversas segundo as diversidades que se encontram nos movimentos que de todas as partes do nosso corpo se dirigem à região do cérebro à qual está estreitamente unida e associada. A alma também apreendia grandezas, figuras e movimentos que não considerava sensações, mas coisas ou propriedades de certas coisas que julgava existirem, ou que lhe pareciam poder existir fora de si, embora ainda não notasse essa diferença. Porém, quando crescemos e quando o nosso corpo se voltava fortuitamente de um lado para outro consoante a disposição dos seus órgãos, deparava com objectos úteis ou evitava os que eram nocivos; e a alma, estreitamente unida a ele, ao reflectir sobre as coisas que o corpo encontrava ou evitava, primeiramente notou que elas existiam fora de si, e por isso atribuiu-lhes não só as grandezas, as figuras, os movimentos e as outras propriedades que pertencem verdadeiramente ao corpo, e que ela concebia como coisas ou como dependências das coisas, mas também as cores, os odores e todas as outras ideias deste género que também via nessa altura. E como se encontrava tão fortemente ofuscada pelo corpo que só considerava as outras coisas quanto ao seu uso, julgava que havia mais ou menos realidade em cada objecto conforme as impressões que lhe pareciam mais ou menos fortes. Daí ter acreditado que havia mais substância ou corpo nas pedras e nos metais do que no ar ou na água, porque sentia neles mais dureza e peso; daí também ter considerado que o ar era diferente de tudo o mais, pois quando algum vento o agitava não lhe parecia nem quente nem frio. E como as estrelas não a faziam sentir mais luz do que a chama que brota de uma tocha, achava que cada estrela não era maior do que a chama de uma tocha. E como ainda não considerava que a Terra podia girar em torno do seu eixo, e que a sua superfície era curva como a de uma bola, de início julgou que era imóvel e que a sua superfície era lisa. De tal modo fomos predispostos a mil outros preconceitos que acreditamos neles mesmo quando somos capazes de usar a razão devidamente. E em vez de pensarmos que emitimos tais juízos numa altura em que não tínhamos condições para julgar bem, sendo por isso mais falsos do que verdadeiros, aceitámo-los com tanta segurança como se tivéssemos um conhecimento distinto deles por intermédio dos sentidos, e acreditámos sempre nesses juízos como se fossem noções comuns.

72. A segunda causa é que não conseguimos esquecer esses preconceitos.

Quando finalmente alcançamos o inteiro uso da razão e a nossa alma, não estando já sujeita ao corpo, se esforça por julgar bem as coisas e conhecer a sua natureza, embora notemos que os juízos que fizéramos quando éramos crianças contêm muitos erros, apesar disso temos muita dificuldade em nos libertarmos inteiramente deles. No entanto, se nos esquecermos de que são duvidosos, corremos sempre o perigo de voltar a cair numa falsa prevenção. Isto é de tal maneira verdadeiro que desde a nossa infância imaginamos, por exemplo, que as estrelas são extremamente pequenas, e por isso não conseguimos libertar-nos ainda de tal suposição, embora a Astronomia nos tenha já demonstrado que são muito grandes: o poder que uma opinião já aceite exerce sobre nós é muito forte!

73. A terceira causa é que o nosso espírito se fatiga quando presta atenção a todas as coisas que julga.

Além disso, se a nossa alma considerar a mesma coisa com atenção durante muito tempo sofre e fatiga-se; a alma só se aplica com grande esforço às coisas puramente inteligíveis que não estão presentes nem aos sentidos nem à imaginação, quer porque naturalmente foi feita assim, por estar unida ao corpo, quer porque durante os primeiros anos de vida nos habituámos tanto a sentir e a imaginar que se torna mais fácil pensar desta maneira. Por isso, muitas pessoas não querem crer que possa haver substâncias que não são imagináveis e corporais e até mesmo sensíveis. Geralmente só consideramos as coisas imagináveis que possuem extensão, movimento e figura, sem notar que há muitas outras que são inteligíveis. Donde se deduz também que a maior parte das pessoas se persuade de que não há nada que possa subsistir sem corpo, ou que só existem corpos sensíveis. Ora, como não são os sentidos que nos fazem descobrir a natureza do que quer que seja, mas apenas a nossa razão quando intervém, não se deve estranhar que a maior parte dos homens só apreenda as coisas confusamente, pois poucos estudam a forma de se conduzirem correctamente.

74. A quarta causa é que ligamos os nossos pensamentos a palavras que não os exprimem exactamente.

De resto, porque ligamos as nossas concepções a determinadas palavras para as exprimirmos oralmente, e porque nos lembramos mais depressa das palavras do que das coisas, só conseguimos conceber algo distintamente se separarmos completamente aquilo que concebemos das palavras que escolhemos para o exprimir. Assim, a maioria dos homens presta mais atenção às palavras do que às coisas, e por conseguinte frequentemente aceitam termos que não entendem; e nem sequer se preocupam muito em entendê-los, quer porque julgam tê-los já ouvido, quer porque crêem que aqueles que lhos ensinaram conheciam o seu significado, e que assim o apreenderam igualmente. Embora este não seja o lugar indicado para tratar de tal matéria, porque ainda não ensinei qual a natureza do corpo humano nem demonstrei que haja algum corpo no mundo, apesar de tudo parece-me que aquilo que disse poderá ajudar-nos a distinguir as nossas concepções claras e distintas daquelas onde há confusão e que nos são desconhecidas.

75. Sumário de tudo o que se deve observar para bem filosofar.

Por isso, se desejamos ocupar-nos seriamente do estudo da Filosofia e da investigação das verdades que somos capazes de conhecer, em primeiro lugar devemos libertar-nos dos preconceitos e tentar rejeitar as opiniões que outrora recebemos em forma de crença até as examinarmos de novo. De seguida passaremos revista às noções que estão em nós e só aceitaremos como verdadeiras aquelas que se apresentarem clara e distintamente ao entendimento. Por este meio conheceremos, primeiro, que existimos, enquanto a nossa natureza é pensar; e que há um Deus de que dependemos. Depois de termos examinado os seus atributos, poderemos investigar a verdade de todas as outras coisas, já que Ele é a sua causa. Além das noções que temos de Deus e do nosso pensamento, também encontraremos em nós o conhecimento de muitas proposições que são perpetuamente verdadeiras: por exemplo, que o nada não pode originar o que quer que seja, etc. Quando examinamos estas coisas por ordem e comparamos o que acabamos de aprender com o que pensávamos antes de as termos examinado assim, acostumar-nos-emos a formar conceitos claros e distintos sobre tudo o que somos capazes de conhecer. Penso que estes poucos preceitos incluem todos os princípios mais gerais e mais importantes do conhecimento humano.

76. Devemos preferir a autoridade divina em vez dos nossos raciocínios e não acreditar em nada que não seja revelado, a não ser que o conheçamos muito claramente.

Devemos considerar sobretudo como regra infalível que aquilo que Deus revelou é incomparavelmente mais certo do que o resto; e assim, se uma centelha de razão nos sugerir alguma coisa que lhe seja contrária, sempre podemos submeter o nosso juízo ao que vem da Sua parte. Porém, e relativamente às verdades em que a Teologia não interfere, parece inaceitável que um homem que queira ser filósofo tome por verdadeiro o que não conheça como tal, preferindo fiar-se nos sentidos, isto é, nos juízos inconsiderados da sua infância, e não no que a razão lhe dita, podendo no entanto servir-se dela para se conduzir.

Segunda Parte

DOS PRINCÍPIOS DAS COISAS MATERIAIS

1. As razões que nos levam a conhecer com segurança que há corpos.

Embora estejamos suficientemente persuadidos de que há corpos [que verdadeiramente estão no mundo], contudo, porque anteriormente o pusemos em dúvida e porque no número dos juízos incluímos preceitos que formulámos desde muito novos, é necessário buscarmos agora as razões que nos proporcionem uma ciência perfeita. Antes de mais, experimentamos em nós próprios que tudo aquilo que sentimos não provém do nosso pensamento. Com efeito, não depende de nós fazer com que experimentemos esta sensação em vez daquela, depende apenas daquilo que afecta os nossos sentidos. É verdade que podemos interrogar-nos se isso não provém Deus, ou de qualquer outra entidade; mas, porque sentimos, ou antes, porque muitas vezes os nossos sentidos nos levam a percepcionar clara e distintamente uma matéria extensa em comprimento, largura e altura cujas partes têm figuras e diversos movimentos dos quais procedem as sensações que nos dão as cores, os odores, a dor, etc., poderíamos questionarmo-nos se é Deus que, imediatamente por si mesmo, apresenta à nossa alma a ideia desta matéria extensa, ou se apenas permite que fosse causada em nós por algo que não tivesse extensão, figura ou movimento; e assim poderíamos ser levados a crer que Ele tem prazer em nos enganar. Com efeito, concebemos esta matéria como uma coisa totalmente diferente de Deus e do nosso pensamento, e parece-nos que a ideia que temos dela se forma em nós devido a corpos exteriores com os quais se parece completamente. Ora, porque Deus não nos engana, dado que isso repugna à Sua natureza, como já antes observámos, devemos concluir que existe uma certa substância extensa em comprimento, largura e altura que está presente no mundo [com todas as propriedades que sabemos pertencerem-lhe claramente]. A esta substância extensa chamamos [propriamente] corpo ou substância das coisas materiais.

2. Como sabemos também que a nossa alma está unida ao corpo.

Devemos concluir também que determinado corpo está mais estreitamente unido à nossa alma do que os outros [que estão no mundo], porque percebemos claramente que a dor e outras sensações nos advêm sem as termos previsto, e que a nossa alma, através de um conhecimento que lhe é natural, julga que estas sensações não procedem só dela, enquanto coisa que pensa e só enquanto está unida a uma coisa extensa [que se move devido à disposição dos seus órgãos], e ao qual propriamente se chama o corpo do homem. Mas não cabe aqui explicar isto com mais cuidado.

3. Os nossos sentidos não nos ensinam a natureza das coisas, mas apenas se nos são úteis ou prejudiciais.

Bastará observarmos apenas que as percepções dos sentidos relacionam-se com a estreita união entre a alma e o corpo e que por seu intermédio conhecemos aquilo que nos corpos exteriores nos pode ser útil ou nocivo, mas nunca a sua natureza, a não ser talvez muito raramente e por acaso. Depois desta reflexão facilmente abandonamos todos os preconceitos apenas fundados nos sentidos, e só nos serviremos do entendimento para examinar a sua natureza, porque as primeiras noções ou ideias só se encontram nele [que são como as sementes das verdades que somos capazes de conhecer].

4. Não é o peso, nem a dureza, nem a dor, etc., que constitui a natureza do corpo, mas só a extensão.

Procedendo assim, saberemos que a natureza da matéria ou do corpo em geral não consiste em ser uma coisa dura, pesada ou colorida, ou que afecta os sentidos de qualquer outra maneira, mas que é apenas uma substância extensa em comprimento, largura e altura. No que respeita à dureza, não conhecemos nada dela pelo toque, a não ser que as partes dos corpos duros resistem ao movimento das nossas mãos quando lhes tocam: é claro que nunca lhes sentiríamos a dureza se dirigíssemos as mãos para qualquer ponto e se os corpos que aí se encontrassem logo se retirassem quando elas se aproximassem. Apesar de tudo, não temos qualquer razão que nos persuada de que os corpos que assim se retirassem perderiam aquilo que faz com que sejam corpos, ou seja, a natureza do corpo. Donde se segue que a sua natureza não consiste na dureza que por seu intermédio sentimos algumas vezes, nem no peso, calor ou outras qualidades deste género. Quando examinamos um corpo, podemos pensar que não tem em si nenhuma destas qualidades [embora conheçamos clara e distintamente] que tem tudo o que faz deles um corpo [desde que tenha extensão em comprimento, largura e altura]; donde também se segue que para existir o corpo não tem absolutamente necessidade dessas qualidades [e que a sua natureza consiste apenas no facto de ser uma substância que tem extensão].

5. Esta verdade é obscurecida pelas opiniões [preconceitos] que nos preocupam acerca da rarefacção e do vazio.

Restam apenas duas dificuldades por esclarecer para tornar esta verdade totalmente evidente: [se a verdadeira natureza do corpo só consiste na extensão]. A primeira consiste em que algumas pessoas [quando vêem de perto corpos que umas vezes estão mais rarefeitos e outras vezes menos] imaginam que um corpo tem mais extensão quando está rarefeito do que quando está condensado. Houve mesmo alguns que até pretendiam distinguir a substância de um corpo da sua própria grandeza, ou a grandeza da sua extensão. A outra dificuldade funda-se apenas numa maneira habitual de pensar, isto é, muitos não entendem que possa haver um corpo onde há apenas uma extensão em comprimento, largura e altura, mas somente um espaço, um espaço vazio, e que todos crêem que não é nada.

6. Como se faz a rarefacção.

Quem examinar os seus pensamentos sobre a questão da rarefacção e da condensação, e se admitir apenas aquilo de que tem uma ideia clara e distinta, acreditará que isso só se produz por uma mudança de figura que ocorre no corpo [que é rarefeito ou condensado]. Sempre que virmos que um corpo está rarefeito, devemos pensar que há muitos intervalos entre as suas partes, que são preenchidos por qualquer outro corpo e que, quando condensado, as suas próprias partes estão mais próximas umas das outras, quer porque os intervalos entre elas se reduziram, quer porque lhes foram completamente retirados, e neste caso não se pode conceber que um corpo possa ser ainda mais condensado. Apesar de tudo, continua a haver tanta extensão como quando estas mesmas partes, afastadas umas das outras [e como que dispersas por várias secções], abrangiam um espaço maior. Por conseguinte, nunca devemos atribuir-lhes a extensão que está nos poros ou intervalos não ocupados pelas suas partes quando está rarefeito, mas sim aos outros corpos que preenchem estes intervalos. O mesmo se passa quando vemos uma esponja cheia de água ou de outro líquido: não pensamos que cada parte da esponja tem mais extensão, mas apenas que há poros ou intervalos entre as suas partes que são maiores do que quando está seca e mais compacta.

7. A rarefacção só pode ser explicada inteligivelmente da maneira que aqui se propõe.

Não compreendo por que razão quando queremos explicar como um corpo está rarefeito preferimos dizer que era por aumento da sua quantidade, em vez de nos servirmos do exemplo desta esponja. Quando o ar ou a água estão rarefeitos, embora não vejamos os poros que são as partes destes corpos, nem como aumentaram, nem sequer que corpo os preenche, não devemos imaginar algo que não é inteligível para explicar — aparentemente e com termos que não têm qualquer sentido — a maneira como um corpo se rarefaz; pelo contrário, devemos concluir que, como consequência de se ter rarefeito, entre as suas partes há poros ou intervalos que aumentaram e que estão cheios de qualquer outro corpo. E mesmo que os nossos sentidos não se apercebam do corpo que os preenche, não devemos ter dificuldades em acreditar que a rarefacção se faz assim como digo, porque não há razão que nos obrigue a acreditar que os nossos sentidos devem aperceber todos os corpos que nos rodeiam [e é fácil explicar isto deste modo, sendo impossível concebê-lo de outra maneira]. Na verdade, seria uma grande contradição se uma coisa fosse aumentada com uma grandeza ou com uma extensão que não possuía e se simultaneamente não fosse também acrescentada de uma nova substância extensa ou de um novo corpo, pois só é possível conceber que se possa acrescentar qualquer grandeza ou extensão a uma coisa se lhe acrescentarmos uma coisa grande ou extensa, como ficará ainda mais claro pelo que se segue.

8. A grandeza não difere do que é grande, nem o número das coisas numeradas, a não ser pelo nosso pensamento.

A razão está em que a grandeza não difere do que é grande, nem o número do que é numerado. Isto é: embora possamos pensar no que, por natureza, pertence a uma coisa extensa que está compreendida num espaço de dez pés, podemos prescindir desta medida de dez pés dado que essa coisa é da mesma natureza tanto em cada uma das partes como no seu todo. Do mesmo modo, podemos pensar no número dez, ou então numa grandeza contínua de dez pés, sem pensar em tal coisa, uma vez que a ideia que temos do número dez é a mesma, quer consideremos um número de dez pés ou qualquer outra dezena; podemos até conceber uma grandeza contínua de dez pés sem pensar nesta ou naquela coisa, embora não a possamos conceber sem qualquer coisa de extenso. Apesar de tudo, é evidente que não se poderia retirar qualquer parte de semelhante grandeza ou extensão se pelo mesmo processo também não separássemos outro tanto da grandeza ou da extensão.

9. A substância corporal não pode ser concebida claramente sem a sua extensão.

Apesar de alguns darem outra explicação deste assunto, não penso todavia que concebam outra coisa diferente da que acabo de expor; se distinguem a substância corporal ou material da extensão e da grandeza, então não subentendem nada com a palavra substância [corporal], ou na sua mente apenas formam uma ideia confusa da substância imaterial que falsamente atribuem à substância corporal, deixando para a extensão a verdadeira ideia desta substância corporal; a esta extensão chamam eles um acidente, mas tão impropriamente que facilmente se vê que as suas palavras não têm qualquer relação com os seus pensamentos

10. O que é o espaço ou o lugar interior.

O espaço ou o lugar interior e o corpo, compreendido neste espaço, só são diferentes para o nosso pensamento. Com efeito, a mesma extensão em comprimento, largura e altura que constitui o espaço também constitui o corpo. A diferença entre ambos consiste apenas no facto de atribuirmos ao corpo uma extensão particular, que julgamos que muda de lugar sempre que ele é transportado, e atribuímos ao espaço uma extensão tão geral e tão vaga que, se retirarmos um corpo de um determinado espaço que ele ocupava, já não pensamos que também transportámos a extensão deste espaço, porque nos parece que a extensão permanece sempre a mesma se se tratar da mesma grandeza e figura e que a sua posição não se alterou relativamente aos corpos externos pelos quais determinamos esse espaço.

11. Em que sentido se pode dizer que o espaço não é diferente do corpo que contém.

Mas será fácil conhecer que a mesma extensão que constitui a natureza do corpo constitui também a natureza do espaço; assim, só diferem entre si tal como a natureza do género ou da espécie difere da natureza do indivíduo. Para discernirmos melhor a verdadeira ideia que temos do corpo, tomemos por exemplo uma pedra e retiremos-lhe tudo o que sabemos que não pertence à natureza do corpo. Primeiramente retiramos-lhe a dureza, e nem por isso deixará de ser corpo; depois a cor, já que algumas vezes temos visto pedras tão transparentes que não têm cor; tiremos o peso, porque também o fogo, ainda que muito ténue, nem por isso deixa de ser um corpo; tiremos-lhe o frio, o calor e todas as outras qualidades deste género, pois não pensamos que estejam na pedra, ou que a pedra mude de natureza porque umas vezes nos parece quente e outras fria. Depois de assim termos examinado esta pedra descobrimos que a verdadeira ideia que nos faz conceber que é um corpo consiste unicamente em nos apercebermos distintamente de que é uma substância extensa em comprimento, largura e altura; ora, isso mesmo está compreendido na ideia que temos do espaço, não só daquele que está preenchido pelos corpos, mas também daquele que se chama vazio.

12. Em que sentido é diferente.

É verdade que há diferenças na nossa maneira de pensar, pois se tirarmos uma pedra do espaço ou do lugar onde estava, entendemos que retirámos a extensão desta pedra porque as consideramos inseparáveis uma da outra. Apesar de tudo, pensamos que a mesma extensão do lugar onde estava esta pedra se manteve — se bem que o lugar que antes ocupava tenha estado preenchido por madeira, água, ar ou por qualquer outro corpo, ou até que nos parecesse vazio, dado que consideramos a extensão em geral, parecendo-nos que a mesma pode estender-se às pedras, à madeira, à água, ao ar e a todos os corpos e também ao vazio, se o houver, no caso de ela ter a mesma grandeza e figura que antes — e que conserve a mesma posição relativamente aos corpos externos que determinam este espaço.

13. O que é o lugar exterior.

A razão está no facto de as palavras lugar e espaço não significarem nada que seja verdadeiramente diferente do corpo que dizemos estar nalgum lugar e porque designam apenas a sua grandeza, figura e o modo como se situa entre os outros corpos. Para determinar esta posição é necessário observar outros corpos que consideramos imóveis; mas dado que estes — assim considerados — são diversos, podemos dizer que uma mesma coisa muda e não muda de lugar ao mesmo tempo. Por exemplo, se vemos um homem sentado na popa de um barco que o vento leva para fora do porto e se só fixarmos o barco, parecer-nos-á que este homem não muda de lugar, porque vemos que se mantém sempre na mesma posição relativamente às partes do barco em que está; mas se fixarmos as terras vizinhas, parecer-nos-á que este homem muda continuamente de lugar porque se afasta de uma e aproxima-se de outras. Se além disso imaginarmos que a Terra gira sobre o seu eixo e que, de Oriente a Ocidente, perfaz o mesmo percurso que este barco, de novo nos parecerá que aquele que está sentado à popa não muda de lugar, porque teremos determinado este lugar por alguns pontos imóveis, imaginados no céu. Mas se pensarmos que em todo o universo não seria possível encontrar um ponto que fosse verdadeiramente imóvel, ver-se-á — pelo que se segue — que isso pode ser demonstrado, e então concluiremos que no mundo nenhum lugar das coisas está firme e fixo, a não ser que o fixemos com o pensamento.

14. A diferença entre o lugar e o espaço.

Apesar de tudo, o lugar e o espaço são nomes diferentes, porque o lugar designa mais expressamente a localização do que a grandeza ou a figura e nós, inversamente, pensamos mais nestas quando se fala do espaço. Dizemos frequentemente que uma coisa entrou no lugar de outra, ainda que não tenha exactamente nem o seu tamanho nem a sua figura, e não entendemos que, por isso, vai ocupar o mesmo espaço ocupado por essa outra coisa. Sempre que se muda a localização dizemos que o lugar também se mudou, embora se mantenha a mesma grandeza e a mesma figura. Ainda que digamos que uma coisa está em tal lugar, entendemos apenas que está assim situada relativamente às outras coisas; mas se acrescentarmos que ocupa tal espaço, ou tal lugar, entendemos, além disso, que tem esta grandeza e aquela figura [que pode preenchê-lo exactamente].

15. Como a superfície que rodeia um corpo pode ser tomada pelo seu lugar exterior.

Assim, nunca distinguimos o espaço da extensão em comprimento, largura e altura; mas às vezes consideramos o lugar como se fosse interior à coisa que está situada, e outras vezes como se fosse exterior. O interior não difere absolutamente nada do espaço; mas por vezes tomamos o exterior por uma superfície que rodeia imediatamente a coisa que está situada (e note-se que por superfície não se deve entender nenhuma parte do corpo que rodeia, mas apenas a extremidade que está entre o corpo que rodeia e o que é rodeado, que não passa de um modo [ou maneira]) ou então pela superfície em geral, que não é mais parte de um corpo do que de outro, e que parece sempre a mesma enquanto tem a mesma grandeza e figura. Embora não vejamos que o corpo que rodeia outro seja diferente da sua superfície, não estamos habituados a dizer que aquele que está rodeado tenha por conseguinte mudado de lugar quando permanece na mesma situação relativamente aos restantes que consideramos imóveis. Assim, dizemos que um barco permanece no mesmo sítio quando levado pela corrente de um rio, sendo simultaneamente impelido pelo vento por uma força tão homogénea que não muda de posição relativamente às margens, embora vejamos que toda a superfície que o rodeia muda constantemente.

16. Não pode haver vazio no sentido em que os filósofos tomam esta palavra.

Quanto ao vazio, no sentido em que os filósofos tomam esta palavra, isto é, como um espaço onde não há nenhuma substância, é evidente que tal espaço não existe no universo, porque a extensão do espaço ou do lugar interior não é diferente da do corpo. E dado que só podemos deduzir que um corpo é uma substância porque é extenso em comprimento, largura e altura, como concebemos que não é possível que o nada tenha extensão, então devemos concluir a mesma coisa acerca do espaço que se supõe vazio, isto é: dado que ele tem extensão, então é necessariamente substância.

17. A palavra vazio, no seu significado habitual, não exclui todos os corpos.

Mas ao tomarmos esta palavra no seu significado habitual, é verdade que não queremos dizer que não há absolutamente nada daquilo que presumimos dever existir aí. Assim, porque uma bilha está feita para guardar a água, dizemos que está vazia quando só contém ar; e quando não há um único peixe num viveiro, dizemos que não tem nada lá dentro, ainda que esteja cheio de água; dizemos igualmente que um barco está vazio quando, em vez das mercadorias normais, é carregado com areia para poder resistir ao ímpeto do vento. Acontece o mesmo quando afirmamos que um espaço está vazio porque não contém nada que seja perceptível pelos nossos sentidos, embora contenha uma matéria criada e uma substância extensa: o facto é que geralmente só prestamos atenção aos corpos [que estão perto de nós] que podemos sentir na medida em que causam impressões fortes nos sentidos. E se em vez de nos lembrarmos daquilo que devemos entender pelas palavras vazio ou nada, pensarmos que esse espaço em que nada se percepciona não contém nenhuma coisa criada, estaríamos a cometer um erro tão grosseiro como quando dizemos que uma bilha, só com ar, está vazia, julgando que esse ar contido nela não é uma coisa ou substância.

18. Como se pode corrigir a falsa opinião da nossa preocupação a respeito do vazio.

Quase todos nos preocupámos com este erro desde muito novos, porque ao vermos que não havia ligação necessária entre este recipiente e o corpo nele contido pareceu-nos que Deus poderia retirar qualquer corpo nele contido conservando o recipiente [no lugar daquele que se tivesse retirado]. De modo a podermos corrigir tão falsa opinião observaremos que não há nenhuma relação necessária entre o recipiente e o corpo nele contido, mas que essa relação é absolutamente necessária entre a figura côncava do recipiente e a extensão compreendida nesta concavidade, e assim tanto poderemos conceber uma montanha sem vale do que semelhante concavidade sem a extensão contida nela, ou esta extensão sem qualquer coisa extensa, uma vez que o nada — como já observámos várias vezes — não pode ter extensão. É por isso que se nos perguntassem o que aconteceria se Deus retirasse qualquer corpo que está num recipiente sem permitir que outro aí entrasse, responderíamos que as suas paredes [se aproximariam tanto que] imediatamente se tocariam. Ora, dois corpos tocam-se necessariamente quando não há nada entre eles, porque seria contraditório que dois corpos estivessem afastados, isto é, que houvesse distância entre ambos e que, apesar de tudo, essa distância não fosse nada: é que a distância é uma propriedade da extensão e não poderia subsistir sem algo extenso.

19. Isto confirma o que se disse da rarefacção.

Depois de termos observado que a natureza da substância material ou do corpo consiste em ser uma coisa extensa e que a sua extensão não difere em nada da que atribuímos ao espaço vazio, facilmente se conhece que não é possível [seja de que maneira for] que umas vezes qualquer das suas partes ocupe mais espaço do que outras, e possa ser realmente rarefeita de modo diferente daquele que expusemos; ou então que se encontre mais matéria ou corpo num recipiente cheio de ouro ou de chumbo, ou de qualquer outro corpo pesado e duro, do que quando só contém ar e parece vazio: é que o tamanho das partes que compõem um corpo não depende em nada do peso ou da dureza que se experimenta com o seu contacto — como também já salientei —, mas apenas da extensão, que é sempre igual no mesmo recipiente.

20. Não pode haver átomos ou pequenos corpos indivisíveis.

Também é fácil conhecer que não pode haver átomos, isto é, partes dos corpos ou da matéria que por natureza sejam indivisíveis [como alguns filósofos imaginaram]. Pois por mais pequenas que as suas partes sejam, todavia — e porque é necessário que sejam extensas — pensamos que não há sequer uma de entre elas que não possa dividir-se em duas ou noutras ainda mais pequenas; donde se segue que são divisíveis. Com efeito, pelo facto de conhecermos [clara e distintamente] que uma coisa pode dividir-se, devemos pensar que é divisível, porque se pensarmos que é indivisível, o juízo emitido [sobre esta coisa] seria contrário ao conhecimento que temos. Ainda que imaginássemos que Deus quisesse reduzir alguma parte da matéria a uma partícula tão mínima que não pudesse dividir-se noutras mais pequenas, mesmo assim não poderíamos concluir que ela seria indivisível, porque quando Deus tornasse esta partícula tão pequena que nenhuma criatura pudesse então dividi-la, nem por isso poderia privar-se do poder de a dividir, pois não é possível que a sua omnipotência diminua, como já observámos. É por isso que dizemos que qualquer partícula mínima extensa [que possa existir no mundo] pode ser sempre dividida, como é próprio da sua natureza.

21. A extensão do mundo é indefinida.

Além disso, também sabemos que este mundo, ou a matéria extensa de que o universo é composto, não tem limites, porque, por mais longe que levássemos a nossa imaginação, mesmo assim poderíamos imaginar outros espaços indefinidamente extensos, e não só os imaginamos como os concebemos tão reais quanto os imaginámos. Por isso, eles contêm um corpo indefinidamente extenso, pois a ideia de extensão que concebemos, seja em que espaço for, é a verdadeira ideia que devemos ter do corpo.

22. A Terra e os céus são feitos apenas de uma mesma matéria, não podendo haver vários mundos.

Finalmente, não é difícil inferir de tudo isto que a Terra e os céus são feitos de uma mesma matéria e que, mesmo que houvesse uma infinidade de mundos, seriam todos feitos da mesma matéria. Donde se segue que não pode haver vários mundos, pois claramente concebemos que a matéria, cuja natureza consiste unicamente em ser uma coisa extensa, ocupa agora todos os espaços imagináveis em que esses outros mundos poderiam existir, além de que não poderíamos descobrir em nós a ideia de qualquer outra matéria.

23. Todas as variedades presentes na matéria ou a diversidade das suas partes dependem do movimento das suas partes.

Logo, só há uma matéria em todo o universo e só a conhecemos porque é extensa. Todas as propriedades que nela apercebemos distintamente apenas se referem ao facto de poder ser dividida e movimentada segundo as suas partes e, por consequência, pode receber todas as afecções resultantes do movimento dessas partes. Com efeito, embora mediante o pensamento possamos imaginar divisões nesta matéria, contudo é verdade que o nosso pensamento não pode alterar nada, e a diversidade das formas que nela se encontram dependem do movimento local; sem dúvida que isto foi também observado pelos filósofos em muitas ocasiões: a natureza é o princípio do movimento e do repouso. Por natureza entendiam aquilo que faz com que os corpos se disponham, tais como os vemos por experiência.

24. O que é o movimento de acordo com o senso comum.

Ora, o movimento (isto é, aquele que se efectua de um lugar para outro, porque não concebo outro, e também porque não penso que seja necessário supor outro na natureza), de acordo com o senso comum, é *a acção pela qual um corpo passa de um local para outro.* E por conseguinte, uma vez que — como já observámos anteriormente — se pode afirmar que uma coisa muda e não muda de lugar ao mesmo tempo, também podemos dizer que se move e não se move ao mesmo tempo. Por exemplo, quem está sentado na popa de um barco impelido pelo vento crê que se move quando se fixa apenas na margem donde partiu e a considera imóvel; e não crê mover-se quando se fixa somente no barco em que se encontra, porque não muda de localização relativamente às suas partes. Todavia, uma vez que estamos habituados a pensar que não há movimento sem acção, mais propriamente diremos que essa pessoa assim sentada está em repouso, pois não sente qualquer acção em si [e é isso o que senso comum julga].

25. O que é o movimento propriamente dito.

Mas se em vez de nos limitarmos àquilo cujo fundamento radica apenas no senso comum, quisermos saber o que é verdadeiramente o movimento a fim de lhe atribuirmos uma natureza que seja determinada, diremos que «o movimento é a translação de uma parte da matéria ou de um corpo da proximidade daqueles que lhe são imediatamente contíguos — e que consideramos em repouso — para a proximidade de outros». Por *corpo* ou *parte da matéria* entendo tudo aquilo que é transportado conjuntamente, ainda que seja composto de várias partes que [com a sua acção] desencadeiam outros movimentos. Digo que é a *translação* e não a força ou a acção que transporta, pois o movimento está sempre no móbil e não naquele que se move, e habitualmente ninguém emprega o cuidado necessário ao distinguir estas duas coisas. Além disso, entendo que é uma propriedade do móbil e não uma substância, assim como a figura é uma propriedade da coisa que está figurada, e o repouso da coisa que está em repouso.

26. É requerida tanta acção para o movimento como para o repouso.

Uma vez que normalmente nos enganamos quando pensamos que é necessária mais acção para o movimento do que para o repouso, observaremos aqui que cometemos um erro desde muito novos, porque geralmente movimentamos o nosso corpo de acordo com a nossa vontade, que conhecemos intimamente, e que está em repouso porque a Terra o fixa devido ao seu peso, cuja força não sentimos. E como este peso e várias outras causas de que habitualmente não nos apercebemos resistem ao movimento dos nossos membros e nos provocam o cansaço, julgamos que para produzir um movimento seria necessária uma força maior e mais acção do que para o interromper, pois tomámos a acção pelo esforço para movermos os nossos membros e, por seu intermédio, os outros corpos. Mas facilmente nos libertamos deste preconceito se tivermos em conta que não fazemos nenhum esforço para mover os corpos que estão perto de nós, nem para os interromper, caso não tenham sido amortecidos pela gravidade ou por outra causa. Assim, empregamos tanta acção para fazer deslizar, por exemplo, um barco que está em repouso na água calma e sem corrente como para o parar de repente enquanto se desloca; [e se a experiência nos mostra] neste caso [que] não é preciso tanta para o parar como para o pôr em marcha, isso deve-se ao peso da água que levanta [quando se desloca] e à sua lentidão [porque imagino a água calma e adormecida].

27. O movimento e o repouso são apenas duas maneiras diferentes do corpo em que se encontram.

Mas porque aqui não se trata da acção que está naquilo que se move ou que trava o movimento, mas principalmente do transporte e da sua paragem ou repouso, é evidente que este transporte não está fora do corpo que é movido, sendo apenas um corpo que quando é transladado está disposto de outra maneira do que quando não o é, de modo que nele o movimento e o repouso não passam de duas diferentes maneiras.

28. O movimento propriamente só respeita aos corpos contíguos àquele que dizemos estar em movimento.

Também acrescentei que a translação do corpo ocorre *da proximidade dos que lhe são contíguos para a proximidade de outros*, e não de um lugar para outro, porque o lugar pode ser tomado de várias maneiras que dependem do nosso pensamento, como expliquei anteriormente [Art. 10 a 16]. Mas quando entendemos o movimento como a translação de um corpo que deixa a proximidade dos que lhe são contíguos, certamente só podemos atribuir ao mesmo móbil um único movimento, pois só existe uma determinada quantidade de corpos que o podem tocar ao mesmo tempo.

29. Mesmo que só se relacione com os corpos contíguos que consideramos em repouso.

Enfim, disse que a translação não ocorre da proximidade de toda a espécie de corpos contíguos, mas apenas *daqueles que consideramos em repouso*. Como esta translação é recíproca, não podemos conceber que o corpo *AB* seja transladado da proximidade do corpo *CD* sem que também não saibamos que o corpo *CD* é transladado da proximidade do corpo *AB*, e que ambos requerem a mesma acção. Por isso, e se quisermos atribuir ao movimento uma natureza que lhe seja totalmente própria [que possa ser considerada isoladamente e sem ser necessário relacioná-la com outra coisa], quando vemos que dois corpos imediatamente contíguos serão transladados [cada um para o seu lado] e que se separarão reciprocamente, podemos então dizer que há tanto movimento num como no outro. Confesso que nisto nos afastamos muito da maneira de falar do senso comum. Como estamos habituados a estar na Terra, que julgamos em repouso, e embora vejamos algumas das suas partes — contíguas a outros corpos mais pequenos — serem transportadas da proximidade destes corpos, nem por isso julgamos que se move.

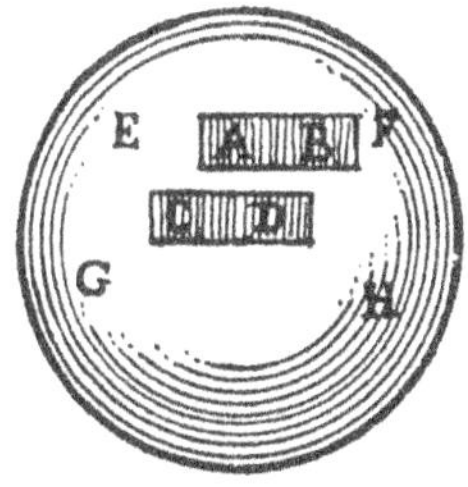

Fig. 1

30. Por isso, o movimento que separa dois corpos contíguos é mais atribuído a um do que ao outro.

A principal razão disto está no facto de pensarmos que um corpo só se move se se mover por inteiro, e também porque não cremos que é a Terra inteira que se move, dado que algumas das suas partes são transportadas da proximidade de alguns corpos mais pequenos que lhes são contíguos, e por isso muitas vezes constatamos por experiência que essas translações são contrárias umas às outras. Suponhamos o seguinte exemplo: o corpo *EFGH* é a Terra; e ao mesmo tempo que o corpo *AB* é transladado de *E* para *F* também o corpo *CD* é transportado de *H* para *G*. Embora saibamos que as partes da Terra contíguas ao corpo *AB* são transladadas de *B* para *A*, e que a acção desta translação possui a mesma natureza das partes da Terra presentes no corpo *AB*, não diremos que a Terra se move de *B* para *A*, ou de Ocidente para Oriente, pois como as suas partes contíguas ao corpo *CD* foram transladadas da mesma maneira de *C* para *D*, também devemos dizer que ela se move na direcção oposta, ou seja, de Oriente para Ocidente, o que seria demasiado contraditório. Por isso (para não nos afastarmos demasiado do senso comum) apenas diremos que os corpos *AB* e *CD* — e outros semelhantes — é que se movem, e não a Terra. Contudo, devemos ter em conta que tudo o que há de real nos corpos que se movem — «e por isso dizemos que se movem» — também se encontra naqueles que lhes são contíguos, embora os consideremos em repouso.

31. Como pode haver muitos e diversos movimentos no mesmo corpo.

Apesar de cada corpo em particular ter apenas um movimento que lhe é próprio, pois só há uma determinada quantidade de corpos contíguos e em repouso relativamente a ele, todavia pode participar numa infinidade de outros movimentos enquanto faz parte de outros corpos com outros movimentos. Por exemplo, se um marinheiro ao passear no seu barco trouxer consigo um relógio, ainda que as rodas deste tenham um único movimento que lhes é próprio, é claro que fazem parte do movimento do marinheiro que passeia, uma vez que constituem com ele um corpo que é conjuntamente transportado; também é certo que participam do movimento do barco e até mesmo do do mar, dado que acompanham o seu curso; e também do da Terra, supondo que esta gira em torno do seu eixo, pois constituem um corpo com ela. Embora seja verdade que todos estes movimentos estão nas rodas deste relógio, todavia, porque normalmente não pensamos em tantos movimentos ao mesmo tempo e até porque nem podemos conhecer todos [os movimentos de que elas participam], bastará que em cada corpo consideremos apenas o movimento que lhe é único e do qual podemos ter um conhecimento certo.

32. Como o movimento único propriamente dito, que é único em cada corpo, também pode ser entendido como vários.

Mas também podemos considerar que este movimento único — que propriamente é atribuído a cada corpo — é composto de vários outros movimentos, tal como distinguimos dois movimentos nas rodas de uma carruagem, isto é, um circular em torno do seu eixo e um recto que deixa um risco ao longo do caminho que percorrem. Todavia, é evidente que estes dois movimentos não diferem efectivamente um do outro, porque cada ponto destas rodas — e de qualquer outro corpo que se desloca — só descreve uma única linha. Não importa que esta linha seja muitas vezes torta, parecendo que foi produzida por muitos movimentos diferentes; na verdade, podemos imaginar que qualquer linha, mesmo a recta, que é a mais simples de todas, é o resultado dessa infinidade de movimentos. Por exemplo: se ao mesmo tempo que a linha *AB* desce para *CD* avançarmos com o seu ponto *A* para *B*, a linha *AD* (descrita pelo ponto *A*) dependerá tanto dos movimentos de *A* para *B* e de *AB* para *CD* (que são rectos) como a linha curva descrita por cada ponto da roda depende do movimento recto e circular. E embora às vezes seja útil distinguir um movimento em várias partes para que o possamos conhecer mais distintamente, todavia — e falando em termos absolutos — só devemos contar um único movimento em cada corpo.

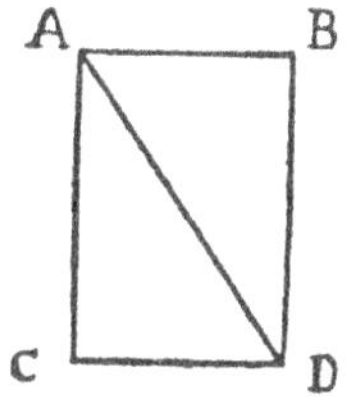

Fig. 2

33. Como em cada movimento deve haver um círculo [ou anel] de corpos que se movem conjuntamente.

Feita esta demonstração, a saber, que todos os lugares estão repletos de corpos e que cada parte da matéria é de tal modo proporcional ao tamanho do lugar que ocupa [que seria impossível que preenchesse um lugar maior ou que se comprimisse para ocupar um que fosse mais apertado, ou que qualquer outro corpo possa ocupar esse lugar enquanto ela lá se encontra], devemos concluir portanto que tem de haver necessariamente um círculo de matéria ou [anel] de corpos que se movem em conjunto ao mesmo tempo; e de tal maneira que quando um corpo deixa o seu lugar para que outro o preencha, vai ocupar o do outro e assim sucessivamente até ao último, que nesse instante ocupa o lugar deixado pelo primeiro. E facilmente verificamos que isto é um círculo perfeito pois, sem recorrermos ao vazio e à rarefacção ou à condensação, vemos que a parte *A* deste círculo pode mover-se para *B*, já que a sua parte *B* se move ao mesmo tempo para *C* e *C* para *D*, e *D* para *A*. Mas se tivermos em conta que todas as desigualdades dos lugares podem ser compensadas por outras desigualdades pertencentes ao movimento das partes, facilmente verificaremos que esse movimento conjunto da matéria também acontece no círculo mais imperfeito e irregular que se possa imaginar. Assim, toda a matéria compreendida no espaço *EFGH* pode mover-se circularmente, e a sua parte que se dirige para *E* pode passar para *G*, e a que se dirige para *G* pode passar ao mesmo tempo para *E*, sem que seja necessário supor a condensação ou o vazio, desde que — supondo que o espaço *G* é quatro vezes maior do que o espaço *E* e duas vezes maior do que os espaços *F* e *H* — também suponhamos que o seu movimento é quatro vezes mais rápido para *E* do que para *G*, e duas vezes mais rápido do que para *F* ou *H*, e que em todos os locais deste círculo a velocidade do movimento compensa a exiguidade do lugar. Por conseguinte, este processo permite-nos saber que, em qualquer espaço de tempo que queiramos determinar, neste círculo passaria tanta matéria por um sítio como por outro.

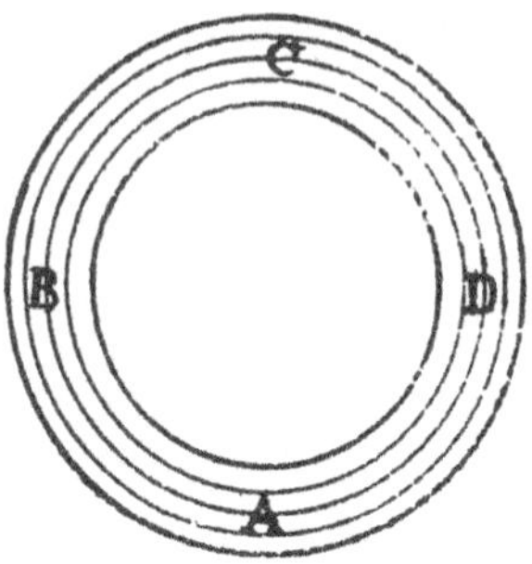

Fig. 3

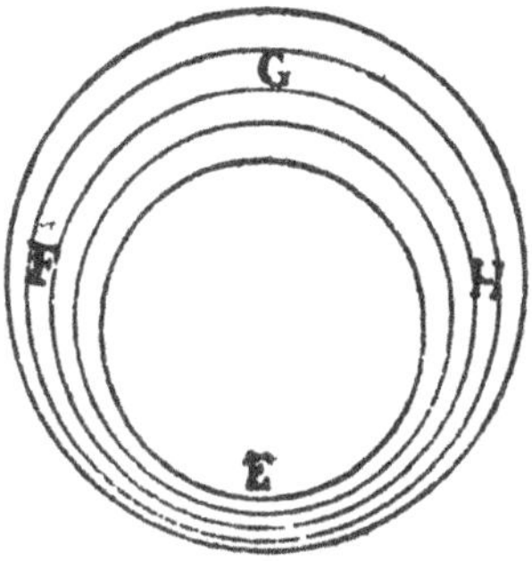

Fig. 4

34. Daqui se segue que a matéria se divide em partes indefinidas e incontáveis, ainda que não as compreendamos.

É no entanto necessário confessar que neste movimento há algo que o nosso espírito concebe como verdadeiro mas que, apesar de tudo, não consegue compreender, a saber: a divisão de algumas partes da matéria até ao infinito, ou até a uma divisão indefinida, e cujas partes são tantas que o nosso pensamento não consegue conceber uma tão pequena que não se divida também noutras ainda mais pequenas. A matéria que ocupa o espaço *G* não pode preencher sucessivamente todos os espaços entre *G* e *E*, sucessivamente mais pequenos até inumeráveis graus, se qualquer das suas partes não mudar a sua figura e não se dividir [sempre que necessário] para ocupar exactamente os tamanhos desses espaços incontáveis [diferentes uns os outros]; mas para que isto aconteça é necessário que todas essas pequenas parcelas que supomos pertencer à divisão de uma das partes — e que de facto são incontáveis — se distanciem um pouco umas das outras; e por mais pequeno que este intervalo seja, não deixa de ser uma verdadeira divisão.

35. Como se faz esta divisão e como não se pode duvidar de que ela se pode fazer, embora não a compreendamos.

Há que observar que não falo de toda a matéria, mas apenas de alguma das suas partes. Ainda que imaginássemos que no espaço *G* há duas ou três partes do tamanho do espaço *E*, e que há outras ainda mais pequenas e em maior quantidade que permanecem indivisas, todavia compreendemos que todas se podem mover circularmente na direcção de *E*, desde que aí houvesse outras misturadas — e que mudam de figura em tantas maneiras como se estivessem unidas às que não podem mudar de figura facilmente, mas que se deslocam mais ou menos depressa conforme o lugar que devem ocupar —, e assim poderiam preencher todos os ângulos [e pequenos recantos nos quais as outras não caberiam por serem demasiado grandes]. Ainda que não compreendamos como acontece esta divisão indefinida, não devemos duvidar que ela não se faça, pois compreendemos que ela se deduz necessariamente da natureza da matéria de que já temos um conhecimento muito distinto, e também compreendemos que esta verdade pertence àquelas que não conseguimos compreender, pois o nosso espírito é finito.

36. Deus é a primeira causa do movimento e possui sempre a mesma quantidade no universo.

Depois de ter examinado a natureza do movimento, é necessário considerar a sua causa. E porque pode ser dupla, começaremos pela primeira e mais universal, a que produz geralmente todos os movimentos do mundo; a seguir consideremos a outra, a particular, que faz com que cada parte da matéria adquira o que antes não tinha. Quanto à primeira, parece-me evidente que só pode ser Deus, cuja omnipotência deu origem à matéria com o seu movimento e o repouso das suas partes, conservando agora no universo, pelo seu concurso ordinário, tanto movimento e repouso como quando o criou. Com efeito, dado que o movimento não é mais do que um modo na matéria que se move, tem por isso uma certa quantidade que nunca aumenta nem diminui, se bem que em algumas das suas partes umas vezes haja mais e outras menos. Por conseguinte, quando uma parte da matéria se move duas vezes mais depressa do que outra — sendo esta duas vezes maior do que a primeira —, devemos pensar que há tanto movimento na mais pequena como na maior, e que sempre que o movimento de uma parte diminui, o da outra aumenta proporcionalmente. Também sabemos que Deus é a perfeição, não só por ser de natureza imutável, mas sobretudo porque age de uma maneira que nunca muda: e isso é tão verdade que, exceptuando os movimentos e as mutações que vemos no mundo — e nos quais acreditamos porque Deus assim os revelou, e sabemos que se manifestam ou são manifestados na Natureza sem que se verifique qualquer mudança no Criador —, não devemos imaginar outros nas Suas obras, sob pena de Lhe atribuirmos inconstância. Donde se segue que Deus, tendo posto as partes da matéria em movimento de diversas maneiras, manteve-as sempre a todas da mesma maneira e com as mesmas leis que lhes atribuiu ao criá-las e conserva incessantemente nesta matéria uma quantidade igual de movimento.

37. A primeira lei da Natureza: cada coisa permanece no seu estado se nada o alterar; assim, aquilo que uma vez foi posto em movimento continuará sempre a mover-se.

Como Deus não está sujeito a mudanças, agindo sempre da mesma maneira, podemos chegar ao conhecimento de certas regras a que chamo as leis da Natureza, e que são as causas segundas, particulares, dos diversos movimentos que observamos em todos os corpos [e daí a importância dessas leis]. A primeira é que cada coisa particular, enquanto simples e indivisa, se conserva o mais possível e nunca muda a não ser por causas externas. Por conseguinte, se vemos que uma parte da matéria é quadrada, ela permanecerá assim se nada vier alterar a sua figura; e se estiver em repouso, nunca se moverá por si mesma; mas, uma vez posta em andamento, também não podemos pensar que ela possa deixar de se mover com a mesma força enquanto não encontrar nada que atrase ou detenha o seu movimento. De modo que, se um corpo começou a mover-se, devemos concluir que continuará sempre em movimento [e que nunca parará por si próprio]. Mas como habitamos uma Terra cuja constituição é de tal ordem que os movimentos que acontecem à nossa volta depressa param e muitas vezes por razões que os nossos sentidos ignoram, desde o começo da nossa vida pensámos que os movimentos que assim terminavam — por razões que desconhecíamos —, o faziam por si próprios. E ainda hoje a nossa inclinação é crer que o mesmo acontece com tudo o que existe no mundo, isto é, que acabam naturalmente por si próprios e que tendem ao repouso [porque aparentemente a experiência assim no-lo ensinou em muitas ocasiões]. Mas isso não passa de um falso preconceito que repugna claramente às leis da Natureza: com efeito, o repouso é contrário ao movimento; e, pela sua própria natureza, nada se torna no seu oposto ou se destrói a si próprio.

38. Por que razão os corpos impelidos pela nossa mão continuam a mover-se depois de os largarmos: do movimento dos projécteis.

Presenciamos diariamente a prova desta primeira regra nas coisas que atiramos para longe; não há razão para continuarem a mover-se quando estão fora da mão que as lançou, a não ser que [de acordo com as leis da Natureza] todos os corpos que se movem continuem a mover-se até que o seu movimento seja travado por outros corpos. É evidente que o ar e os outros corpos líquidos, nos quais vemos estas coisas a moverem-se, gradualmente diminuem a velocidade do seu movimento: se abanarmos um leque agitadamente, a nossa mão consegue sentir a resistência do ar (o que também é confirmado pelo voo das aves). E na Terra o único corpo fluido que oferece tanta resistência aos movimentos dos outros corpos é o ar.

39. A segunda lei da Natureza: todo o corpo que se move tende a continuar o seu movimento em linha recta.

A segunda lei que observo na Natureza é que cada parte da matéria, considerada em si mesma, nunca tende a continuar o seu movimento em linha curva mas sim em linha recta, embora muitas destas partes sejam muitas vezes obrigadas a desviar-se porque encontram outras no caminho, e quando um corpo se move toda a matéria é conjuntamente movida e faz sempre um círculo [ou anel]. Esta regra, tal como a precedente, depende de facto de Deus ser imutável e de conservar o movimento na matéria por uma operação muito simples. Com efeito, Deus não o conserva como poderia ter sido anteriormente, mas sim como é precisamente no momento em que o conserva. Embora seja verdade que o movimento não acontece num instante, todavia é evidente que todo o corpo que se move está determinado a mover-se em linha recta e não circularmente. Por exemplo, [Fig. 5] quando a pedra *A* gira na funda *EA*, seguindo o círculo *ABF*, no preciso momento em que está no ponto *A* determina-se a mover-se para qualquer lado, isto é, para *C* seguindo a recta *AC*, se supusermos que é essa linha que toca o círculo. Mas não conseguimos imaginar que estivesse determinada a mover-se circularmente pois, apesar de vir de *L* para *A* seguindo uma linha curva, não conseguimos conceber que qualquer parte da curvatura possa estar nesta pedra quando se encontra no ponto *A*. E já nos certificámos disto por experiência, pois esta

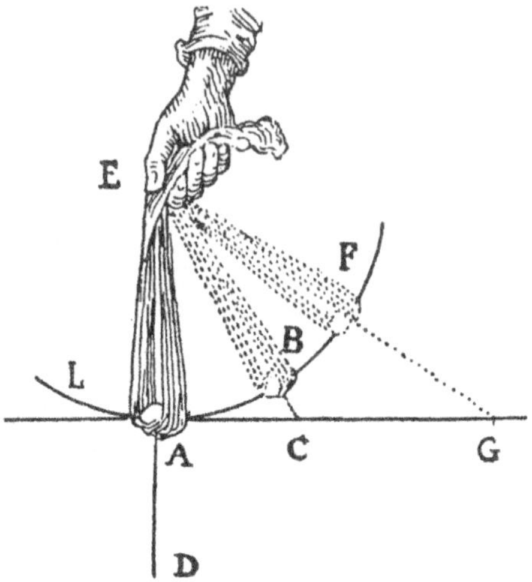

Fig. 5

pedra quando sai da funda segue em linha recta para *C* e nunca tende a mover-se para *B*. O que claramente nos mostra que qualquer corpo que se move circularmente tende constantemente a afastar-se do centro do círculo que descreve; até o sentimos com a mão quando giramos a pedra na funda [porque a pedra estica e estende a corda para se afastar directamente da nossa mão]. Esta consideração é de tal importância, e ser-nos-á útil em tantas ocasiões, que devemos assinalá-la imediatamente, propondo-me eu explicá-la ainda melhor quando for ocasião disso.

40. A terceira lei: se um corpo que se move encontrar outro mais forte, o seu movimento não diminui em nada; se encontrar um corpo mais fraco [que consiga mover], só perderá o movimento que lhe transmitir.

A terceira lei que observo na Natureza é que se um corpo em movimento não encontrar outro, tem menos força para continuar a mover-se em linha recta do que este para lhe resistir, perdendo a determinação e desviando-se mas sem nada perder do seu movimento; e se tiver mais força move consigo esse outro corpo e perde tanto movimento como aquele que lhe transmite. Assim, quando atirámos um corpo duro contra outro maior, duro e fixo, aquele é repelido para o lado donde veio, embora não perdendo nenhum do seu movimento; mas se o corpo que encontra é mole, pára imediatamente porque lhe transmite todo o seu movimento. Esta regra compreende todas as causas particulares das mudanças que ocorrem nos corpos, pelo menos as corporais, pois ainda não sei se os anjos e os pensamentos dos homens conseguem mover os corpos: é uma questão que reservo para o tratado que espero fazer *sobre o homem*.

41. A prova da primeira parte desta regra.

Podemos conhecer melhor a verdade da primeira parte desta regra se prestarmos atenção à diferença entre o movimento de uma coisa e a sua determinação para um lado em vez de ser para outro, e essa diferença é a causa desta determinação poder mudar sem haver quaisquer alterações no seu movimento. Com efeito, e como se disse antes, cada coisa tal como é continua a ser sempre simplesmente como é [e não como é relativamente às outras], a não ser que seja obrigada a mudar de estado pelo encontro com outra coisa, e por isso é absolutamente necessário que um corpo em movimento que encontre outro no seu percurso — tão duro [e fixo] que não consiga mexê-lo — perca completamente a determinação do seu movimento para aquele lado, tanto mais que se conhece perfeitamente a causa que lha fez perder [isto é, a resistência do corpo que o impede de ir mais além]. Mas isso não significa que perca algum do seu movimento [dado que esse corpo não lhe retira o movimento nem] por qualquer outra causa, uma vez que o movimento não é contrário ao próprio movimento.

42. A prova da segunda parte.

Também ficaremos a conhecer melhor a verdade da segunda parte desta regra se tivermos em consideração que Deus nunca muda a Sua maneira de agir e que conserva o mundo do mesmo modo como o criou. Com efeito, como tudo está repleto de corpos, e se bem que cada parte da matéria tenda para o movimento em linha recta, é evidente que desde o momento em que Deus criou a matéria não só pôs as suas partes em movimento de modos diferentes, mas também as fez de tal natureza que desde então umas começaram a impelir outras e a comunicar-lhes uma parte do seu movimento; e como Deus as conserva ainda com a mesma acção e com as mesmas leis que lhes atribuiu aquando da sua criação, é necessário que agora conserve nelas o movimento com que as dotou, juntamente com a propriedade que atribuiu a este movimento de não estar sempre presente nas mesmas partes da matéria mas passando de umas para outras, de acordo com o modo como se interceptam. Assim, esta contínua mudança nas criaturas não é de modo algum contrária à imutabilidade de Deus, servindo até de argumento para a demonstrar.

43. Em que consiste a força de cada corpo para agir ou resistir.

Além disso, deve notar-se que a força com que um corpo age contra outro ou resiste à sua acção consiste apenas em que cada coisa persiste o mais possível em permanecer no mesmo estado em que se encontra, de acordo com a primeira lei anteriormente exposta [Art. 37]. Daqui se segue que um corpo unido a outro possui alguma força para impedir que se separem; e se se separam, tem alguma força para impedir que se lhe junte de novo. Assim, quando está em repouso tem força para permanecer nesse repouso, e por conseguinte para resistir a tudo quanto pudesse alterá-lo; igualmente, quando se move tem força para continuar o seu movimento, isto é, para se mover com a mesma velocidade e para o mesmo lado. Mas a quantidade desta força deve ser avaliada tendo em conta o tamanho do corpo a que pertence, a superfície resultante da separação dos corpos, a velocidade do movimento e as maneiras como os diversos corpos se interceptam.

44. Um movimento não é contrário a outro movimento, mas apenas ao repouso; e a determinação de um movimento para um lado não é contrário à sua determinação para outro lado.

Além disso, há que notar que um movimento não é contrário a outro mais veloz ou tão veloz como ele, e que só há oposição apenas entre dois modos: entre o movimento e o repouso, entre a velocidade e a lentidão do movimento, desde que esta lentidão participe da natureza do repouso; e entre a determinação de um corpo em se mover para qualquer lado e a resistência dos outros corpos que encontra no seu percurso, quer estes corpos estejam em repouso, quer se movam de modo diferente ou que aquele que se move encontre as partes do outro de modo diverso. Assim, a oposição é maior ou menor de acordo com a disposição dos corpos.

45. Como é possível determinar, pelas regras que se seguem, como os movimentos dos corpos são alterados quando se interceptam uns aos outros.

Ora, a fim de podermos deduzir destes princípios como é que cada corpo em particular aumenta ou diminui os seus movimentos, ou muda a sua determinação quando é interceptado por outros corpos, basta apenas calcular quanta força há em cada um destes corpos para desencadear o movimento ou para lhe resistir; é evidente que aquele que tem mais movimento produz sempre o efeito de impedir o do outro. E este cálculo poderia ser facilmente efectuado em corpos perfeitamente duros se fosse possível fazer com que apenas dois se encontrassem [evitando que se tocassem simultaneamente] e estivessem de tal modo separados dos restantes [quer dos duros, quer dos líquidos] que não houvesse um só que pudesse ajudar ou impedir os seus movimentos, pois observariam as seguintes regras.

46. A primeira.

A primeira consiste em que se esses dois corpos, por exemplo *B* e *C*, fossem exactamente iguais e se se movessem com igual velocidade em linha recta um para o outro, quando se encontrassem repelir-se-iam mutuamente e cada qual voltaria para o lado donde tinha vindo sem perder nada da sua velocidade [pois não há aqui causa alguma que lha possa retirar, embora evidentemente haja uma que os força a repelirem-se; e como essa causa é igual nos dois, ambos se repelem da mesma maneira].

Fig. 6

47. A segunda.

A segunda consiste em que se *B* fosse um pouco maior do que *C* (observando as condições já acima expostas) e se tivessem a mesma velocidade, só *C* seria repelido para o lado donde viera, e depois continuariam juntos o seu movimento para o mesmo lado [pois como *B* tem mais força, *C* não o poderia forçar a afastar-se].

48. A terceira.

A terceira: se estes dois corpos tivessem o mesmo tamanho, mas *B* tivesse um pouco mais de velocidade, *C* seria repelido, quer depois de se interceptarem, e ambos seguiriam a mesma trajectória, quer no momento do encontro, sendo repelido para o lado donde viera; mas para isso seria necessário que *B* lhe comunicasse metade da velocidade que tivesse a mais, pois no momento da intercepção não poderia ir mais depressa do que ele. Assim, se *B* tivesse, por exemplo, seis graus de velocidade antes do encontro e *C* só tivesse quatro, *B* comunicar-lhe-ia um desses seis graus que tivesse a mais, e por isso ambos seguiriam com cinco graus de velocidade. [É mais fácil que *B* comunique um dos seus graus de velocidade a *C* do que *C* mudar a trajectória do movimento de *B*].

49. A quarta.

A quarta: se o corpo *C* fosse um pouco maior do que *B* e estivesse completamente em repouso [isto é, sem nenhum movimento aparente, não rodeado de ar nem de quaisquer outros corpos líquidos (os quais, como observarei a seguir, fazem com que os corpos duros que circundam possam ser facilmente movidos)], e qualquer que fosse a sua velocidade, *B* nunca teria força suficiente para mover *C*, sendo forçado a afastar-se para o lado donde viera. Dado que *B* não poderia empurrar *C* sem o fazer ir tão depressa quanto ele próprio seguiria, também é verdade que *C* deve resistir proporcionalmente à velocidade de *B* em sua direcção, e a sua resistência deve sobrepor-se à acção de B, dado que é maior do que ele. [Assim, por exemplo, se *C* é o dobro de *B* e *B* tiver três graus de movimento, não consegue empurrar *C*, que está em repouso, a não ser que lhe comunique dois graus, isto é, um para cada uma das metades, conservando apenas o terceiro grau para si, que não é maior do que cada uma das metades de *C*, e por conseguinte não pode deslocar-se mais depressa do que elas]. Do mesmo modo, se *B* tiver trinta graus de velocidade, deve comunicar vinte a *C*; se tiver trezentos, deve transferir-lhe duzentos; ou seja, sempre o dobro da velocidade que conserva para si. Mas como *C* está em repouso, resiste dez vezes mais à recepção de vinte graus que à de dois, e cem vezes mais à recepção de duzentos graus; assim, quanta mais velocidade *B* tiver, mais resistência encontrará em *C*; e porque cada uma das metades de *C* possui a mesma força para continuar em repouso como *B* para a repelir, resistindo-lhe ambas ao mesmo tempo, é evidente que as duas metades se sobrepõem e o forçam a afastar-se. Por conseguinte, e independentemente da sua velocidade em direcção a *C*, *B* nunca conseguirá mover *C* se este estiver em repouso e for maior do que ele.

50. A quinta.

A quinta: se, pelo contrário, o corpo *C* for um pouco mais pequeno do que *B*, este só poderá deslocar-se tão lentamente em direcção a *C* — supondo que este ainda está em repouso total — se tiver força para o mover e lhe comunicar a parte do seu movimento necessária para que ambos se desloquem depois à mesma velocidade: isto é, se *B* fosse o dobro de *C*, só lhe comunicaria um terço do seu movimento, uma vez que este terço moveria *C* tão depressa quanto os dois outros terços fariam *B* mover-se, pois que se supõe que é duas vezes maior. Assim, depois de ter encontrado *C*, *B* deslocar-se-ia um terço mais devagar do que antes, ou seja, só conseguiria percorrer dois espaços no mesmo tempo em que antes percorreu três. Da mesma maneira, se *B* fosse três vezes maior do que *C*, só lhe comunicaria a quarta parte do seu movimento, e assim sucessivamente; [e por pouca força que *B* possuísse, seria sempre suficiente para mover *C*, pois é evidente que até os movimentos mais débeis observam as mesmas leis e têm proporcionalmente os mesmos efeitos, embora na Terra muitas vezes julguemos presenciar o contrário, devido ao ar e outros líquidos que rodeiam sempre os corpos duros que se movem, e que podem aumentar ou diminuir a sua velocidade, como se refere a seguir].

51. A sexta.

A sexta: se o corpo *C* estivesse em repouso e fosse exactamente igual em tamanho ao corpo *B* que se move na sua direcção, seria absolutamente necessário que fosse parcialmente impelido por *B* e em parte repelido; de modo que, se *B* se tivesse deslocado com quatro graus de velocidade, deveria comunicar-lhe um, e com os outros três desviar-se-ia para o lado donde viera. [Para isso, ou *B* impeliria *C* sem que por sua vez fosse repelido, transferindo-lhe assim dois graus do seu movimento; ou ressaltaria sem o impelir, e por conseguinte conservaria estes dois graus de velocidade juntamente com os outros dois que não lhe podem ser retirados; ou então seria repelido — conservando uma parte destes dois graus — e empurrá-lo-ia comunicando-lhe a outra parte. É evidente que uma vez que são iguais, não havendo por isso motivo para repelir *C* em vez de o empurrar, estes dois efeitos repartem-se igualmente: isto é, *B* deve transferir para *C* um desses dois graus de velocidade, e repeli-lo com o outro].

52. A sétima.

A sétima e última regra: se *B* e *C* seguem a mesma trajectória e *C* antecede *B* mas deslocando-se mais devagar, sendo por isso atingido por *B*, pode acontecer que *B* comunique uma parte da sua velocidade a *C*, empurrando-o assim à sua frente; e pode acontecer também que não lhe comunique absolutamente nenhuma, sendo então repelido, com todo o seu movimento, para o lado donde veio. Ou seja: quando *C* é menor do que *B* e também quando é maior (desde que a grandeza de tamanho de *C* não ultrapasse a grandeza de velocidade de *B*), *B* nunca será repelido mas empurrará *C*, comunicando-lhe uma parte da sua velocidade; e, pelo contrário, quando a grandeza de tamanho de *C* é maior do que a grandeza de velocidade de *B*, é necessário que *B* seja repelido sem comunicar nenhum do seu movimento a *C*; e, finalmente, quando o excesso do tamanho de *B* for exactamente igual ao excesso da velocidade de *B*, este deve comunicar uma parte do seu movimento ao outro, sendo repelido com o restante, o que pode ser calculado da seguinte maneira: se *C* é exactamente duas vezes maior do que *B*, e se *B* não se mover duas vezes tão depressa quanto *C* (faltando-lhe, aliás, algum movimento), então *B* será repelido sem aumentar o movimento de *C*; e se *B* não se mover duas vezes tão depressa quanto *C*, nunca será repelido, transferindo a *C* a quantidade de movimento necessária para que ambos se movam com a mesma velocidade. Por exemplo, se *C* só tiver dois graus de velocidade e *B* cinco — ou seja, mais do que o dobro —, deve comunicar-lhe dois desses cinco graus, já que em *C* esses dois graus equivalem apenas a um, pois *C* é duas vezes tão grande quanto *B*, deslocando-se assim ambos com três graus de velocidade. E estas demonstrações são tão certas que, embora a experiência pareça provar o contrário, seremos contudo obrigados a acrescentar mais fé à nossa razão do que aos nossos sentidos.

53. A explicação destas regras é difícil, porque cada corpo é simultaneamente tocado por muitos corpos.

[Com efeito, acontece muitas vezes que a experiência pode parecer contrária às regras que acabo de explicar, mas a sua razão é evidente] pois pressupõem que os dois corpos *B* e *C* são totalmente duros e de tal maneira separados de todos os restantes que não há nenhum à sua volta que possa ajudar ou impedir o seu movimento; e não há corpos assim no mundo. É por isso que [antes de podermos avaliar se essas regras existem ou não no mundo, não basta saber como é que os dois corpos, tais como *B* e *C*, podem interagir quando se encontram; também] é necessário considerar como os outros corpos que os rodeiam podem aumentar ou diminuir a sua acção. E porque não há nada que os leve a ter efeitos diferentes, exceptuando a diferença entre eles — de uns serem líquidos ou moles e os outros duros —, é necessário examinarmos agora em que consistem estas duas qualidades de ser duro e ser líquido.

54. Em que consiste a natureza dos corpos duros e líquidos.

Quanto a este aspecto, devemos primeiramente aceitar o testemunho dos sentidos, já que estas qualidades se relacionam com eles: ora, os sentidos só nos informam que as partes dos corpos líquidos cedem facilmente o seu lugar e não oferecem resistência às nossas mãos quando os encontram; por seu lado, as partes dos corpos duros estão de tal modo unidas que só poderão ser separadas por uma força que quebre essa ligação. Depois, se examinarmos a causa de certos corpos cederem o seu lugar sem oferecer resistência, e a razão de outros não o cederem, descobriremos que os corpos que já estão em movimento não impedem que os lugares que abandonam naturalmente sejam ocupados por quaisquer outros corpos; mas os corpos que estão em repouso só podem ser afastados do seu lugar por qualquer força vinda de outro ponto [para introduzir neles uma mudança]. Donde se segue que um corpo é líquido quando está dividido em muitas partículas que se movem separadamente de maneiras diferentes, e é duro quando todas as suas partes se tocam entre si [sem precisarem de movimento para se afastarem reciprocamente].

55. Não há nada que possa unir as partes dos corpos duros, que estão sempre em repouso relativamente umas às outras.

E não acredito que se possa imaginar um cimento mais adequado para manter unidas as partes dos corpos duros do que o próprio repouso. E de que natureza deverá ser? Não será uma coisa que subsista por si própria: uma vez que todas as partículas são substâncias, por que razão estariam unidas por outras substâncias senão por si próprias? Também não será uma qualidade diferente do repouso, porque a única qualidade mais contrária ao movimento que pudesse separar estas partes é o repouso que está nelas. Mas, além das substâncias e suas qualidades, não conhecemos se há outros géneros de coisas.

56. As partículas dos corpos líquidos têm movimentos que tendem igualmente para todos os lados, bastando uma força mínima para mover os corpos duros que eles rodeiam.

Quanto aos corpos líquidos, e ainda que não vejamos as suas partes moverem-se por serem tão pequenas, todavia podemos conhecê-los através dos efeitos, principalmente porque o ar e a água corrompem muitos corpos e porque as partes que compõem estes líquidos nunca poderiam dar origem a uma acção corporal como a corrupção se não estivessem em movimento. Demonstrarei a seguir as causas que fazem mover estas partes. Mas a dificuldade que aqui devemos examinar é se as partículas que compõem estes corpos líquidos não poderiam mover-se todas ao mesmo tempo em todas as direcções, o que parece ser necessário para que não impeçam o movimento dos corpos que, de todas as direcções, se podem dirigir para elas, como de facto constatamos que elas não o impedem. Com efeito, supondo, por exemplo, que o corpo duro *B* se move na direcção de *C*, e que algumas partes do líquido que está entre ambos se movem de *C* para *B*, estas não facilitariam o movimento de *B* para *C*; pelo contrário, impediam-no muito mais do que se estivessem completamente paradas. Para resolver as dificuldades, é altura de nos lembrarmos de que o movimento é contrário ao repouso, e não ao movimento; e que a determinação de um movimento para um lado é contrária à determinação para o lado oposto, como anteriormente se observou; e também que tudo o que se move tende sempre a continuar em linha recta. Donde se conclui que o corpo

Fig. 7

B em repouso é mais oposto, por estar parado, aos movimentos das partículas do corpo líquido *D*, tomadas globalmente, do que se se lhes opusesse pelo seu movimento no caso de se mover. Finalmente, quanto à sua determinação, também se conclui que há tantas que se movem de *C* para *B* como no sentido contrário; tanto mais que são as mesmas que, vindo de *C*, são impelidas contra a superfície do corpo *B* e voltam a seguir para *C*. Algumas destas partes, tomadas em particular, empurram *B* para *F* à medida que o encontram, e assim mais o impedem de se mover para *C* do que se estivessem em movimento, porque há tantas determinações que, ao tenderem de *F* para *B*, o empurram para *C*, e então *B* será empurrado igualmente para ambos os lados e, se não lhe acontecer nada de estranho, deixa de mover-se. Se imaginarmos alguma figura neste corpo *B*, haverá nele tantas partes que empurram para um lado quantas as que o levarão para o oposto, visto que o líquido que o rodeia não tem uma corrente como a dos rios, que os fazem correr só para um lado. Ora, eu suponho que *B* está rodeado de todos os lados pelo líquido *FD*; mas não é necessário que esteja exactamente no meio dele, e embora haja mais entre *B* e *C* do que entre *B* e *F*, nem por isso tem mais força se o empurrar mais para *F* do que para *C*, dado que não age globalmente contra ele, mas apenas mediante aquelas suas partículas que lhe tocam na superfície. Até agora considerámos o corpo *B* em repouso; mas se agora imaginarmos que é impelido para *C* por qualquer força vinda de fora, por pequena que seja, não será propriamente suficiente para o mover sozinha, mas sê-lo-á para se juntar às partes do corpo líquido *FD*, determinando-as a empurrá-lo também para *C* e a comunicar-lhe uma parte do seu movimento.

57. A prova do artigo anterior.

Para conhecermos isto mais distintamente, imaginemos que quando não há nenhum corpo duro no corpo líquido *FD*, as suas partículas *a e i o a* estão dispostas em anel e movem-se circularmente conforme a ordem das letras *a e i*; e aquelas que estão marcadas com *o u y a o* movem-se por sua vez conforme a ordem das letras *o u y*. Para que um corpo seja líquido, as partículas que o compõem devem mover-se em muitas direcções, como já se observou. Mas, supondo que o corpo duro *B* flutua no líquido *FD* entre as suas partes *a* e *o* sem se mover, vejamos o que acontece. Primeiramente, impede que as partículas *a e i o* passem de *o* para *a* e não completem o círculo com o seu movimento; impede também que as partículas marcadas com *o u y a* não passem de *a* para *o*; mais: as que vêm de *i* para *o* empurram *B* para *C*, e as que vêm paralelamente de *y* para *a* empurram-no para *F* com uma força tão igual que, se não lhes acontecer nada de estranho, não o poderão mover, sendo umas impelidas de *o* para *u* e as outras de *a* para *e*; e em vez das duas voltas que faziam antes, só farão uma conforme a ordem das letras *a e i o u y a*. Logo, é evidente que elas não perdem nada do seu movimento devido ao encontro com o corpo *B*, mudando apenas a sua determinação, não continuando pois a mover-se em linha tão recta nem tão próximas da recta do que se o encontrassem pelo caminho. Finalmente, se imaginarmos que *B* é empurrado por qualquer força que antes estava nele, digo que esta força (quando se une àquela em que as partes do corpo líquido que vêm de *i* para *o* o repelem para *C*) não é assim tão pequena que não consiga ultrapassar aquela que faz com as outras forças que vêm de *y* para *a* o empurrem na direcção contrária, sendo suficiente para alterar a determinação delas e fazer com que se movam — conforme a ordem das letras *a y u o* — tanto quanto é requerido para não impedir o movimento do corpo *B*. Porque quando dois corpos estão determinados a moverem-se para dois pontos directamente opostos um ao outro e se encontram, aquele que tem mais força deverá mudar a determinação do outro. E o que acabei de observar a respeito das partículas *a e i o u y* também se aplica a todas as restantes partes do corpo líquido *FD*, que chocam contra o corpo *B*; isto é, as partes que o impelem para *C* opõem-se a outras tantas que o empurram em sentido oposto e, por pequena que seja a força que acrescenta mais a umas do que a outras, é suficiente para alterar a determinação das que têm menos; e embora não descrevam os círculos tais como aqui se representam (*a e i o e o u y a*), empregam sem dúvida a sua agitação para se moverem circularmente, ou então de outras maneiras equivalentes.

58. Um corpo não deve ser considerado totalmente líquido relativamente ao corpo duro que o rodeia se algumas das suas partes se moverem menos depressa do que o corpo duro.

Ora, uma vez alterada a determinação das partículas do corpo líquido que impediam o movimento do corpo *B* na direcção de *C*, este corpo começará a mover-se e terá tanta velocidade quanta a força que deve ser acrescentada às das partículas deste líquido para o determinar a este movimento; [desde que nenhumas delas se movam mais ou pelo menos tão depressa quanto esta força], pois se algumas se movem mais devagar não se pode considerar que este corpo, assim composto por elas, é líquido; e, neste caso, mesmo a mais pequena força não poderia mover o corpo duro que estaria dentro, dado que necessitaria de ser muito grande para poder vencer a resistência daquelas que não se deslocassem tão depressa. Assim, vemos que o ar, a água e os outros corpos líquidos resistem mais sensivelmente aos corpos que se movem entre eles com uma velocidade extraordinária, e que estes mesmos líquidos facilmente cedem o seu lugar quando se movem mais lentamente.

59. Um corpo duro empurrado por outro não só recebe dele todo o movimento que adquire, mas empresta-lhe também uma parte do corpo líquido que o rodeia.

Apesar de tudo, devemos pensar que quando o corpo *B* é movido por uma força externa, não adquire o seu movimento unicamente da força que o empurrou, mas sobretudo das partículas do corpo líquido que o rodeia, e que as partículas que compõem os círculos *a e i o* e *a y o u* perdem tanto do seu movimento quanto aquele que comunicam às partículas do corpo *B* que estão entre *o* e *a*, porque participam dos movimentos circulares *a e i o a* e *a y u o a*, ainda que se juntem continuamente a outras partes deste líquido enquanto avançam na direcção de *C* [o que também dá origem a que recebam apenas pouco movimento de cada uma das partículas].

60. Contudo, não pode ter mais velocidade do que aquela que este corpo duro lhe transmite.

Mas devo explicar por que razão não disse, acima, que a determinação das partículas *a y u o* não terá de alterar-se completamente mas apenas o suficiente para não impedir o movimento do corpo *B*. A razão está em que este corpo *B* não se pode mover mais depressa do que ao ser impelido pela força externa, ainda que as partes do corpo líquido *FD* muitas vezes tenham mais agitação. E quando filosofamos devemos observar isto cuidadosamente: nunca devemos atribuir a uma causa nenhum efeito que ultrapasse o seu poder. Com efeito, se imaginarmos que o corpo *B* (que estava rodeado de todos os lados pelo líquido *FD*, sem se mover) é agora impelido muito lentamente por qualquer força externa, isto é, pela minha mão, não podemos pensar que se move com maior velocidade do que aquela que recebeu da minha mão, uma vez que possui apenas o impulso que dela recebeu [e que é a causa pela qual se move]. E ainda que as partes do corpo líquido se movam talvez muito mais depressa, não devemos acreditar que estão determinadas pelos movimentos circulares, como *a e i o a* e *a y u o a* ou outros parecidos, a terem mais velocidade do que a força que impele o corpo *B*, mas que apenas empregam a agitação que têm para se mover [em muitas outras direcções].

61. Um corpo líquido que se move inteiro para qualquer lado arrasta necessariamente consigo todos os corpos duros que contém ou que o rodeiam.

Por tudo o que acabámos de demonstrar, facilmente se compreende que um corpo duro em repouso entre as partículas de um corpo líquido (que o rodeia por todos os lados) está em equilíbrio exacto. Assim, e por maior que ele seja, qualquer força mínima pode impeli-lo para um lado e para o outro, quer esta força lhe advenha de qualquer causa externa ou consista em que todo o corpo líquido que o rodeia se dirige para qualquer lado, tal como os rios correm para o mar e o ar para o poente quando os ventos do Oriente sopram. Neste caso, o corpo duro, rodeado de todos os lados por este líquido, é inevitavelmente levado por ela. É a quarta regra, segundo a qual se disse anteriormente que um corpo em repouso não pode ser movido por um mais pequeno [e embora este mais pequeno se desloque muito rapidamente, isso não vai, de modo nenhum, contra o que disse].

62. Não se pode dizer com propriedade que um corpo duro se move quando é assim arrastado por um corpo líquido.

Se atentarmos na verdadeira natureza do movimento, que é propriamente o transporte do corpo que se move da proximidade de outros corpos contíguos [sendo este transporte recíproco nos corpos que são mutuamente contíguos], mesmo que habitualmente não digamos que ambos se movem, todavia sabemos que não é verdadeiro dizer que um corpo duro se move quando (rodeado de todos os lados por um líquido) obedece ao seu curso, ou que [se tivesse tanta força para lhe resistir] pudesse impedir-se de ser arrastado por ela, pois afasta-se muito menos das partes que o rodeiam [quando segue o curso deste líquido do que quando não o segue].

63. A que se deve o facto de haver corpos tão duros que não podem ser divididos pelas nossas mãos, ainda que sejam mais pequenos do que elas.

Depois de ter demonstrado a facilidade com que às vezes movemos corpos enormes quando flutuam ou estão suspensos em qualquer líquido (e isto não se opõe à quarta regra, anteriormente explicada), também é necessário demonstrar como é que a nossa dificuldade de partirmos outros que são bastante mais pequenos pode estar de acordo com a quinta. Se é verdade que as partes dos corpos duros não podem ser unidas com qualquer cola e que não têm absolutamente nada que impeça a sua separação, a não ser o facto de estarem em repouso umas contra as outras [como se disse atrás], e que também é verdade que um corpo que se move, ainda que devagar, tem sempre força suficiente para mover outro mais pequeno que está em repouso [como ensina a quinta regra], pode perguntar-se por que razão não podemos partir um prego ou um pedaço de ferro só com a força das nossas mãos. Além do mais, cada uma das metades deste prego pode ser considerada um corpo que está em repouso contra a sua outra metade, e por isso este conjunto devia poder ser separado com a força das mãos, já que não é maior do que elas; e a natureza do movimento consiste em que o corpo (que dizem estar a deslocar-se) se separou dos outros corpos que o tocam. Contudo, deve observar-se que as nossas mãos são muito moles, isto é, participam mais da natureza dos corpos líquidos do que dos duros: e portanto todas as suas partes constituintes não agem em conjunto contra o corpo que queremos dividir, e assim só há aquelas partes que, ao tocá-lo, se apoiam conjuntamente nela. Como a metade de um prego pode ser considerada um corpo, pois pode separar-se da outra, do mesmo modo a parte da nossa mão que toca nesta metade de prego, e que é muito mais pequena do que toda a mão, pode ser tomada por um outro corpo, pois pode separar-se das outras partes que compõem esta mão. E porque pode separar-se mais facilmente do resto da mão do que uma parte em relação ao seu resto (e sentimos dor quando uma tal separação acontece nas partes do nosso corpo), portanto não conseguimos partir um prego com as mãos. Mas se pegarmos num martelo, numa lima, numas tesouras, ou em qualquer outro instrumento e deles nos servíssemos de tal maneira que aplicássemos a força da nossa mão contra a parte do corpo que queremos dividir, que deve ser mais pequeno do que a parte do instrumento que aplicamos contra ele, podemos vencer a dureza deste corpo, ainda que seja muito grande.

64. Na Física só aceito princípios que também tenham sido aceites na Matemática, de modo a poder provar por demonstração tudo quanto deduzirei, e estes princípios são suficientes para explicar por este processo todos os fenómenos da Natureza.

Não acrescento aqui mais nada a respeito das figuras, nem sobre o modo como acontecem diversidades incontáveis nos movimentos devido às suas infinitas variedades, tanto mais que estas coisas podem ser compreendidas quando se falar delas, pressupondo-se que aqueles que lêem os meus escritos conhecem os elementos da Geometria, ou que pelo menos o seu espírito seja dado à compreensão das demonstrações da Matemática. Confesso francamente que nas coisas corporais a única matéria que conheço é aquela que pode ser dividida, representada e movimentada de todas as maneiras possíveis, isto é, aquela matéria a que os geómetras chamam quantidade e que é objecto das suas demonstrações; nesta matéria só considero as suas divisões, figuras e movimentos. E, enfim, ao tratar deste assunto só tomarei por verdadeiro aquilo que tiver sido deduzido com tanta evidência que poderia ser considerado uma demonstração matemática. E uma vez que este processo permite explicar todos os fenómenos da Natureza, como se verificará pelo que segue, não penso que devamos aceitar outros princípios na Física, nem aliás devemos desejar outros para além daqueles que aqui se explicam.

TERCEIRA PARTE

DO MUNDO VISÍVEL

1. Devemos pensar sempre que as obras de Deus são perfeitas.

[Depois de termos rejeitado aquilo que outrora aceitámos na nossa crença sem previamente o termos examinado], já que a pura razão nos forneceu luz suficiente para a descoberta de alguns princípios das coisas materiais, e no-los apresentou com tanta evidência que jamais poderemos duvidar da sua verdade, é necessário agora verificar se a explicação de todos os fenómenos [isto é, dos efeitos presentes na Natureza e de que nos apercebemos por meio dos sentidos] pode ser deduzida apenas a partir destes princípios. Começaremos por aqueles que são mais gerais e dos quais os outros dependem: isto é, pela admirável estrutura deste mundo visível. Mas de modo a evitar que nos enganemos, devemos observar duas coisas cuidadosamente: a primeira é termos sempre presente que o poder e a bondade de Deus são infinitos, e por isso não devemos recear enganarmo-nos quando imaginamos que as suas obras são demasiado grandes, belas e perfeitas. Mas, por outro lado, devemos acautelar-nos quando supomos que essas obras contêm imperfeições ou limites dos quais não temos nenhum conhecimento certo, pois isso equivaleria a não nos apercebermos suficientemente do poder de Deus.

2. Não devemos ser tão presunçosos ao ponto de pretendermos conhecer o fim que Deus se propôs ao criar o mundo.

A segunda é que também devemos ter sempre presente que a capacidade do nosso espírito é limitadíssima, e por isso devemos evitar ser tão presunçosos a respeito de nós próprios — como seria, por exemplo, se imaginássemos que o universo tem quaisquer limites, quando isto nos foi comunicado pela revelação divina ou, pelo menos, por razões naturais evidentíssimas — porque isso seria alegar que o nosso pensamento pode imaginar algo para além daquilo criado pelo poder de Deus; ou que foi por nossa causa que Deus criou todas as coisas, ou que a nossa força de espírito pode conhecer os fins das coisas que Deus criou.

3. Em que sentido se pode dizer que Deus criou todas as coisas para o homem.

Ainda que, no que respeita aos costumes, seja um pensamento piedoso e bom acreditar que Deus fez todas as coisas para nós, para mais o amarmos e lhe agradecermos tantos benefícios; e ainda que em certo sentido isso seja verdadeiro, pois podemos usufruir de todas as coisas criadas, pelo menos para exercitar o nosso espírito a reflectir n'Ele — sendo impelidos a louvar a Deus por seu intermédio —, apesar de tudo não é de modo algum verosímil que as coisas tenham sido feitas para nós, como se esse fosse o fim de Deus ao criá-las. E seria impertinente e inadequado servir-se desta opinião para apoiar raciocínios da Física, pois podemos duvidar que possa haver uma infinidade de coisas que agora existem ou que existiram outrora no mundo, e que já desapareceram completamente, sem que nenhum homem as tenha visto ou conhecido alguma vez e sem que lhe tenham servido de qualquer préstimo.

4. Sobre os fenómenos ou experiências, e para que podem servir.

Ora, os princípios que atrás expliquei são tão amplos e fecundos que através deles podemos deduzir muitas coisas que não vemos no mundo e até outras que nem numa vida conseguiríamos compreender com o pensamento. Por isso farei aqui uma rápida descrição dos principais fenómenos cujas causas procuro, não para as usarmos como razões para demonstrar o que vou explicar, pois desejo explicar os efeitos pelas causas e não as causas pelos efeitos, mas para que — de entre os imensos efeitos que podem ser deduzidos das mesmas causas — possamos escolher sobretudo os efeitos que devemos deduzir das causas.

5. A proporção entre o Sol, a Terra e a Lua, considerando as suas distâncias e grandezas.

Em primeiro lugar, parece que a Terra é muito maior do que todos os outros corpos existentes no mundo e que a Lua e o Sol são maiores do que as estrelas; mas se corrigirmos a deficiência da nossa visão com raciocínios geométricos, que são infalíveis, ficaremos a saber que a Lua está afastada cerca de trinta diâmetros da Terra e o Sol seiscentos ou setecentos. Comparando depois as distâncias com o diâmetro aparente do Sol e da Lua, veremos que a Lua é mais pequena do que a Terra e que o Sol é muito maior.

6. A distância entre os outros planetas e o Sol.

Por intermédio dos nossos olhos e ajudados pela razão, também saberemos que Mercúrio dista do Sol mais de duzentos diâmetros da Terra, Vénus mais de quatrocentos, Marte mais de novecentos ou mil, Júpiter mais de três mil ou mais, e Saturno mais de cinco ou seis mil.

7. É possível supor que as estrelas fixas estão tão distantes quanto quisermos.

Segundo as aparências, não devemos acreditar que estrelas fixas estejam mais perto da Terra ou do Sol do que Saturno; mas também não vemos nada que possa impedir de as imaginarmos mais distantes, até a uma distância indefinida. E até podemos concluir, pelo que a seguir diremos sobre o movimento dos céus [Arts. 20 e 41], que estão de tal modo afastadas da Terra que Saturno, comparado com elas, está extremamente próximo.

8. Vista do céu, a Terra pareceria um planeta menor que Júpiter ou Saturno.

Deste modo, se estivéssemos em Júpiter ou Saturno e olhássemos para a Lua ou para a Terra, estas parecer-nos-iam muito mais pequenas do que Júpiter ou Saturno avistados da Terra. Nem talvez o próprio Sol, visto de qualquer estrela fixa, pareceria maior do que as estrelas fixas para quem as contempla do local onde estamos: de modo que, se queremos comparar as partes do mundo visível entre si e apreciar as suas grandezas sem preconceitos, não devemos pensar que a Lua, a Terra ou o Sol sejam maiores do que as estrelas.

9. A luz do Sol e das estrelas fixas é-lhes própria.

Além de as estrelas não serem iguais em grandeza, têm ainda outra diferença: umas brilham com luz própria e outras apenas reflectem a que vem de outro lado. Primeiramente, não podemos duvidar que o Sol não tem em si esta luz que nos ofusca quando o olhamos fixamente, pois o Sol é tão grande que todas as estrelas juntas não o conseguem ofuscar, e assim a luz que nos enviam é incomparavelmente mais débil do que a sua, mesmo que estejam mais próximas de nós do que dele. E se houvesse no mundo outro corpo mais brilhante que lhe comunicasse a sua luz, necessariamente tínhamos que o ver. Mas se considerarmos também que os raios das estrelas fixas são vivos e brilhantes, apesar de muitíssimo distantes de nós e do Sol, facilmente acreditaríamos que se assemelhariam a ele; de modo que, se estivéssemos tão perto de alguma delas como estamos do Sol, parecer-nos-iam grandes e luminosas como o Sol.

10. A luz da Lua e dos outros planetas é-lhes emprestada pelo Sol.

Pelo contrário, pelo facto de vermos que a Lua não ilumina senão do lado oposto ao Sol, devemos acreditar que não tem luz própria e que apenas envia para os nossos olhos os raios que recebeu do Sol. Isto mesmo foi também observado ainda há pouco acerca de Vénus, com óculos de longo alcance; e o mesmo podemos pensar de Mercúrio, Marte, Júpiter e Saturno, pois a sua luz parece-nos muito mais débil e menos brilhante do que a das estrelas fixas, e estes planetas não estão assim tão distantes do Sol que não possam ser iluminados por ele.

11. A luz da Terra é semelhante à dos outros planetas.

Finalmente, porque vemos que os corpos que formam a Terra são opacos e que emitem os raios que recebem do Sol, pelo menos tão fortemente quanto a Lua (e porque as nuvens que a rodeiam [ainda que não sejam compostas senão das suas partes], que são as menos opacas [e as menos próprias para reflectir a luz], nos parecem tão brancas como a Lua quando iluminadas pelo Sol), devemos concluir que a luz da Terra não difere da luz da Lua, de Vénus, de Mercúrio ou dos outros planetas.

12. A Lua nova recebe a luz da Terra.

Certificar-nos-emos melhor disto mesmo se prestarmos atenção a uma certa luz débil que aparece na parte da Lua não iluminada pelo Sol, na Lua nova, pois que essa luz é sem dúvida enviada da Terra, por reflexão já que diminui gradualmente à medida que a parte da Terra iluminada pelo Sol se afasta da Lua.

13. O Sol pode contar-se entre as estrelas fixas e a Terra no número dos planetas

Se imaginássemos que alguém estivesse para além de Júpiter e observasse a nossa Terra, é evidente que esta lhe pareceria mais pequena, mas também tão luminosa como Júpiter nos parece; e parecer-lhe-ia maior se esse espectador estivesse em qualquer outro planeta mais próximo; mas deixaria de a ver se estivesse nalguma das estrelas fixas, devido à enorme distância. Donde se segue que a Terra poderá fazer parte do número dos planetas e o Sol do número das estrelas fixas.

14. As estrelas fixas permanecem sempre na mesma posição relativamente às outras, mas o mesmo já não acontece com os planetas.

Há ainda outra diferença entre as estrelas, pois umas conservam a mesma ordem entre si e encontram- se sempre à mesma distância — e por isso chamam-se fixas; e as outras mudam continuamente de posição — e por isso chamam-se planetas ou estrelas errantes.

15. Há diversas hipóteses para explicar os fenómenos dos planetas.

Quem estiver no mar durante um tempo calmo e olhar para outros barcos bastante afastados pensará que lhe parecem mudar de posição, e muitas vezes não sabe dizer se é o seu barco ou os outros em movimento que causam tal mudança. Assim, e do local em que nos encontramos, quando observamos o curso dos planetas e as suas diferentes posições, após um aturado exame dessas posições não conseguimos determinar o corpo que propriamente nos parece ser a causa destas mudanças. Com efeito, as posições são diferentes e muito complicadas e não é fácil destrinçá-las, a não ser que optemos por uma maneira provável que possa explicar como essas mudanças ocorrem. Foi com este objectivo que os astrónomos inventaram três hipóteses diferentes, ou suposições, esforçando-se apenas por adequá-las à explicação de todos os fenómenos, sem se deterem particularmente a analisar se eram verdadeiras.

16. A suposição de Ptolomeu não consegue explicar todas as mudanças.

Ptolomeu inventou a primeira [que actualmente é rejeitada por todos os filósofos], mas é contrária às diversas observações que se fizeram recentemente, sobretudo em relação às mudanças da luz que se observa em Vénus, parecidas com as que ocorrem na Lua. Mas não voltarei a referir-me a essa suposição de Ptolomeu.

17. As suposições de Copérnico e Tycho, enquanto hipótese, não diferem entre si.

A segunda é de Copérnico e a terceira de Tycho-Brahe, as quais, tomadas apenas como suposições, também explicam perfeitamente os fenómenos, e não há muitas diferenças entre ambas, embora a de Copérnico me pareça um pouco mais simples e clara. Assim, Tycho não teve necessidade de a mudar, a não ser porque tentava explicar como as coisas se passavam realmente e não apenas por hipóteses.

18. A hipótese de Tycho atribui mais movimento à Terra do que a de Copérnico, ainda que teoricamente atribua menos.

Enquanto Copérnico não tinha dificuldade em defender que a Terra se movia, Tycho achou esta opinião absurda e completamente contrária ao senso comum, e portanto procurou corrigi-la; mas como não teve em conta a natureza do movimento, e embora tivesse dito que a Terra era imóvel, não deixou de lhe atribuir mais movimento do que o outro.

19. Nego o movimento da Terra, mais cuidadosamente do que Copérnico e mais verdadeiramente do que Tycho.

Sem discordar minimamente com ambos, terei mais cuidado do que Copérnico em não atribuir movimento algum à Terra e procurarei tornar as minhas razões mais verdadeiras do que as de Tycho. Por isso, proporei aqui a hipótese que me parece ser a mais simples de todas e a mais apropriada [quer para conhecer os fenómenos como para lhes buscar as causas naturais]; contudo, aviso que não pretendo que seja acolhida como totalmente conforme com a verdade, pois pode ser falsa.

20. Devemos supor que as estrelas estão extremamente afastadas de Saturno.

Primeiramente, e porque não sabemos ainda com segurança qual é a distância entre a Terra e as estrelas fixas, e porque à nossa experiência repugnaria imaginá-las tão distantes, não nos contentamos com situá-las acima de Saturno, onde todos os astrónomos afirmam que estão, mas tomamos a liberdade de as imaginar muito afastadas acima dele para que isso nos possa ser útil ao nosso objectivo. Se quisermos calcular a altura de saturno, comparando as distâncias entre os corpos que vemos na Terra, aquela que lhe atribuirmos seria tão pouco credível como a maior que poderíamos imaginar. Por sua vez, se considerarmos a omnipotência de Deus que as criou, a maior distância que poderíamos conceber não seria menos credível do que uma mais pequena. E demonstrarei a seguir [Art. 41] que só se pode explicar bem o que julgamos serem os planetas e os cometas se imaginarmos um espaço enorme entre as estrelas fixas e a esfera de Saturno.

21. A matéria do Sol, assim como a sua chama, é muito móvel; mas isso não significa que o Sol se mova completamente de um lugar para o outro.

Em segundo lugar, uma vez que o Sol tem em comum com a chama e com as estrelas fixas o facto de irradiar luz, que não recebe de qualquer lado, também julgamos que se parece com a chama quanto ao movimento, e com as estrelas fixas quanto à sua situação. E como na Terra não vemos nada que seja mais agitado do que a chama (de modo que, se os corpos que ela atinge não forem bastante duros e sólidos, queima-lhes as partículas e leva consigo aquelas que não lhe oferecem demasiada resistência), apesar de tudo o seu movimento consiste apenas no facto de cada uma das suas partes se mover separadamente. Mas nem por isso as chamas passam de um lugar para outro, a não ser que sejam transportadas por qualquer corpo onde ela esteja. Assim, pode pensar-se que o Sol é composto de uma matéria extremamente líquida, cujas partes são tão agitadas que levam consigo as partes do céu que lhe são contíguas e circundantes. O que o Sol tem em comum com as estrelas fixas é o facto de não passar de um local para outro do céu.

22. O Sol não tem necessidade de alimento como a chama.

A comparação que faço entre o Sol e a chama tem o seu fundamento: qualquer chama que vemos na Terra tem necessidade de estar nalgum corpo que lhe sirva de alimento, o que já não se verifica com o Sol. De facto, e de acordo com as leis da Natureza, uma vez formada a chama continuaria a existir — como todos os corpos — e não teria necessidade de nenhum alimento se as suas partes, que são extremamente fluidas e móveis, não se misturassem continuamente com o ar que a rodeia, que lhe tira a agitação e impede que continuem a compô-la. Assim, não é propriamente para ser conservada que tem necessidade de alimento, mas para que continuamente renasça outra chama à medida que o ar a dissipa. Ora, não vemos que o Sol seja dissipado pela matéria do céu que o rodeia, e por isso não tem necessidade de alimento como a chama, ainda que se lhe assemelhe, pois espero provar a seguir [Art. 69] que se parecem pelo facto de haver matéria que entra e sai continuamente do Sol.

23. As estrelas não estão numa superfície esférica e encontram-se muito distantes umas das outras.

Além disso, deve observar-se que se o Sol e as estrelas fixas se assemelham quanto à sua localização, nem por isso devemos pensar que se encontram todas na superfície de uma única esfera, como alguns supõem, pois o Sol não poder estar com elas na superfície desta esfera. Assim como o Sol está rodeado por um vasto espaço em que não há nenhuma estrela fixa, também cada estrela fixa se encontra muitíssimo distante das restantes, e algumas destas estrelas estão mais distantes de nós e do Sol do que outras. De modo que se *S*, por exemplo, é o Sol, *F* e *f* serão estrelas fixas, e podemos imaginar que há outras inumeráveis, acima, abaixo e para além do plano desta figura, dispersas por todas as dimensões do espaço.

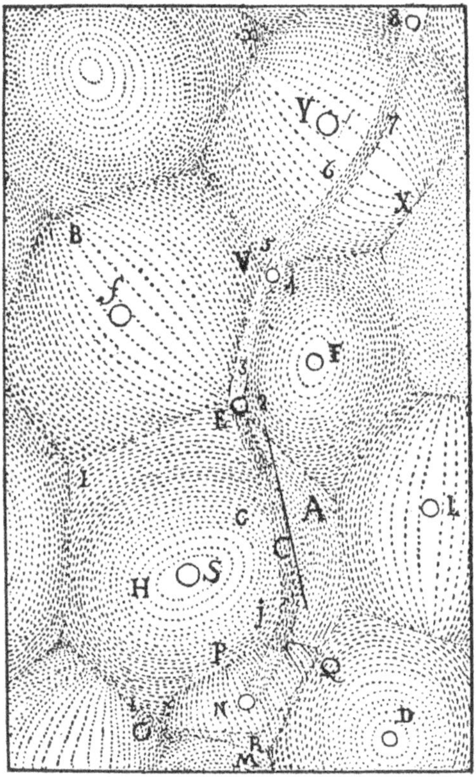

Fig. 8

24. Os céus são líquidos.

Em terceiro lugar, pensamos que a matéria do céu é líquida, assim como a que constitui o Sol e as estrelas fixas. Esta opinião é agora comummente aceite por todos os astrónomos, porque de outro modo é quase impossível explicar correctamente os fenómenos.

25. Os céus transportam consigo todos os corpos que contêm.

Mas parece-me que muitos se enganam quando atribuem ao céu a propriedade de ser líquido e ao mesmo tempo o imaginam como um espaço completamente vazio que resiste ao movimento dos outros corpos e que não tem nenhuma força para os mover e arrastar consigo. Além de um tal vazio não poder existir na Natureza, têm em comum com todos os líquidos o seguinte: a razão por que resistem aos movimentos dos outros corpos não está em terem menos matéria do que eles, mas em terem tanta ou mais agitação, e porque as suas partículas facilmente se determinam a mover-se de todos os lados. E quando todas se movem conjuntamente para um só lado, isso implica necessariamente que levem consigo todos os corpos que envolvem e rodeiam por todos os lados, não sendo impedidos de acompanhá-los por qualquer causa externa, ainda que estes corpos duros e sólidos estejam em completo repouso, como evidentemente se segue de quanto se disse da natureza dos corpos líquidos [Parte II – Art. 61].

26. A Terra repousa no seu céu mas é transportada por ele.

Em quarto lugar, vemos que a Terra não é amparada por colunas, nem está suspensa no ar por cabos, mas rodeada de um céu muito líquido por todos os lados, e por isso pensamos que está em repouso e que não tem propensão para o movimento, dado que não o observamos nela. Mas isso não impede que ela que seja levada pelo curso de céu e siga o seu movimento, apesar de não a vermos mover-se: é como um barco que, não sendo levado pelo vento nem pela força de remos, se mantém preso pelas âncoras, permanecendo em repouso no meio do mar, ainda que o fluxo e refluxo daquela grande massa de água provavelmente o arraste consigo de forma insensível.

27. O mesmo acontece com todos os planetas.

E dado que os planetas se assemelham à Terra, porque são opacos e reflectem a luz do Sol, temos motivos para crer que também se assemelham a ela, permanecendo também em repouso na parte do céu onde cada um se encontra. As semelhanças que se observa relativamente à sua localização derivam apenas do facto de seguirem o movimento da matéria que os contém.

28. Não se pode dizer que a Terra ou os planetas se movem propriamente, ainda que sejam transportados.

Convém aqui recordar o que anteriormente se disse [Parte II – Art. 25] sobre a natureza do movimento, isto é: propriamente falando, um corpo só é transportado da proximidade daqueles que lhe são imediatamente contíguos — e que consideramos em repouso — para a proximidade de outros. Mas, na prática, muitas vezes chamamos movimento a toda a acção que faz com que um corpo passe de um lugar para outro, e neste sentido pode dizer-se que uma coisa está e não está ao mesmo tempo em movimento conforme o lugar que lhe determinarmos. Donde se segue que na Terra e nos outros planetas não há nenhum movimento com a significação própria deste termo, uma vez que não são transportados da proximidade das partes do céu que lhes são contíguas (e que consideramos em repouso). Com efeito, para serem transportados seria necessário que se afastassem simultaneamente de todas as partes do céu tomadas em conjunto, o que não acontece; mas como a matéria do céu é líquida e as partes que a compõem são muito agitadas, sempre que algumas destas partes se afastam do planeta contíguo, também as outras se afastam; e isto por um movimento que lhes é próprio e que devemos atribuir a elas e não ao planeta que deixam. É o que acontece com as deslocações parciais do ar ou da água que ocorrem à superfície da Terra, que geralmente não atribuímos à própria Terra mas à própria água e ao próprio ar.

29. É impróprio atribuir movimento à Terra, como o faz o senso comum, pois apenas os outros planetas o possuem.

Se considerarmos o movimento de acordo com o senso comum, pode dizer-se que todos os outros planetas se movem, e até o Sol e as estrelas fixas; mas só muito impropriamente se pode dizer o mesmo da Terra. Com efeito, as pessoas determinam as localizações das estrelas por certos locais assim determinados, o que é cómodo para a vida quotidiana, e não é sem razão que assim se pensa. Na nossa infância pensámos que a Terra era plana e não redonda, que o baixo e o alto, as suas partes principais (isto é, o Nascente e o Poente), o Sul e o Norte, eram sempre os mesmos em toda a parte, e assim determinámos os locais dos outros corpos — mas na verdade isso só existe no nosso pensamento. Mas quando o filósofo [que tem a profissão de procurar a verdade] reconhece que a Terra é um globo que flutua num céu líquido cujas partes são extremamente agitadas, e que as estrelas fixas conservam sempre entre si a mesma situação, então [equivocar-se-ia e] falaria sem qualquer razão se considerasse que estas estrelas eram estáveis e que através delas podia determinar o local da Terra e se, consequentemente, concluísse que se movia. Ora, se entendermos «lugar» no seu verdadeiro sentido, como o devem fazer todos os filósofos [que conhecem a sua natureza], há que determiná-lo mediante os corpos imediatamente contíguos àquele que se diz estar em movimento e não mediante aqueles que estão extremamente distantes, como as estrelas fixas relativamente à Terra. Se considerarmos o lugar de acordo com o senso comum, não há razão para nos persuadirmos de que as estrelas estão mais paradas do que a Terra, a não ser que imaginemos que para além das estrelas não existem mais nenhuns corpos dos quais poderiam separar-se e relativamente aos quais se pudesse dizer que se movem e que a Terra permanece em repouso, tal como dizemos que a Terra se move relativamente às estrelas fixas. Mas esta imaginação não teria fundamento, pois o nosso pensamento não conhece os limites do universo e quem se fixasse na grandeza de Deus e na fraqueza dos nossos sentidos pensaria que é muito mais lógico acreditar que, para além de todas as estrelas que vemos talvez haja outros corpos relativamente aos quais se possa dizer que a Terra está em repouso e as estrelas se movem, do que supor [que o poder criador é tão pouco perfeito] que não poderiam existir [como imaginam aqueles que, deste modo, defendem que a Terra se move. Contudo, se aparentemente atribuíssemos algum movimento à Terra — como se adaptássemos o senso comum —, estaríamos apenas a falar impropriamente, no mesmo sentido em que por vezes se pode dizer que aqueles que vão a dormir deitados num barco são todavia transportados de Calais para Dover pelo barco que os leva].

30. Todos os planetas são transportados à volta do Sol pelo céu que os contém.

Depois de estes raciocínios terem assim acabado com todos os possíveis escrúpulos acerca do movimento da Terra, pensamos que a matéria do céu, onde se encontram os planetas, gira continuamente à volta como um turbilhão, no centro do qual está o Sol, e que as suas partes próximas do Sol se movem mais depressa do que aquelas que estão afastadas até a uma certa distância] e que todos os planetas (no número dos quais daqui em diante colocaremos a Terra) permanecem sempre suspensos entre as mesmas partes desta matéria do céu. Só assim, e sem recorrer a qualquer engendração, explicaremos facilmente os fenómenos que se observam nelas. É o que acontece quando lançamos palhinhas ou outros corpos muito leves nas curvas dos rios em que a água engrossa e faz remoinhos: algumas giram à volta do próprio centro, e com maior velocidade quanto mais próximas estão de centro do remoinho. Finalmente, ainda que estes remoinhos pareçam andar sempre às voltas, nunca descrevem círculos totalmente perfeitos, e por vezes alargam-se em comprimento e largura [de modo que todas as partes da circunferência que descrevem não distam igualmente do centro]. Assim, é fácil imaginar que o mesmo acontece com os planetas, bastando isso para explicar todos os seus fenómenos.

31. Como cada planeta é transportado.

Imaginemos que *S* é o Sol e que toda a matéria do céu que o rodeia gira para o mesmo lado, isto é, do Poente para Oriente passando pelo Sul, ou de *A* para *C*, supondo que o pólo norte está acima do plano desta figura. Pensemos também que a matéria que rodeia Saturno leva quase trinta anos a percorrer o círculo ♄, e a que rodeia Júpiter o desloca durante doze anos com todos os pequenos planetas que o acompanham ao longo do círculo ♃; que Marte fez o mesmo em dois anos, a Terra com a Lua em um ano, Vénus em oito meses e Mercúrio em três, cujas órbitas estão representadas pelos círculos assinalados com ♂, *T*, ♀, ☿.

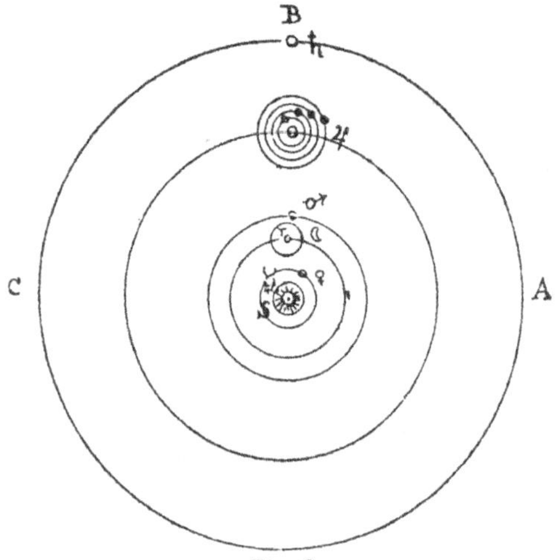

Fig. 9

32. As manchas que se vê na superfície do Sol também se deslocam.

Também supomos que estes corpos opacos, que se chamam manchas, que avistamos no Sol através de óculos de longo alcance, se movem na sua superfície e levam vinte e seis dias a dar-lhe uma volta.

33. Que a Terra se move à volta do seu centro e a Lua à volta da Terra.

Além disso, pensamos que neste grande turbilhão que forma o céu [cujo centro é o Sol] há ainda outros mais pequenos que podem ser comparados com os que às vezes se vê nos remoinhos dos rios [que conjuntamente acompanham o movimento do maior que os contém e se deslocam para o mesmo lado para o qual ele se move]. Um destes turbilhões tem Júpiter como centro, movendo com ele os outros quatro planetas que descrevem a sua órbita à volta deste astro, com uma velocidade de tal modo proporcionada que a mais distante das quatro completa a sua órbita quase em dezasseis dias, a que se segue em sete, a terceira em oitenta e cinco horas e a mais próxima do centro em quarenta e duas. Assim, giram várias vezes à volta de Júpiter enquanto ele descreve um grande círculo à volta do Sol.

34. Os movimentos dos céus não são perfeitamente circulares.

Finalmente, imaginemos que os centros dos planetas não estão exactamente num mesmo plano e que os círculos que descrevem não são totalmente redondos [mas que falta sempre um pouco para o serem], embora o tempo introduza continuamente alterações, como vemos acontecer em todos os efeitos da Natureza.

35. Os planetas não estão sempre num mesmo plano.

Deste modo, se esta figura representa o plano em que está o círculo que o centro da Terra descreve todos os anos, o chamado plano da eclíptica, deve pensar-se que cada um dos restantes planetas executa a sua trajectória noutro plano um pouco inclinado sobre este e que o corta por uma linha que não passa longe do centro do Sol, sendo as diversas inclinações destes planos determinadas por meio das estrelas fixas. Por exemplo, o plano no qual se encontra agora a trajectória de Saturno corta a eclíptica frente aos signos do Caranguejo e do Capricórnio e inclina-se para o Norte frente à Balança e para o Sul relativamente a Carneiro, e o ângulo que faz com o plano da eclíptica, assim inclinado, é cerca de dois graus e meio. Também os outros planetas perfazem o seu curso em planos que cortam o da eclíptica em dois sítios; mas a inclinação é menor nos de Júpiter e de Marte do que no de Saturno; é cerca de um grau maior no de Vénus e muito maior no de Mercúrio, onde é quase de sete graus. Além disso, as manchas que aparecem na superfície do Sol executam as suas voltas em planos inclinados ao da eclíptica de sete graus ou mais, caso sejam verdadeiras as observações de P. Scheiner, que as fez tão cuidadosamente que sobre esta matéria não devemos desejar outras. A Lua também perfaz o seu curso à volta da Terra num plano inclinado de cinco graus sobre o da eclíptica; finalmente, a própria Terra é transportada à volta do seu eixo segundo o plano do equador que leva consigo para todo o lado e que está vinte e três graus e meio afastado do da eclíptica. Ora, a quantidade dos graus assim contados entre a eclíptica e os pontos dos seus planos em que se encontram chama-se «latitude dos planetas».

36. Cada plano não está sempre igualmente afastado de um mesmo centro.

Mas o circuito que perfazem à volta do Sol chama-se a sua longitude, em que também há irregularidade, pois como não estão sempre à mesma distância do Sol não parecem mover-se à mesma velocidade relativamente a ele. No século em que estamos, quando Saturno está no signo do Sagitário está mais afastado do Sol do que quando está no de Gémeos, que é cerca da vigésima parte da distância que existe entre eles; quando Júpiter está em Balança encontra-se mais afastado do que quando em Carneiro; e assim os outros planetas encontram-se em diferentes posições e perante diferentes signos conforme se aproximam ou afastam do Sol. Mas, passados alguns séculos, todas estas coisas se disporão de maneira diferente da actual, e os que então viverem poderão observar que os planetas, assim como a Terra, cortarão o plano da eclíptica em locais diferentes daqueles em que a cortam actualmente, e quando estiverem mais ou menos afastados do Sol afastar-se-ão em relação aos mesmos signos perante os quais estão agora.

37. Todos os fenómenos podem ser explicados pela hipótese aqui exposta.

Sendo assim, esta hipótese torna desnecessário explicar por que razão há dia e noite, Verão e Inverno, Lua crescente e minguante, eclipses, estações do ano, movimentos retrógrados dos planetas, avanço dos equinócios, variações na obliquidade da eclíptica e coisas semelhantes: tudo isto se torna fácil para os entendidos em Astronomia.

38. De acordo com a hipótese de Tycho, pode dizer-se que a Terra se move à volta do seu centro.

Direi ainda, e de modo sucinto, como a hipótese de Tycho, comummente aceite pelos que rejeitam a de Copérnico, atribui mais movimento à Terra do que a de Copérnico. De acordo com a opinião de Tycho, a Terra teria de permanecer imóvel enquanto o céu, juntamente com as estrelas, girava à volta dela diariamente: ora, segundo ele isto não poderia ser entendido sem conceber também que todas as partes da Terra estão separadas do céu que antes tocavam e que sucessivamente tocam as outras. Uma vez que esta separação é recíproca, como atrás se disse [Parte II – Art. 29], e como requer tanta força ou acção na Terra como no céu, não vejo nada que nos obrigue a acreditar que o céu se mova mais do que a Terra. Pelo contrário, temos mais razão em atribuir este movimento à Terra, porque a separação faz-se em toda a sua superfície, e o mesmo não acontece em toda a superfície do céu, mas apenas na parte côncava que toca a Terra e que é muitíssimo reduzida comparada com a convexa. E não importa que digam que a superfície convexa do céu estrelado está também separada do céu que a rodeia, isto é, do cristalino ou do empíreo, tal como a superfície côncava do próprio céu o está em relação à Terra, atribuindo por isso mesmo mais movimento ao céu do que à Terra. Não há nenhuma prova que demonstre esta separação entre toda a superfície convexa do céu estrelado e o outro céu que o rodeia; é imaginação de certas pessoas. E assim, segundo a hipótese dessas pessoas, é imaginária a razão pela qual se atribui movimento ao céu e repouso à Terra. No entanto, a razão pela qual poderiam dizer que a Terra se move é evidente e certa.

39. A Terra também se move à volta do Sol.

Além disso, de acordo com a hipótese de Tycho o Sol percorre todos os anos uma volta em redor da Terra, transportando consigo não apenas Mercúrio e Vénus, mas também Marte, Júpiter e Saturno, que estão mais distantes dele do que da Terra. Ora, isto não pode ser concebido num céu líquido, como alguns supõem, se a matéria do céu existente entre o Sol e estes astros não fosse simultaneamente transportada com e eles e que apesar disso a Terra, por uma força particular e diferente daquela que transporta assim o céu, se separa das partes desta matéria que lhe é imediatamente contígua, descrevendo um círculo no meio delas. Mas esta separação, que assim se faz de toda a Terra, deveria ser tomada pelo seu movimento.

40. Ainda que a Terra mude de posição relativamente aos outros planetas, isso não se nota relativamente às estrelas fixas devido à sua enorme distância.

Pode levantar-se aqui uma dificuldade contra a minha hipótese: uma vez que o Sol conserva sempre a mesma posição relativamente às estrelas fixas, então a Terra, que gira à sua volta, deverá necessariamente aproximar-se destas estrelas e também afastar-se do intervalo compreendido entre o grande círculo que descreve quando perfaz o seu percurso anual; apesar de tudo, as observações feitas ainda não permitiram descobrir nada. Mas é fácil responder: a causa disto tudo é a grande distância entre a Terra e as estrelas, a qual é tão grande que qualquer círculo descrito pela Terra à volta do Sol não seria mais do que um ponto.

Isto talvez pareça incrível a quem não tenha habituado o espírito a considerar as maravilhas de Deus e pense que a Terra é a parte principal do universo por ser a morada do homem, persuadindo-se, infundadamente, de que todas as coisas foram feitas a pensar nele; mas estou certo de que os astrónomos — que já sabem que a Terra, comparada com o céu, não passa de um ponto — não acharão isto estranho.

41. Esta distância das estrelas fixas é necessária para explicar os movimentos dos cometas.

E esta opinião sobre a distância das estrelas fixas pode confirmar-se com os movimentos dos cometas, que agora sabemos não serem meteoros que se geram no ar perto de nós, como vulgarmente se ensinava na Escola antes de os astrónomos terem examinado as suas paralaxes. Espero demonstrar a seguir que estes cometas são astros que efectuam grandes excursões por todo o céu e que são tão diferentes da estabilidade das estrelas fixas e do circuito regular que os planetas executam à volta do Sol que seria impossível explicá-los de acordo com as leis da Natureza, a não ser que se imaginasse que estas excursões ocorriam num espaço enormíssimo entre o Sol e as estrelas fixas. E apesar de terem diligentemente procurado as suas paralaxes, não devemos ter em conta o que Tycho e outros astrónomos disseram: que só havia cometas para lá da Lua na direcção de Vénus ou de Mercúrio. Na realidade, deveriam ter deduzido das suas observações que se encontravam ainda para além de Saturno. Mas porque discutiam contra os antigos, que contavam os cometas entre os meteoros que se formam no ar abaixo da Lua, contentaram-se com demonstrar que se encontravam no céu e não ousaram atribuir-lhes a altitude que descobriam pelos seus cálculos, com receio de a sua proposta ser menos credível.

42. Todas as coisas que se vê na Terra são fenómenos, não sendo necessário considerá-las todas aqui.

Além destas coisas gerais, ainda poderia incluir entre os fenómenos não apenas várias outras coisas particulares acerca do Sol, dos planetas, dos cometas e das outras estrelas fixas, mas também sobre todas aquelas que vemos à volta da Terra ou que ocorrem à sua superfície. Para se conhecer a verdadeira natureza deste mundo visível não é suficiente encontrarmos algumas causas que aparentemente explicam aquilo que se observa no céu muito longe de nós; também é necessário poder deduzir o que presenciamos perto de nós [e que nos toca mais sensivelmente]. Mas não penso que para isso seja necessário considerá-las todas de imediato, sendo preferível procurarmos as causas das mais gerais [que aqui propus], para de seguida vermos se destas mesmas causas também poderíamos deduzir todas as outras mais particulares a que não prestámos atenção quando as procuramos. [Se assim acontecer, teremos um forte argumento que atesta que estamos no bom caminho].

43. As causas a partir das quais se pode deduzir os fenómenos talvez sejam falsas.

E se os princípios de que me sirvo são evidentíssimos, se as consequências que deles tiro são fundadas na certeza das Matemáticas e se aquilo que assim deduzo concorda exactamente com todas as experiências, parece-me que seria uma injúria contra Deus acreditar que as causas dos efeitos que se encontram na Natureza, e que assim descobrimos, são falsas; na verdade, seria imputar-lhe a culpa de nos ter criado tão imperfeitos que estivéssemos sujeitos a desprezar-nos, mesmo quando fazemos bom uso da razão [que nos deu].

44. Apesar de tudo, não quero afirmar que somente as que eu proponho é que são verdadeiras.

Mas uma vez que as coisas de que aqui trato não são de pouca importância, e para evitar que alguém pense que sou demasiado ousado ao afirmar ter encontrado verdades que não foram descobertas por outros, prefiro não decidir nada a seu respeito. [E a fim de que cada um seja livre de pensar o que lhe aprouver], aquilo que eu escrever deve ser apenas tomado como uma hipótese [a qual talvez esteja muito afastada da verdade]. Mas ainda que isto acontecesse, acreditaria ter feito muito se todas as coisas que se deduzissem dela estivessem completamente de acordo com as experiências; se assim acontecesse, essa hipótese seria tão útil à vida como se fosse verdadeira [uma vez que nos poderíamos servir dela da mesma maneira para dispor as causas naturais a produzir os efeitos desejados].

45. Eu próprio vou supor aqui algumas que considero falsas.

E desejo tanto que se dê crédito a todas as coisas que escrever que até pretendo propor aqui algumas que tenho como absolutamente falsas. Com efeito, não duvido que o mundo tenha sido inicialmente criado com a mesma perfeição que agora tem: assim, o Sol, a Terra, a Lua e as estrelas existem desde então; que a Terra não conteve apenas as sementes mas as próprias plantas [que cobriram parte dela]; que Adão e Eva não foram criados como crianças mas com a idade de pessoas adultas. A religião cristã quer que assim acreditemos, e a razão natural persuade-nos inteiramente disto: tendo em conta o poder de Deus, devemos pensar que tudo quanto fez teve toda a perfeição que devia ter desde o princípio. No entanto, só conheceríamos melhor a natureza [de Adão] e das árvores do paraíso se [tal como as crianças se formam paulatinamente no ventre das suas mães e] tivéssemos examinado como as plantas saem das suas sementes e se não nos limitássemos a considerar como eram quando Deus as criou! Também compreenderíamos melhor qual é a natureza em geral de todas as coisas existentes no mundo se pudéssemos imaginar alguns princípios muito inteligíveis e simples pelos quais compreendêssemos claramente como os astros, a Terra e todo este mundo visível foram produzidos como se saíssem de sementes (embora saibamos que não foi assim produzido); e assim não o compreenderíamos se o descrevêssemos apenas como é, ou antes, como julgamos que foi criado. E porque penso ter encontrado tais princípios, procurarei expô-los aqui.

46. Quais são as suposições que aqui adopto para explicar todos os fenómenos.

Já fizemos notar anteriormente [Parte II – Arts. 20, 22/3, 33, 36 e 40] que todos os corpos que compõem o universo são feitos de uma mesma matéria, que é divisível em toda a espécie de partes e que já se encontra dividida em várias, que são movidas diversamente e cujos movimentos são, de alguma maneira, circulares, existindo sempre uma quantidade igual destes movimentos no mundo. Mas não podemos determinar da mesma maneira a grandeza das partes em que esta matéria se divide, nem a velocidade com que se movem, nem que círculos descrevem. Estas coisas podem ter sido ordenadas por Deus segundo um infinidade de maneiras diferentes, mas só através da experiência, e não pela força do raciocínio, se pode saber qual foi a maneira que Ele escolheu. Podemos portanto supor livremente qual foi essa maneira, desde que todas as coisas que assim deduzamos estejam inteiramente de acordo com a experiência. Suponhamos, pois, que inicialmente Deus formou este mundo visível e dividiu toda a matéria em partes tanto quanto possível iguais entre si, de grandeza nem grande nem pequena, isto é, de grandeza média em relação às diversas grandezas das diferentes partes que agora compõem os céus e os astros. Finalmente, que fez com que todas tivessem começado a mover-se com igual força de duas maneiras diferentes, a saber: cada uma separadamente à volta do seu próprio centro, formando assim um corpo líquido, tal como penso que acontece com o céu; e outras em conjunto à volta de alguns centros dispostos da mesma maneira no universo, tantos quantos os actuais centros das estrelas fixas, mas cujo número foi maior, de modo que igualou o destas, somado ao dos planetas e dos cometas; e a velocidade que lhes imprimiu era média, isto é, dotou-as com tanto movimento como o que existe actualmente no mundo. Assim, por exemplo, pode pensar-se que Deus dividiu toda a matéria que está no espaço *AEI* [Ver Fig. 8, Art. 23] em tão grande número de partículas que dotou cada uma de movimento à volta do centro *S* e pôs igualmente em movimento todas as partes da matéria situada no espaço *AEV* à volta do centro *F*, o mesmo acontecendo com as outras. Formaram-se assim tantos turbilhões diferentes (daqui em diante servir-me-ei desta palavra para significar toda a matéria que gira deste modo à volta de cada um destes centros) quantos os astros do mundo agora existentes.

47. A falsidade destas suposições não implica que as nossas deduções não sejam verdadeiras.

Posso partir destas poucas suposições e servir-me delas como causas ou princípios dos quais, unicamente através das leis acima explicadas [Parte II – Arts. 37, 39 e 40], deduzirei todos os efeitos que se revelam na Natureza. E não creio que se possa imaginar princípios mais simples e inteligíveis, nem igualmente mais inverosímeis do que estes. Ainda que estas leis da Natureza sejam tais que, apesar de imaginarmos o caos dos poetas, ou seja, uma completa confusão de todas as partes do universo, mesmo assim seria possível demonstrar que por seu intermédio esta confusão chegará aos poucos à ordem que actualmente existe no mundo, tendo eu anteriormente tentado explicar como isso poderia ter sido. Todavia, e porque não condiz com a soberana perfeição de Deus fazê-lo autor da confusão e não da ordem, até porque a noção que temos da Natureza é menos distinta, devo preferir a proporção e a ordem à confusão do caos. E dado que não há proporção nem nenhuma ordem que seja mais simples e mais fácil de compreender do que aquela que consiste numa perfeita igualdade, supus que todas as partes da matéria foram inicialmente iguais entre si, tanto em grandeza como em movimento, e não concebi nenhuma outra desigualdade no universo, a não ser a que existe na localização das estrelas fixas, que se revela tão claramente àqueles que observam o céu durante a noite que não é possível pô-la em dúvida. De resto, pouco importa a maneira como suponho que a matéria foi disposta inicialmente, pois a sua disposição deve ter sido mudada segundo as leis da Natureza, e dificilmente se conseguiria imaginar alguma disposição que não se pudesse demonstrar que, segundo estas leis, devia mudar continuamente até que finalmente constituísse um mundo inteiramente parecido com este [embora isto talvez leve mais tempo a deduzir de uma suposição do que de outra]. Sendo estas leis a causa de a matéria tomar sucessivamente todas as formas de que é capaz, se considerarmos todas estas formas por ordem poderíamos chegar à forma que presentemente têm no mundo. [É isto o que exponho expressamente aqui, pois embora fale de suposições contudo] não suponho nenhuma cuja falsidade, ainda que conhecida, possa dar azo a dúvidas sobre a verdade das conclusões extraídas delas.

48. Como todas as partes do céu se tornaram redondas.

Postas assim as coisas, e para começarmos a ver os efeitos que [pelas leis da Natureza] podemos deduzir da hipótese proposta, consideraremos que toda a matéria que compõe todo o mundo foi inicialmente dividida em muitas partes iguais que não poderiam ter sido redondas, pois muitas esferas juntas não compõem um corpo inteiramente sólido e contínuo como o universo é, e no qual, como acima demonstrei, não pode haver o vazio. Mas, fosse qual fosse a forma que estas partes tiveram, com o decorrer do tempo tornaram-se redondas, na medida em que executaram diversos movimentos circulares. E uma vez que a força com que foram inicialmente postas em movimento era suficientemente grande para as separar umas das outras, esta mesma força continuou nelas posteriormente e foi sem dúvida também suficientemente grande para desgastar todos os seus ângulos à medida que se friccionavam, uma vez que não era necessária tanta força para este efeito como para o outro. Facilmente se concebe que é o facto de todos os ângulos de um corpo serem assim desgastados que o tornam redondo, pois tudo o que pode acontecer a este corpo, além da sua figura esférica, está aqui compreendido.

49. Entre estas partes redondas deve haver outras mais pequenas que preenchem todo o espaço onde estão.

Mas como não pode haver espaço vazio em recanto algum do universo, e porque as partículas da matéria são redondas, só poderão unir-se estreitamente se não deixarem pequenos intervalos entre elas, e por isso é necessário que estes pequenos intervalos sejam preenchidos por quaisquer outras partes desta matéria, que devem ser extremamente pequenas para mudarem continuamente de figura a fim de se adaptarem à dos locais onde entraram. Assim, devemos pensar que aquilo que sobressai dos ângulos das partes da matéria à medida que se se arredondam, friccionando-se umas contra as outras, é tão diminuto e adquire uma tão grande velocidade que a impetuosidade do seu movimento o pode dividir em partes incontáveis, as quais, por não terem espessura nem figura determinadas, preenchem facilmente todos os pequenos intervalos por onde as outras partes da matéria não podem passar.

50. Estas partículas dividem-se facilmente.

É necessário observar que aquilo que sai da fricção das partes da matéria à medida que se arredondam, se torna mais pequeno e por isso movimenta-se mais facilmente e torna-se novamente diminuto [ou divide-se em partes ainda mais pequenas do que aquelas que já têm], pois quanto mais pequeno um corpo é mais superfície tem em proporção com a quantidade da matéria, e a grandeza desta superfície faz com que encontre muitos mais corpos que o forçam a mover-se e a dividir-se [ao passo que a sua matéria diminuta faz com que possa resistir menos à sua força].

51. Estas partículas movem-se mais depressa.

Embora aquilo que sai da fricção das partes que se arredondam não possua qualquer movimento, contudo deve mover-se muito mais depressa, pois enquanto seguem por caminhos direitos e abertos obrigam esta raspadura ou poeira entre elas a passar por outras passagens mais estreitas e mais desviadas, pela mesma razão que quando num fole fechado lentamente o ar sai mais depressa se o buraco for estreito. Já demonstrei acima que deve haver necessariamente alguma parte da matéria que se move extremamente depressa e se divide numa infinidade de partículas para que todos os movimentos circulares existentes no mundo se possam fazer sem qualquer rarefacção nem vazio; e não creio que se possa imaginar alguma mais apropriada a este efeito [do que aquela que acabo de descrever].

52. Há três elementos principais no mundo visível.

Deste modo, já podemos considerar que encontrámos na matéria duas formas diferente, e que podem ser consideradas como as formas dos dois primeiros elementos do mundo visível. A primeira é que [esta fricção obrigou-a a separar-se das outras partículas da matéria quando se arredondaram e], movendo-se com tanta velocidade que ao encontrar-se com outros corpos a simples força da sua agitação é suficiente para ser friccionada e dividida por eles numa infinidade de partículas, adquirindo tal figura que preenchem sempre e de forma exacta todos os espaços ou pequenos intervalos à volta dos seus corpos. A segunda é a restante matéria, cujas partículas são redondas e pequeníssimas comparadas com os corpos [que vemos na Terra]; apesar de tudo [tem alguma quantidade determinada, de modo que] podem dividir-se noutras mais pequenas. E haverá uma terceira forma nalgumas partes da matéria, isto é, naquelas que devido à sua espessura e figuras não podem mover-se tão facilmente como as precedentes. [Procurarei demonstrar que] todos os corpos deste mundo visível se formam de três formas [presentes na matéria] como três elementos diversos, a saber: o Sol e as estrelas fixas têm a forma do primeiro destes elementos, os céus a do segundo, e a Terra, os planetas e os cometas a do terceiro. Uma vez que o Sol e as estrelas fixas nos enviam luz, dando-lhes o céu passagem, e a Terra, os planetas e os cometas [a repelem e] a reflectem, parece-me que tenho alguma razão para me servir destas diferenças — luminosidade ou transparência, opacidade ou obscuridade —, que são as principais que podem relacionar-se com o sentido da visão para distinguir os três elementos deste mundo visível.

53. O universo pode ser dividido em três céus.

Não será também sem razão que daqui em diante considerarei a matéria compreendida no espaço *AEI* [Fig. 8], que forma o turbilhão à volta do centro *S*, como o primeiro céu, sendo o segundo a matéria que forma os outros inúmeros turbilhões à volta dos centros *Ff* e semelhantes; finalmente, aquela que está para além destes dois céus será o terceiro. E estou persuadido de que o terceiro é imenso comparativamente com o segundo, como o segundo é extremamente grande relativamente ao primeiro. Mas não tratarei aqui deste terceiro porque não é possível observar nele algo que possa ser visto por nós nesta vida. Apenas me propus tratar do mundo visível, e também me limitarei ao céu e a todos os turbilhões à volta dos centros *Ff*, pois não me parecem ser diferentes, devendo ser todos considerados da mesma maneira. Embora o turbilhão cujo centro está assinalado com *S* não seja representado diferentemente dos outros nesta figura, apesar de tudo considero-o como um céu à parte, até como o primeiro ou o principal, pois é nele que se encontra a Terra, a nossa morada, e por este motivo há muitas mais coisas para observar nele do que nos outros [Art. 146]. Como não há necessidade de pôr nomes às coisas a não ser para explicar os pensamentos que temos delas [normalmente devemos prestar mais atenção ao que nelas se prende connosco do que àquilo que de facto são].

54. Como o Sol e as estrelas se terão formado.

Ora, uma vez que as partes do segundo elemento se friccionaram desde o início umas contra as outras, a matéria do primeiro, que se terá formado por via do desgaste dos seus ângulos, aumentou pouco a pouco. E uma vez que no universo havia mais do que a necessária para preencher os recantos — que as partes do segundo, redondas, necessariamente deixam entre elas —, o resto encaminhou-se para o centro *SFf* e aí formou corpos muito subtis e ilíquidos, isto é, o Sol no centro *S* e as estrelas nos outros centros. Depois de todos os ângulos das partes que formam o segundo elemento terem sido desgastados, ocuparam menos espaço que antes e não se estenderam até ao centro, mas afastaram-se igualmente de todos os lados deixando espaços redondos que imediatamente se encheram com a matéria do primeiro que aí afluiu de todos os lados [porque as leis da Natureza são tais que todos os corpos que se movem circularmente devem continuamente fazer alguma força para se afastar dos centros à volta dos quais se movem.]

55. *O que é a luz.*

Procurarei agora explicar o mais exactamente possível a força que fazem não só as esferazinhas que formam o segundo elemento como também toda a matéria do primeiro ao afastarem-se dos centros *SFf* e semelhantes à volta dos quais elas giram. Pretendo agora demonstrar que a natureza da luz consiste apenas nesta força [Parte IV – Art. 28], e o conhecimento desta verdade poderá servir-nos para a compreensão de muitas outras coisas.

56. *É possível dizer que uma coisa inanimada tende a produzir algum esforço.*

Quando digo que estas esferazinhas exercem alguma força [ou que tendem a afastar-se dos centros à volta dos quais giram], não entendo que deva atribuir-se-lhes algum movimento do qual derivaria esta tendência, mas apenas que estão de tal modo situadas e dispostas para se moverem que se afastariam efectivamente se não fossem impedidas por qualquer outra causa.

57. *Um corpo pode tender simultaneamente para o movimento de muitas e diversas maneiras.*

Ora, porque muitas vezes as causas que agem conjuntamente contra um mesmo corpo e impedem o efeito de umas sobre as outras são várias e diversas, então, de acordo com diferentes perspectivas, pode dizer-se que este corpo tende ou se esforça por ir para diferentes lados ao mesmo tempo. Por exemplo [Fig. 10], a pedra *A* que giramos na funda *EA*, e que tem *E* como centro de rotação, tende verdadeiramente de *A* para *B* se considerarmos todas as causas que concorrem para a determinação do respectivo movimento, já que de facto se move para lá. Mas se apenas considerarmos a força do seu movimento e a sua agitação, também se pode dizer que esta mesma pedra tende para *C* quando está no ponto A, supondo que *AC* é uma linha recta que toca o círculo no ponto *A*: com efeito, se esta pedra saísse da funda na altura

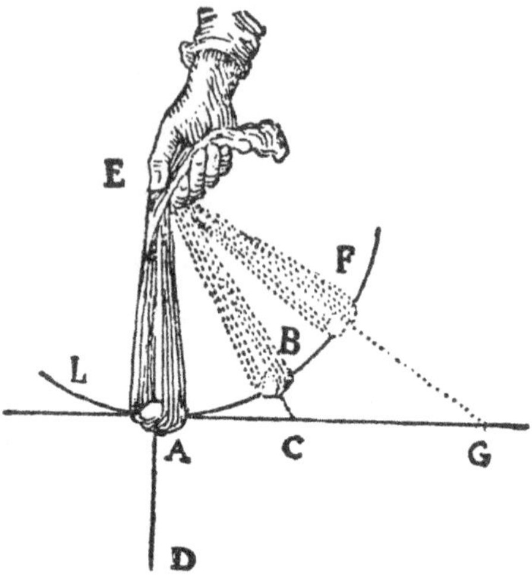

Fig. 10

em que chega ao ponto *A*, iria de *A* para *C* e não para *B*; e ainda que a funda a detenha, não impede que faça um esforço para ir para *C*. Finalmente, se em vez de considerarmos toda a força da sua agitação apenas prestássemos atenção a uma das suas partes, cujo efeito é impedido pela funda e que distinguimos de outra parte cujo efeito não é impedido desta maneira, diríamos que esta pedra, estando no ponto *A*, tende apenas para *D*, ou que tende apenas a afastar-se do centro *E* seguindo a linha recta *EAD*.

58. Como tudo tende a afastar-se do centro à volta do qual se move.

Para compreendermos isto melhor, comparemos o movimento desta pedra ao ir para *C* — se nada a impedisse — com o movimento de uma formiga que estivesse no mesmo ponto *A* e fosse para *C*, supondo que *EY* fosse uma régua sobre a qual esta formiga caminhasse em linha recta de *A* para *Y* enquanto girávamos esta régua à volta do centro *E* de modo que o seu ponto *A* descrevesse o círculo *ABF* num movimento de tal maneira proporcionado ao da formiga que se encontrasse no ponto *X* quando a régua se diri-

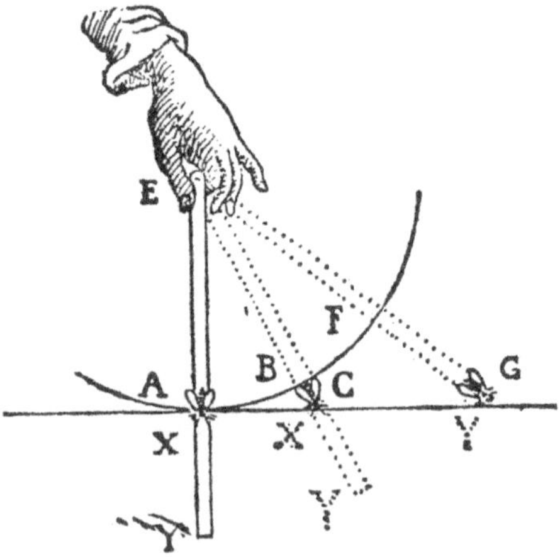

Fig. 11

gisse para *G*, e assim por diante, de modo que estivesse sempre na recta *ACG*. Comparemos também a força com que a pedra gira nesta funda — que, como no círculo *ABF* tende a afastar-se do centro *E*, de acordo com as linhas *AD*, *BC*, *FG* — com a força que a própria formiga faria se estivesse presa à régua *EY* no ponto *A*, de tal modo que empregasse todas as suas forças para se dirigir para *Y* e afastar-se do centro *E* seguindo as linhas rectas *EAY*, *EBY* e outras parecidas [enquanto esta régua a levaria à volta do centro *E*].

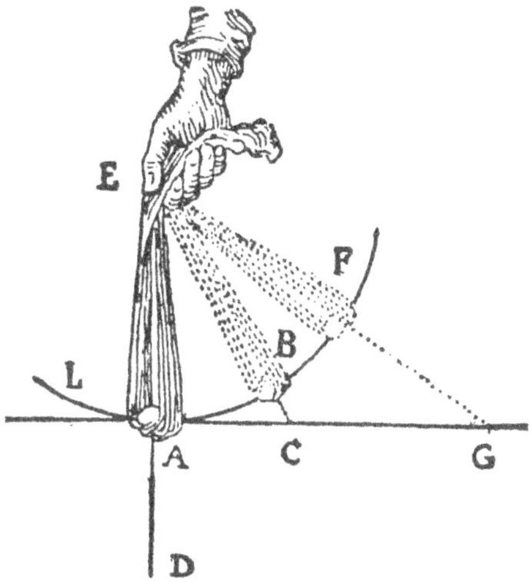

Fig. 12

59. A tensão assim exercida tem muita força.

No princípio o movimento desta formiga deve ser sempre muito lento e a sua força muito grande, se apenas o relacionarmos com esta primeira noção; mas também não se pode dizer que seja totalmente nulo, pois aumenta à medida que produz o seu efeito, e assim a velocidade que causa em pouco tempo torna-se bastante grande. Mas para evitar toda e qualquer dificuldade, vamos servir-nos ainda de outra comparação: coloquemos a esferazinha *A* no tubo *EY* e depois movamos este tubo à volta do centro *E*. Verificaremos que a esfera avançará lentamente na direcção *Y*, mas avançará um pouco mais depressa no segundo, pois além de lhe ter subtraído a força que lhe comunicara no primeiro instante adquirirá ainda uma nova pela repetida força que fará para se afastar do centro. E uma vez que esta força continua enquanto o movimento circular dura e se renova quase em todos os movimentos, então quando giramos este tubo *EY* bastante depressa à volta do centro *E* a esferazinha que está dentro passa imediatamente de *A* para *Y*;

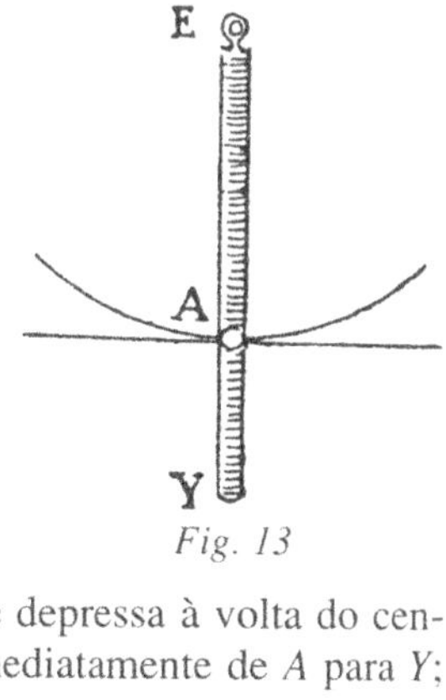

Fig. 13

vemos também que numa funda a pedra faz esticar a corda com tanta mais força quanto mais velozmente a fazemos girar. Ora, uma vez que aquilo que faz esticar esta corda não é outra coisa senão a força com que a pedra tende a afastar-se do centro à volta do qual se move, por meio desta tensão podemos saber a quantidade desta força.

60. Toda a matéria dos céus tende, assim, a afastar-se de certos centros.

É fácil aplicar às partes do segundo elemento o que acabo de dizer sobre esta pedra que gira numa funda à volta do centro *E*, ou da esferazinha que está no tubo *EY*. Isto é: cada uma destas partes emprega uma força bastante considerável para se afastar do centro do céu à volta do qual gira, mas é travada pelas outras ordenadas acima dela, assim como esta pedra é retida pela funda. Além disso, há que observar que a força destas esferazinhas é muito aumentada, pois são continuamente empurradas tanto pelas suas semelhantes que estão entre elas e o astro que ocupa o centro do turbilhão que eles formam, como pela própria matéria do astro. A fim de poder explicar isto mais distintamente, examinarei separadamente o efeito destas esferazinhas, sem pensar no efeito da matéria dos astros, nem se todos os espaços que ocupa estão vazios ou cheios de uma matéria que em nada contribui ou impede o movimento dos astros. De facto, de acordo com o que acima se disse [Parte II – Art. 18], é assim que devemos conceber o vazio.

61. Essa causa explica por que razão todos os corpos do Sol e as estrelas fixas são redondos.

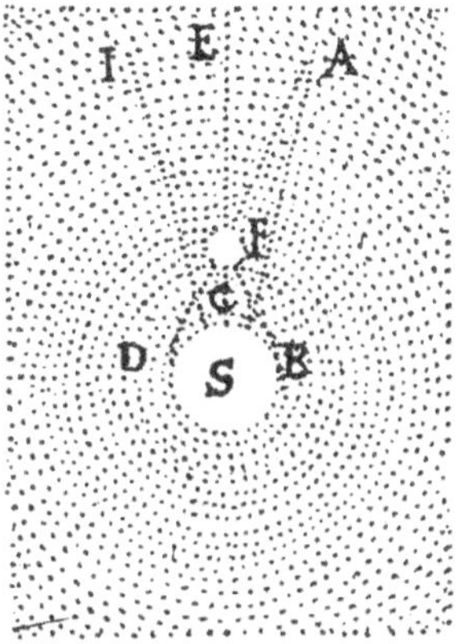

Fig. 14

Primeiramente, pelo facto de todas as esferazinhas que giram à volta de *S* no céu *AEI* tenderem a afastar-se do centro *S*, como já demonstrei [atrás, Art. 54], podemos concluir que as existentes na recta *SA* se empurram umas às outras na direcção de *A* e as que estão na linha recta *SE* se empurram na direcção de *E*, e assim por diante, e de tal modo que se não houver esferazinhas suficientes para encher e ocupar todo o espaço entre *S* e a circunferência *AES* deixam para *S* todo o espaço remanescente. Uma vez que, por exemplo, as esferazinhas que se encontram na recta *SE* se apoiam umas nas outras e não giram ao mesmo tempo como uma vara, mas andam à sua volta, umas mais depressa e outras mais devagar — como direi já a seguir —, o espaço que deixam para *S* só pode ser redondo. Assim, ainda que imaginássemos que a linha *SE* fosse mais comprida e contivesse mais esferazinhas do que a linha *SA* ou *SI*, de modo que aquelas na extremidade da linha *SE* estivessem mais próximas do centro *S* do que as situadas na extremidade da linha *SI*, contudo as mais chegadas dariam a sua volta mais depressa do que as mais afastadas do mesmo centro, e assim algumas não deixariam de se juntar à extremidade da linha *SI* a fim de se afastarem mais do centro *S*. É por isso que devemos concluir que agora estão dispostas de tal modo que todas as que terminam estas linhas encontram-se igualmente distantes do ponto *S* e, consequentemente, o espaço *BCD* que deixam à volta deste centro é redondo.

62. A matéria celeste que os rodeia tende a afastar-se de todos os pontos da sua superfície.

Além disso, há que observar que cada uma das esferazinhas que se encontram na recta *SE* também é empurrada por todas as outras contidas entre as linhas rectas, as quais, sendo tiradas de uma destas esferazinhas para a circunferência *BCD*, a vão tocar. Por exemplo, a esferazinha *F* é empurrada por todas as que estão contidas entre as linhas *BF* e *DF*, ou o triângulo *BFD*, não sendo ela empurrada por nenhuma das que estão fora deste triângulo. Assim, se o local *F* estivesse vazio, todas as que estão no espaço *BFD* adiantar-se-iam imediatamente para o encher, mas não as outras. Com efeito, sabemos que o peso de uma pedra, que a leva em linha recta para o centro da Terra quando está no ar, a faz rolar transversalmente quando cai pelo declive de uma montanha; do mesmo modo, também devemos pensar que a força das esferazinhas no espaço *BFD* tende a afastá-las do centro *S* seguindo as linhas rectas tiradas deste centro, mas também pode fazer com que elas se afastem do mesmo centro por linhas um pouco desviadas.

63. As partes desta matéria nem por isso se impõem umas às outras.

E esta comparação do peso dará a conhecer isto de modo claro se observarmos várias esferazinhas de chumbo com uma disposição semelhante à do recipiente *BFD* [fig. 15]: apoiam-se de tal modo umas nas outras que se fizermos uma abertura no fundo do recipiente a esfera *I* será impelida a sair, tanto pela força do seu peso como pela das outras que lhe estão em cima. Com efeito, no mesmo instante em que esta sair

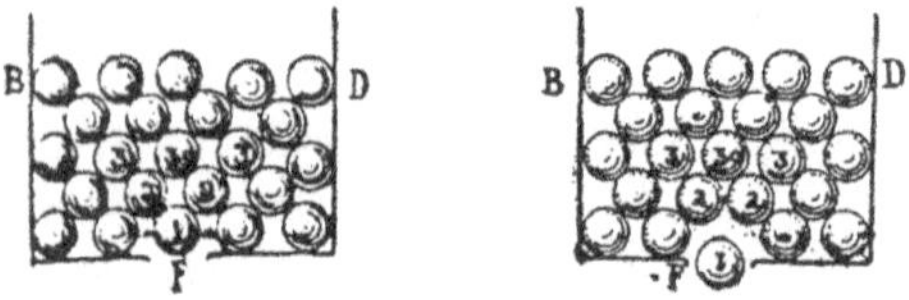

Fig. 15

rolarão as duas assinaladas com *2,2* e as outras três *3,3o,3* e a seguir as outras. Também se poderá ver que logo que a colocada mais em baixo começa a mover-se, as que estão contidas no triângulo *BFD* descerão todas [e todavia nenhuma das que estão fora do triângulo se dispõe a mover-se naquela direcção]. É verdade que neste exemplo as duas esferas *2,2* se entrechocam depois de uma ligeira descida, o que as impede de descer mais; mas o mesmo não acontece com as esferazinhas que formam o segundo elemento. Embora por vezes estejam dispostas de uma maneira semelhante às que estão representadas nesta figura, apesar de tudo só param por aquele pouco tempo a que chamamos instante, porque estão continuamente em acção para se moverem, e é isso que está na origem do seu movimento ininterrupto. Além disso, há que observar que a força da luz [para cuja explicação escrevi tudo isto] não consiste na duração de nenhum movimento, mas apenas no facto de as esferazinhas serem pressionadas e tenderem a mover-se para qualquer lado [ainda que, provavelmente, não se movam nesse instante].

64. Isto basta para explicar todas as propriedades da luz e para fazer aparecer os astros luminosos sem que eles contribuam para isso.

Assim, não haverá dificuldade em saber por que razão esta acção, que tomo pela luz, se estende por todos os lados à volta do Sol e das estrelas fixas e por que razão se desloca instantaneamente por toda a espécie de distância, seguindo não só as linhas tiradas do corpo luminoso mas também as de todos os pontos situados na sua superfície: daqui se deduzem as principais propriedades da luz [a partir das quais se pode conhecer também as outras]. Verifica-se aqui uma verdade que para muita gente provavelmente parecerá um grande paradoxo: isto é, que estas mesmas propriedades também estarão presentes na matéria do céu, ainda que o Sol ou os outros astros à volta dos quais ela gira em nada contribuam para isso. De modo que se o corpo do Sol fosse apenas um espaço vazio, continuaríamos a vê-lo com a mesma luz que provém dele para os nossos olhos, excepto se fosse menos forte. Apesar disto, não devemos pensar que a luz se estende à volta do Sol no mesmo sentido em que gira a matéria do céu em que se encontra [isto é, no círculo da eclíptica], pois não considero que se estende para os pólos. Mas para poder explicar como é que a matéria do Sol e das estrelas pode contribuir para a produção desta luz e como se estende não só na direcção da eclíptica como também na dos pólos e em todas as dimensões da esfera, é necessário que antes diga alguma coisa sobre o movimento dos céus.

65. Os céus estão divididos em vários turbilhões e os pólos de alguns deles atingem as partes mais afastadas dos pólos dos outros.

Fosse qual fosse a maneira como a matéria começou a mover-se inicialmente, os turbilhões em que esta se divide devem estar agora de tal modo dispostos entre si que cada um gira do lado em que lhe é mais fácil continuar o seu movimento. Com efeito, e segundo as leis da Natureza [Parte II – Art. 40], um corpo que se move desvia-se facilmente quando encontra outro corpo. Assim, supondo que o primeiro turbilhão, que tem *S* como centro [ver Fig. 8], é levado de *A* por *E* na direcção de *I*, o seu vizinho que tem *F* como centro girará de *A* por *E* na direcção de *V* se aqueles que o rodeiam não o impedirem, já que os seus movimentos se harmonizam perfeitamente. Da mesma maneira, o terceiro turbilhão, cujo centro temos necessariamente de imaginar fora do plano *SAFE* e fazendo um triângulo com os centros *S* e *F*, juntando-se aos outros dois *AEI* e *AEV* na recta *AE*, girará de *A* por *E* para cima. Assim, o quarto turbilhão, cujo centro é *f*, não girará de *E* na direcção de *I*, pois se o seu movimento se conjugasse com o do primeiro seria contrário aos do segundo e terceiro; também não se pode conjugar com o do segundo, isto é, de *E* para *V*, pois o primeiro e o terceiro impedi-lo-iam; nem, finalmente, de *E* para cima, como o terceiro, já que o primeiro e o segundo são contrários. Assim, giraria sobre o seu próprio eixo *EB* de *I* para *V*, com um dos pólos girando na direcção de *E* e o outro do lado oposto, na direcção de *B*.

66. Os movimentos destes turbilhões devem desviar-se um pouco para não serem contrários uns aos outros.

Além disso, deve observar-se que ainda existiria alguma contrariedade neste movimentos se as eclípticas destes três primeiros turbilhões, isto é, os círculos mais afastados dos seus pólos, se encontrassem directamente no ponto *E*, no qual situo o pólo do quarto. Se, por exemplo, *IVX* é a sua parte que está perto do pólo *E*, girando

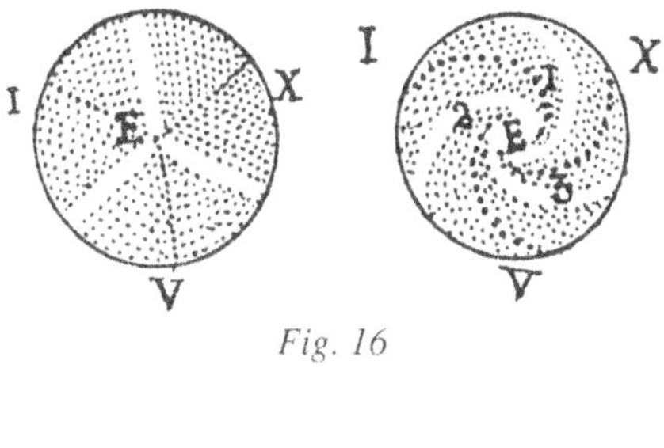

Fig. 16

segundo as letras *IVX*, o primeiro turbilhão faria fricção contra ela ao seguir a recta *EI* e as outras linhas paralelas a esta, e então o segundo turbilhão — que também faria fricção contra ela ao seguir a recta *EV* — e o terceiro, seguindo a linha *EX*, impediriam o seu movimento circular. Mas a Natureza corrige isto facilmente pelas leis do movimento, determinando um pouco as eclípticas destes três turbilhões na direcção em que gira o quarto *IVX*; de tal modo que, não exercendo fricção contra ele quando seguem as rectas *EI*, *EV*, *EX*, mas seguindo as curvas *1I*, *2V*, *3X*, se conjugam perfeitamente com o seu movimento.

67. Os dois turbilhões não se podem tocar nos pólos.

Não creio que se possa inventar nada melhor para ajustar os movimentos de vários turbilhões. Se supusermos que há dois que se tocam ao nível dos pólos, ambos girarão do mesmo lado e no mesmo sentido, unindo-se e formando um só, ou então cada um fará o seu percurso para o seu lado, estorvando-se muitíssimo um ao outro. Por isso, apesar de não ter ainda determinado a situação de todos os turbilhões que formam o céu, nem como se movem, contudo penso que posso determinar que em geral cada turbilhão tem os seus pólos mais afastados dos pólos daqueles que estão mais próximos dele do que das sua eclípticas, e julgo tê-lo demonstrado suficientemente.

68. Os turbilhões não podem ser todos do mesmo tamanho.

Também parece que esta variedade incompreensível que aparece na localização das estrelas fixas mostra suficientemente que os turbilhões que giram à volta delas não são iguais em grandeza. E através da luz que nos enviam, penso que é claro que cada estrela está no centro de um turbilhão e não noutro sítio. Com efeito, e admitindo-se esta hipótese, é fácil compreender como a sua luz pode chegar até aos nossos olhos através dos espaços imensos; e isso torna-se evidente pelo que já se disse [Parte II – Arts. 57, 58 e segs.] e em parte pelo que se segue [Arts. 130 e 132], e sem isto não é possível poder invocar outra razão plausível. Mas como os nossos sentidos não se apercebem de nada nas estrelas fixas, a não ser a sua luz e a situação em que as vemos, só devemos imaginar o que é estritamente necessário para explicar estes dois efeitos. E como só poderíamos conhecer a natureza da luz se supuséssemos que cada turbilhão gira à volta de uma estrela com toda a luz que contém, e que só se poderia explicar a situação onde nos aparecem se supuséssemos que estes turbilhões são diferentes em tamanho, julgo então que é igualmente necessário admitir estas suposições. Mas se é verdade que são desiguais, é necessário que as partes afastadas dos pólos de uns toquem os outros nos locais mais próximos dos seus pólos, uma vez que não é possível que as partes semelhantes de corpos desiguais em tamanho se ajustem entre si.

69. A matéria do primeiro elemento entra pelos pólos de cada turbilhão em direcção ao seu centro e sai de lá pelas zonas mais afastadas deles.

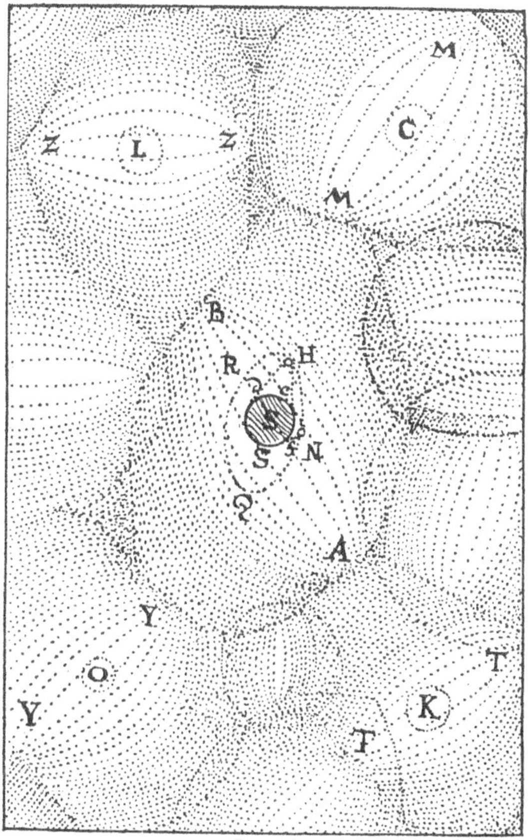

Fig. 17

Podemos inferir que a matéria do primeiro elemento sai continuamente de cada um dos turbilhões pelas zonas mais afastadas dos seus pólos e que também aí entra continuamente pelas zonas mais próximas. Se supusermos, por exemplo, que o primeiro céu *AYBM*, no centro do qual está o Sol, gira sobre os seus pólos (sendo eles, *A* o austral, e *B* o setentrional) e que os quatro turbilhões *KOLC* que estão à sua volta giram sobre os eixos *TT*,*YY*, *ZZ*, *MM* e que toca os dois assinalados *K* e *L* nas proximidades das zonas mais distantes, é evidente, pelo que se disse [Arts. 54, 60 e 64], que toda a matéria de que se compõe tende a afastar-se do eixo *AB* e tende mais intensamente para os outros pontos *Y* e *M* do que para *A* e *B*; e porque perto de *Y* e *M* encontra os pólos dos turbilhões *O* e *C*, que têm pouca força para resistirem, e perto de *A* e *B* os turbilhões *K* e *L* nos pontos mais afastados dos seus pólos e que têm mais força para se dirigir de *K* e de *L* para *S* do que as partes mais próximas dos pólos do céu *S* para se dirigirem na direcção de *L* e de *K*, também é evidente que a matéria que está nos pontos *K* e *L* deve dirigir-se para *S*, assim como a do ponto *S* ao efectuar o seu percurso na direcção de *O* e na de *C*.

70. Não acontece o mesmo com a matéria do segundo elemento.

Isto deveria entender-se acerca da matéria do primeiro e do segundo elementos se algumas causas particulares não impedissem as suas partículas de se dirigirem até lá. Mas como a agitação do primeiro elemento é muito maior do que a do segundo, o primeiro tem sempre mais facilidade em passar pelos pequenos intervalos do que as partes do segundo, que são redondas, e que necessariamente deixam à volta delas. Ainda que supuséssemos que toda a matéria, tanto a do primeiro como a do segundo elementos, contida no turbilhão *L*, começasse a mover-se ao mesmo tempo na direcção de S, todavia seria necessário que a do primeiro chegasse ao centro *S* mais depressa do que a do segundo. Quando esta matéria do primeiro elemento chegasse ao espaço *S* empurraria tão impetuosamente as partes do segundo, não só na direcção da eclíptica *eg*, ou *MY*, como também nas dos pólos *fd*, ou *AB* — como explicarei de seguida [Art. 78] —, que faria com que as esferazinhas que vêm do turbilhão *L* só avançassem em direcção a *S* até ao termo assinalado pela letra *B*. O mesmo se deve entender em relação ao turbilhão *K* e a todos os outros.

71. A causa desta diversidade.

Além disso, assinale-se que as partes do segundo elemento, que giram à volta do centro *L* [Fig. 17] possuem força para se afastarem deste centro e também para conservarem a velocidade do seu movimento, e estes dois movimentos são de alguma maneira contrários um ao outro, pois enquanto giram no turbilhão *L* nalguns pontos da circunferência que descrevem há um espaço limitado pelos outros turbilhões, de tal modo que há que devemos imaginar a parte superior e inferior do plano desta figura: assim, não podem afastar-se mais deste centro na direcção da zona *B* [na qual o espaço não está limitado], a não ser que a sua velocidade seja tão reduzida que haja mais espaço entre *L* e *B* do que entre *L* e a superfície dos outros turbilhões. Deste modo, ainda que a força para se afastar do centro *L* os leve a afastarem-se mais na direcção de *B* do que para qualquer outro lado — pois encontram aí as zonas polares do turbilhão *S*, que não lhes oferece resistência —, apesar de tudo a força que fazem para se manterem na mesma velocidade leva-os a não se afastarem indefinidamente e a não avançarem até *S*. Não acontece o mesmo com a matéria do primeiro elemento, pois ainda que se ajuste às partes do segundo — já que ao girar como elas tendem a afastar-se dos centros dos turbilhões que as contêm —, tem contudo esta diferença: pode afastar-se destes centros sem perder nada da sua velocidade, pois por toda a parte encontra passagens entre as partes do segundo elemento que são quase iguais às outras, o que contribui para que ela se encaminhe incessantemente para o centro *S* pelos pontos mais próximos dos pólos *A* e *B*, não apenas dos turbilhões *K* e *L*, mas também de muitos outros que não foi fácil representar nesta figura, pois é difícil imaginar todos no mesmo plano e determinar a sua situação, grandeza e número passando do centro *S* para os turbilhões *O* e *C* e para outros semelhantes, sobre os quais também não me proponho determinar a localização, a grandeza e o número, nem se esta mesma matéria, antes de concluir o círculo do seu movimento, regressa imediatamente de *O* a *C* para *K* e *L*, ou se passa por muitos outros turbilhões mais afastados de *S* do que estes.

72. Como se move a matéria que forma o corpo do Sol.

Procurarei explicar a força com que se move no espaço *defg*. A matéria que veio de *A* para *f* deve continuar o seu movimento em linha recta até *d* porque entre ambos não há nada que o impeça; mas, uma vez aqui chegada, encontra e empurra as partes do segundo elemento na direcção de *B*, que ao mesmo tempo a repele e obriga a voltar para dentro do pólo *d*, na direcção dos lados da eclíptica *eg*; da mesma maneira, a que veio de *B* para *d* continua o seu movimento em linha recta até *f*, onde também encontra as partes do segundo elemento e as empurra na direcção de *A*, e que por sua vez a tornam a empurrar do pólo *f* para a mesma eclíptica *eg*; e passando, assim, dos dois pólos *d* e *f* para todas as partes da eclíptica *eg*, essa matéria empurra igualmente todas as partes do segundo elemento que encontra na superfície da esfera *defg*, e em seguida dirige-se para *M* e *Y* — através das pequenas passagens que encontra entre as partes do segundo elemento — na direcção desta eclíptica *eg*. Além disso, enquanto a matéria do primeiro elemento se mover em linha recta pela sua própria agitação desde os pólos do céu *A* e *B* até aos pólos do corpo do Sol *d* e *f*, também ela é posta a girar à volta do eixo *AB* pelo movimento circular deste céu. Por este processo, cada uma das suas partes descreve uma espiral ou uma forma helicoidal. Estas espirais dirigem-se directamente de *A* até *d*, e de *B* até *f*; mas chegando a *d* e a *f* inclinam-se de ambos os lados para a eclíptica *eg*. Uma vez que o espaço que contém a esfera *defg* é maior do que a matéria do primeiro elemento, que passa pelas partes do segundo, não poderia ocupá-las se se limitasse a entrar e a sair de acordo com as espirais, e por isso aí permanecer sempre alguma matéria que forma um corpo líquido que gira continuamente à volta do eixo *fd* [isto é, o corpo do Sol].

73. Há muitas desigualdades no que respeita à situação do Sol no meio do turbilhão que o rodeia.

Refira-se que este corpo não pode deixar de ser redondo. Ainda que a desigualdade dos turbilhões que rodeiam o céu *AMBY* seja motivo para não pensarmos que a matéria do primeiro elemento chega tão abundantemente até ao Sol por um dos pólos deste céu e não por outro, nem que estes pólos estejam directamente opostos, de modo que a linha *ASB* seja exactamente uma recta, nem que haja algum círculo perfeito que se possa tomar pela sua eclíptica e com o qual todos os turbilhões que o rodeiam estejam relacionados de uma maneira tão concertada que a matéria do primeiro elemento, que vem do Sol, possa sair deste céu com igual facilidade por toda as partes desta eclíptica — apesar de tudo não se pode deduzir que haja alguma desigualdade notória na figura do Sol, mas sim e apenas na sua situação, movimento e grandeza quando comparados com os de outros. Com efeito, se a matéria do primeiro elemento, que vem do pólo *A* e *S*, tem mais força do que aquela que vem do pólo *B*, chegará mais longe antes de se poderem desviar uma da outra devido ao seu embate recíproco; farão, assim, com que o Sol esteja mais perto do pólo *B* do que do pólo *A*. Mas as partículas do segundo elemento não serão empurradas com mais força para a circunferência *d* do que para *f* que lhe está directamente oposta, e esta circunferência continuará a ser redonda. Apesar de tudo, se a matéria do primeiro elemento passa mais facilmente de *S* para *O* do que para *C* (pois aí encontra passagens mais direitas e abertas), isto fará com que o corpo do Sol se aproxime um pouco mais de *O* do que de *C*, encontrando por este processo o espaço entre *O* e *S* e detendo-se no ponto em que a força desta matéria estiver igualmente equilibrada dos dois lados. Por conseguinte, se apenas prestarmos atenção aos quatro turbilhões *LCKO*, supondo que não são iguais, isso bastará para nos levar a concluir que o Sol não está exactamente situado no meio da linha *OC*, nem também no meio da linha *KL*. E ainda se podem conceber muitas outras desigualdades na sua localização se pensarmos que há muitos mais turbilhões que o rodeiam.

74. Também há muitas desigualdades relativamente ao movimento da matéria.

Além disso, a matéria do primeiro elemento que vem dos turbilhões *K* e *L* não tende tanto a mover-se na direcção de *S* como na de outros pontos mais próximos. Por exemplo, se a matéria que vem de *K* tende a mover-se para *e* e a que vem de *L* a mover-se para *g*, isto fará com que os pólos *f* e *d* — à volta dos quais ela gira quando constitui o corpo do Sol — não estejam nas linhas rectas tiradas de *K* e *L* para *S*, e assim o pólo austral *f* avançará um pouco mais na direcção de *e* e o setentrional *d* na de *g*. Do mesmo modo, se a linha *SM* — segundo a qual suponho que a matéria do primeiro elemento se dirige mais facilmente de *S* para *C* do que em qualquer outra direcção — passa por um ponto da circunferência *fed* que esteja mais perto do ponto *d* do que do ponto *f*, então também se a linha *SY* — segundo a qual suponho que esta matéria tende de *S* para *O* — passa por um ponto da circunferência *fgd* que esteja mais perto do ponto *f* do que do ponto *d*, isso fará com que *gSe* (que aqui representa a eclíptica do Sol, isto é, o plano no qual se move a parte da sua matéria que descreve o círculo maior) tenha a sua parte *Se* mais inclinada para o pólo *d* do que para o pólo *f*; e contudo não terá tanta inclinação como quando está na recta *SM*, ficando a outra parte *Sg* mais inclinada para *f* do que para *d*; mas também não terá tanta como a linha recta *SY*. Donde se segue que o eixo — à volta do qual toda a matéria que forma o corpo do Sol executa o seu percurso e termina nos dois pólos *f* e *g* — não é completamente recto, mas um pouco curvado dos dois lados, e que esta matéria gira um pouco mais depressa entre *e* e *d* ou entre *f* e *g* do que entre *e* e *f* ou *d* e *g*, e que também a velocidade com que gira entre *e* e *d* talvez não seja totalmente igual àquela com que gira entre *f* e *g*.

75. Isto não impede que a figura do Sol não seja redonda.

Contudo, isto não impede que o corpo do Sol não seja exactamente redondo, porque a sua matéria tem todavia outro movimento, a saber: o dos seus pólos para a sua eclíptica, que corrige estas desigualdades. E tal como uma garrafa de vidro se torna redonda se soprarmos apenas por um tubo de ferro e lhe introduzimos o ar dentro da matéria de que é feita — e porque este ar não tem mais força para empurrar a parte desta matéria directamente oposta ao extremo do tubo por onde entra do que aquela que está em todos os outros lados para que é impelido pela resistência que ela lhe oferece —, assim também a matéria do primeiro elemento que entra no corpo do Sol pelos seus pólos deve empurrar igualmente de todos os lados as partes do segundo que o circundam, tanto aquelas contra as quais é impelido obliquamente como as que encontra pela frente.

76. Como se move a matéria do primeiro elemento que está entre as partes do segundo no céu.

Relativamente a esta matéria do primeiro elemento há que observar que enquanto se encontra entre as esferazinhas que constituem o céu *AMBY* tem dois movimentos: um em linha recta que a leva dos pólos *A* e *B* para o Sol, e depois do Sol para a eclíptica *YM*; e outro circular à volta dos pólos, comuns a todo o resto do céu, empregando a maior parte da sua agitação para se mover de todas as maneiras indispensáveis à contínua mudança das figuras das suas partículas, preenchendo assim exactamente todos os recantos que encontra à volta das esferazinhas por entre as quais passa. Daqui advém que a sua força assim dividida é mais fraca, e a pouca matéria que se encontra em cada um dos recantozinhos por onde passa está sempre prestes a cair e a ceder ao movimento destas esferas enquanto continua o seu movimento em linha recta seja para onde for. Mas a matéria que resta em *S*, onde forma o corpo do Sol, tem uma força notável [e enorme], porque todas as suas partes se conjugam para se moverem muito depressa no mesmo sentido, empregando esta força para empurrar todas as esferazinhas do segundo elemento que circunda o Sol.

77. O Sol não envia a sua luz apenas para a eclíptica mas também para os pólos.

Pelo que acima foi exposto, é fácil conhecer como a matéria do primeiro elemento contribui para a acção que devemos tomar pela luz, e como esta acção se estende a toda a parte, tanto para os pólos como para a eclíptica. Antes de mais, se supusermos que em qualquer recanto do céu voltado para eclíptica — por exemplo, no recanto assinalado com *H* [Fig. 17] — existe um espaço bastante grande capaz de conter uma ou mais esferazinhas do segundo elemento [Arts. 61 e 62], e no qual não haja senão matéria do primeiro, pode facilmente observar-se que as esferazinhas situadas no cone *dHf*, que tem por base o hemisfério *def*, devem avançar todas ao mesmo tempo para este espaço para o encher.

78. Como o envia para eclíptica.

Já demonstrei isto acima [Art. 62] a respeito das esferazinhas compreendidas no triângulo que tem como base a eclíptica do Sol, embora ainda não considerasse que a matéria do primeiro elemento contribuía para isso. Mas tendo em conta isto, compreender-se-á agora melhor a mesma coisa, não só a respeito das esferazinhas que se encontram neste triângulo como também a respeito das outras situações do cone *dHf* [Fig. 17]. Efectivamente, enquanto esta matéria forma o corpo do Sol, empurra também as que se encontram no semicírculo *def* e, geralmente, tanto as que se encontram no cone *dHf* como as do semicírculo que corta *def* em ângulos rectos no ponto *e*. Enquanto não se move com mais força para eclíptica *e* do que para os pólos *d* e *f*, e para todas as outras partes da superfície esférica *defg*, e enquanto imaginamos que ela preenche o espaço *H*, dispõe-se a sair do local onde está para se dirigir para *C* e daqui, passando pelos turbilhões *L* e *K* e outros semelhantes, regressar a *S*. É por isso que ela não impede, de maneira alguma, que todas as esferazinhas contidas no cone *dHf* não avancem para *H* e, ao mesmo tempo que avançam, dos turbilhões *K* e *L* e semelhantes provém tanta matéria do primeiro elemento para o Sol quanta a do segundo que entra para o espaço *H*.

79. Por vezes os corpos que se movem facilmente estendem a sua acção até demasiado longe.

Pelo contrário, nada as impede de avançar para *H*, que logo as dispõe aí, pois todo o corpo que se move tende a continuar o seu movimento em linha recta, como acima demonstrei. E assim, esta matéria do primeiro elemento que se encontra no espaço *H* é extremamente agitada e tem mais facilidade em passar em linha recta para *C* do que andar à volta no lugar onde está [e porque não há vazio, é necessário que haja sempre um círculo de matéria que se move todo ao mesmo tempo, como já demonstrei anteriormente]. Mas quanto maior é o círculo da matéria que se move assim conjuntamente, tanto mais livre é o movimento de cada uma das suas partes, dado que se faz em linha menos curva ou menos diferente da recta. Por isso, não é estranho que muitas vezes o movimento dos corpos mais pequenos estenda a sua acção até grandes distâncias, e assim a luz do Sol e das estrelas mais afastadas chega momentaneamente à Terra.

80. Como é que o Sol envia a sua luz para os pólos.

[Tendo assim visto como o Sol age sobre a eclíptica, podemos ver também como age sobre os pólos] se supusermos que há qualquer espaço, como por exemplo no ponto *N*, que só esteja preenchido pelo primeiro elemento, ainda que seja suficientemente grande para conter algumas partes do segundo. Uma vez que a matéria que forma o corpo do Sol empurra de todos os lados e com grande força a superfície do céu que a rodeia, é evidente que deve fazer avançar para *N* todas as partes do segundo elemento compreendidas no cone *eNg*, embora provavelmente estas partes não tenham em si nenhuma tendência para se moverem para aí, dado que também não têm nenhuma que as leve a resistir à acção que as empurra; e a matéria do primeiro elemento com que preenche o espaço *N* também não as impede de aí entrar, pois está inteiramente disponível para sair e ir na direcção de *S*, enchendo o lugar que deixam atrás delas na superfície do Sol *efg* à medida que avançam para *N*. E nisto não há nenhuma dificuldade, se bem que para este efeito seja necessário que enquanto toda a matéria do segundo elemento situado no cone *eNg* avança em linha recta de *S* para *N*, a do primeiro deve mover-se completamente ao contrário, de *N* para *S*, pois esta passa facilmente pelos pequenos intervalos que as partes das outras deixam à volta delas, e assim o seu movimento não pode impedir nem ser impedido pelo delas. É o que vemos numa ampulheta em que o ar fechado no recipiente inferior não é impedido de subir para a superfície através dos grãozinhos de areia que dele caem, ainda que tenham de passar através deles.

81. Provavelmente não tem tanta força nos pólos como na eclíptica.

Podemos levantar aqui uma questão, a saber: se as esferazinhas do cone *eNg* são empurradas com tanta força para *N* pela mesma matéria do Sol como as do cone *dHf* para *H* pela mesma matéria do Sol só pelo próprio movimento [que faz com que tendam a afastar-se do centro *S*]. Aparentemente, esta força não é igual se se supuser que *H* e *N* estão equidistantes do ponto *S*. Mas como já observei que a distância entre o Sol e a circunferência do céu que o rodeia é menor nos seus pólos do que na eclíptica, parece-me que para serem também tão fortemente empurradas para *N* como para *H* é necessário que a recta *SH* seja pelo menos tão grande em relação à linha *SN* como *SM* em relação a *SA*. Não há um único fenómeno na Natureza que nos possa garantir a verdade disto por experiência, isto é: por vezes um cometa cruza uma parte tão grande do nosso céu que primeiramente o vemos na direcção da eclíptica, depois na direcção de um dos pólos e de novo em direcção da eclíptica; e assim, tendo em conta a sua distância, podemos calcular se a sua luz (que, como direi a seguir [Art. 130], lhe vem do Sol) é mais forte na eclíptica do que nos pólos, ou se é simplesmente igual.

82. Que diversidade existe na grandeza e nos movimentos das partes do segundo elemento que constituem os céus.

Falta ainda observar que as partes do segundo elemento mais próximas do centro de cada turbilhão são mais pequenas e movem-se mais depressa do que aquelas que se encontram um pouco mais afastadas, mas só até certo ponto, pois para além dele as mais altas movem-se mais depressa do que as mais baixas. Quanto à sua grandeza são iguais: por exemplo, pode pensar-se que no primeiro céu as partes mais pequenas do segundo elemento são as que estão contíguas à superfície do Sol e as mais afastadas são as maiores de acordo com os diferentes níveis em que se encontram até à superfície da esfera irregular *HNQR*; mas as que se encontram para além desta esfera são todas do mesmo tamanho e as que se movem mais lentamente encontram-se na superfície *HNQR*. De modo que as partes do segundo elemento dirigidas para *H* e *Q* talvez gastem trinta anos ou mais a descrever um círculo à volta dos pólos *A* e *B*. Por sua vez, as mais altas dirigem-se para *M* e *Y* e as mais baixas para *e* e *g*, movendo-se tão depressa que só gastam algumas semanas a fazer a sua volta.

83. Por que razão as mais afastadas do Sol, no primeiro céu, se movem mais depressa do que aquelas que se encontram um pouco mais perto.

Primeiramente, é fácil provar que as dirigidas para *M* e *Y* se devem mover mais depressa do que as mais baixas dirigidas para *H* e *Q*. Como supus [Arts. 47 e 48] que no princípio do mundo todas as partes eram iguais (no que penso ter razão enquanto não houver nada que me obrigue a considerá-las desiguais), e ainda pelo facto de que o céu que as contém e as transporta consigo circularmente [como num turbilhão] não é completamente redondo — quer porque os outros turbilhões contíguos não são iguais entre si, quer também por serem mais estreitos relativamente aos centros destes turbilhões do que em relação a outros espaços —, então torna-se necessário que de vez em quando algumas das suas partes se movam mais depressa do que as outras, isto é, quando mudam de lugar para passar de uma via mais larga para outra mais estreita. Por exemplo, pode ver-se que as duas esferas entre os pontos *A* e *B* não podem passar entre os dois outros pontos *C* e *D* [que suponho serem vizinhos] a não ser que uma se adiante à outra, indo por conseguinte mais depressa. Ora, enquanto todas as partes do segundo elemento que constituem o primeiro céu tendem a afastar-se do centro *S*, logo que outra ande mais depressa do que as

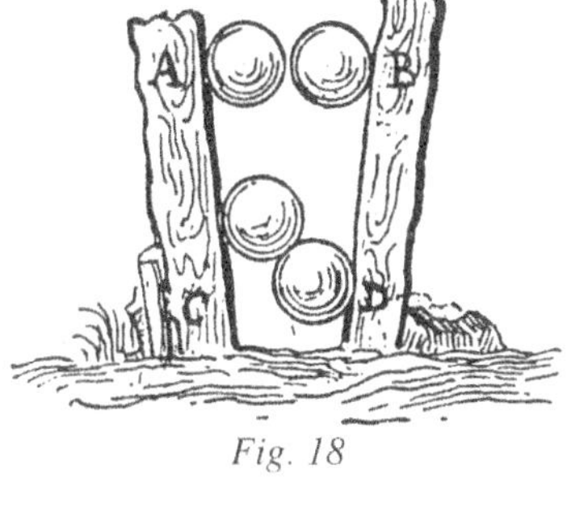

Fig. 18

mais distantes esta velocidade incute-lhe mais força e faz com que passe por cima delas, de tal modo que aquelas que se movem mais depressa são sempre as que estão distantes. Não posso calcular a sua velocidade porque só a experiência nos permite apreendê-la, e esta experiência só é possível por meio dos cometas [os quais, como demonstrarei a seguir [Art. 128], atravessam de um céu para outro e seguem o curso daquele em que se encontram]. Também não posso calcular a lentidão do movimento do círculo *HQ*, porque só o conhecemos observando o curso de Saturno [que demora trinta anos], tendo portanto de ser compreendido neste círculo, como se verá pelo que se segue [Art. 148].

84. Por que razão as partes que estão mais perto do Sol se movem mais depressa do que aquelas que se encontram um pouco mais longe.

Também é fácil de provar que as partes do segundo elemento situadas dentro do círculo *HQ* [Fig. 17] que estão mais perto do centro *S* devem fazer a sua volta em menos tempo do que as mais afastadas, pois o movimento do Sol à volta do seu próprio centro aumenta de velocidade. Enquanto o Sol se move mais depressa do que elas, saindo dele continuamente algumas partes da sua matéria que deslizam por entre as do segundo elemento na direcção da eclíptica, e também recebendo outras nos pólos, é evidente que deve levar consigo até a uma determinada distância toda a matéria do céu que está à sua volta. E os limites desta distância estão aqui representados pela elipse *HNQR* e não por um círculo: pois ainda que o Sol seja redondo e empurre com a mesma força quer as partes do Sol dirigidas para os pólos quer as dirigidas para a eclíptica, contudo — devido à acção da sua luz [Art. 63] — não é possível afirmar o mesmo desta acção pela qual arrasta consigo as partes que lhe estão mais próximas, porque isso depende apenas do movimento circular que efectua à volta do seu eixo, o qual tem indubitavelmente menos força nos pólos do que na eclíptica; é por isso que *H* e *Q* devem estar mais afastados do centro *S* que *N* e *R*. E isto destina-se a explicar como as caudas dos cometas nos parecem algumas vezes rectas e outras curvas [Art. 138].

85. Por que razão as partes mais próximas são mais pequenas do que as afastadas.

Ora, pelo facto de as partes do segundo elemento mais perto do Sol se moverem mais depressa do que as mais afastadas até ao ponto do céu assinalado com *HNQR*, pode provar-se que também devem ser mais pequenas. Se fossem maiores ou iguais deslocar-se-iam por cima das outras, pois como têm mais velocidade também teriam mais força. Mas quando alguma destas partes se torna mais pequena proporcionalmente às que estão por cima dela, a velocidade com que as ultrapassa — por estar mais perto do Sol — não aumenta a sua força tanto quanto aumenta a grande força com que estes astros a ultrapassam. Assim, é evidente que deve permanecer sempre abaixo dela [na direcção do Sol, ainda que se mova mais depressa]. E ainda que tenha partido do suposto de que estas partes do segundo elemento eram inicialmente idênticas [Art. 48], com o decorrer do tempo algumas delas ter-se-ão tornado mais pequenas porque os espaços por onde foram compelidas a passar não eram todos iguais devido a qualquer desigualdade no seu movimento, como acabei de demonstrar [Art. 83]. [Isto originou também alguma desigualdade na sua grandeza, dado que as mais velozes chocaram entre si com mais força, perdendo assim mais da sua matéria]. E não deve ter sido tão pouca, pois com o decorrer do tempo tornaram-se notoriamente mais pequenas do que as outras, não sendo fácil acreditar que elas sejam suficientes para preencher o espaço *HNQR*, que é extremamente pequeno comparado com todo o céu *AYBM*, se bem que comparado com o Sol seja bastante grande. Mas a proporção entre eles não pôde ser representada nesta figura [Fig. 17], pois haveria que fazê-la muitíssimo maior. Há ainda outras desigualdades a assinalar sobre o movimento das partes do céu, principalmente daquelas que estão situadas no espaço *HNQR*, mas poderão ser mais facilmente explicadas já a seguir.

86. Estas partes do segundo elemento têm diversos movimentos que as tornam redondas [em todos os sentidos].

Finalmente, não nos podemos esquecer de que embora a matéria do primeiro elemento, que vem dos turbilhões *KL* e semelhantes, se dirija principalmente para o Sol, nem por isso deixa de se dirigir de diversos lados para os outros espaços do céu *AYBM*, e de lá passar para os turbilhões *CO* e semelhantes, sem ser até ao Sol, encaminhando-se de diversos lados por entre pequenas partes do segundo elemento e fazendo com que cada uma se situe não só à volta do seu centro, mas muitas vezes também de variadas maneiras. Assim, é evidente que com o decorrer do tempo algumas figuras — que estas partes do segundo elemento tiveram inicialmente — se tornaram totalmente redondas como esferas e não apenas como cilindros ou outros sólidos, que só são redondos de um lado.

87. Há diversos graus de agitação nas partículas do primeiro elemento.

Após esta primeira noção da natureza dos dois primeiros elementos, devemos procurar conhecer a do terceiro. Para tal torna-se necessário considerar que a matéria do primeiro não é igualmente agitada em todas as suas partes e que numa pequeníssima quantidade desta matéria muitas vezes há graus de velocidade tão diversos que seria impossível assinalá-los. Isto pode ser facilmente demonstrado pela maneira como supus que ela foi produzida [Art. 49] ou pela finalidade a que deve destinar-se continuamente. Anteriormente supus que fora produzida porque as partes do segundo elemento ainda não eram redondas e preenchiam completamente o espaço que as continha, e assim não puderam movimentar-se sem eliminar as pequenas arestas dos seus ângulos e sem que aquilo que se separou delas, à medida que se arredondaram, alterasse diversamente as figuras para preencher exactamente todos os pequenos intervalos que deixaram à sua volta, razão pela qual adquiriu a forma do primeiro elemento. E creio que ainda agora a sua finalidade é preencher todos os pequenos espaços que se encontram entre todos os corpos, sejam quais forem. Donde se segue que cada uma das partes iniciais deste primeiro elemento não devia ser maior do que as pequenas arestas dos ângulos que se pode extrair das do segundo elemento para poderem mover-se ou, quando muito, maior do que o espaço encontrado entre três destas partes do segundo elemento, unidas depois de arredondadas, e que após tudo isto algumas pudessem conservar o mesmo tamanho; pelo contrário, foi necessário que as outras se despedaçassem e se dividissem numa infinidade de partículas mais pequenas, sem nenhuma grossura nem figura determinada de modo a poderem ajustar-se às diversas grandezas do segundo elemento enquanto se moviam. Por exemplo, se pensarmos que as esferazinhas *ABC* são três destas partes do segundo elemento e que as duas primeiras *A* e *B* que se tocam no ponto *G* só se movem à volta do próprio centro, enquanto a terceira, *C*, contígua à primeira no ponto *E*, rola na superfície desta primeira de *E* para *I* até que o seu ponto *D* encontre o ponto *F* da segunda, é evidente que a matéria do primeiro elemento, situada no triângulo *FIG*, pode todavia permanecer aí sem ter nenhum movimento, sendo portanto constituída apenas por uma única parte (embora possa ser constituída por várias), mas só pode ficar se aquela que preenche o espaço *FIELD* se mover. E mesmo que não se pudesse determinar nenhuma parte tão pequena entre os pontos *F* e *D* que não fosse maior do que aquela que deve sair continuamente da linha *FD*, já que a esfera *C* percorre esta linha *FD* sempre que se aproxima de *B*, isso origina os sucessivos comprimentos diferentes, impossíveis de exprimir através de qualquer número.

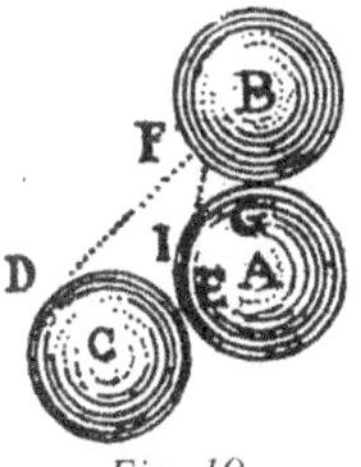

Fig. 19

88. Aquelas partes que têm menos velocidade perdem facilmente alguma e unem-se entre si.

Assim, deve haver algumas partes na matéria do primeiro elemento que são mais pequenas e menos agitadas do que outras. E porque supomos que nasceram do desgaste dos contornos das partes do segundo elemento enquanto se arredondavam, as suas figuras teriam certamente muitos ângulos e oporiam muita resistência. Foi por este motivo se que uniram facilmente umas às outras, transferindo uma grande parte da sua agitação para as mais pequenas e mais agitadas, pois, de acordo com as leis da Natureza [Parte II – Art. 40], quando os corpos de diversos tamanhos se misturam e muitas vezes o movimento de um transmite-se aos outros. [Mas são mais as vezes em que um dos maiores tem de passar o seu movimento para os mais pequenos do que, inversamente, os mais pequenos podem transmitir o seu aos maiores, de modo que podemos estar seguros de que estes mais pequenos são normalmente os mais agitados].

89. É principalmente na matéria que se encaminha dos pólos para o centro de cada turbilhão que se encontram tais partes.

E as partes que assim se unem umas às outras e conservam a menor agitação encontram-se principalmente na matéria do primeiro elemento que se encaminha em linha recta dos pólos de cada turbilhão para o seu centro. Efectivamente, não são tão agitadas só por causa deste movimento em linha recta, mas também devido aos outros mais afastados e diferentes que ocorrem noutros locais. Por conseguinte, quando se encontram nestes locais são habitualmente impelidas para o movimento em linha recta, juntando-se a outros e formando pequenos corpos cuja figura procurarei explicar aqui, porque merece ser assinalada.

90. Qual é a figura destas partes que classificaremos como caneladas.

Antes de mais, devem ter a figura de um triângulo na sua largura e altura, dado que passam por estes pequenos espaços triangulares que se encontram no meio de três das partes do segundo elemento quando se tocam. Não é fácil determinar o seu comprimento, pois parece depender apenas da abundância da matéria que se encontra nos recantos em que estes pequenos corpos se formam. Mas basta concebê-las como pequenas colunas caneladas, com três sulcos ou canais, e curvas como a concha do caracol, de tal modo que elas podem passar, volteando pelos pequenos intervalos que têm a figura de um triângulo curvilíneo *FIG* e que, infalivelmente, se encontram entre três esferas quando chocam entre elas. Uma vez que estas partes caneladas podem ser muito mais compridas do que largas, passando muito rapidamente por entre as partes do segundo elemento enquanto estas seguem a trajectória do turbilhão que as arrasta à volta do seu eixo, concebe-se facilmente que os três canais [que se encontram na superfície de cada uma] devem girar em parafuso ou como uma concha, estando mais ou menos afastados deste eixo porque as partes do segundo elemento giram mais depressa nos locais mais afastados do que nos mais próximos [Art. 83].

91. Entre estas partes caneladas, as que vêm de um pólo são curvadas de um modo muito diferente das que vêm do outro.

Dado que vêm para o meio do céu de dois lados opostos um ao outro, a saber, umas do pólo norte e outras do pólo sul, é evidente que, enquanto todo o céu gira no mesmo sentido sobre o seu eixo, aquelas que vêm do pólo norte devem estar encurvadas em concha num sentido diferente do daquelas que vêm do sul. Esta particularidade deve ser fortemente sublinhada [Parte IV – Art. 133] porque é principalmente dela que depende a força ou a virtude do íman.

92. Só há três canais na superfície de cada uma.

Para evitar que se pense, infundadamente, que defendo que estas partes do primeiro elemento têm apenas três canais na sua superfície, não obstante as partes do segundo não se tocarem sempre de tal maneira que os intervalos entre elas tenham a figura de um triângulo, pode também ver-se agora como as outras figuras cujos intervalos se situam entre estas partes do segundo elemento têm sempre os seus ângulos totalmente iguais aos do triângulo *FGI*. De resto, movem-se constantemente, o que faz com que as partes caneladas que passam por estes intervalos adquiram aqui a figura que já descrevi. Por exemplo, as quatro esferas *ABCH* que se tocam nos pontos *KLGE* deixam no meio delas um espaço que tem quatro ângulos, cada um deles igual a cada ângulo do triângulo *FGI*. E porque estas esferazinhas, ao moverem-se, mudam incessantemente a figura deste espaço, que ora é quadrado, ora mais comprido do que largo, dividindo-se também por vezes em dois espaços cada qual com a figura de um triângulo, isto faz com que a matéria do primeiro ele-

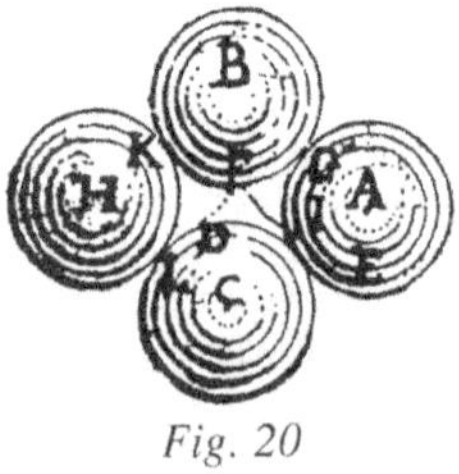

Fig. 20

mento — que é a menos agitada que aí se encontra — seja compelida a sair para um ou dois destes ângulos, deixando o restante espaço para a matéria mais agitada, que a todos os instantes pode mudar a figura para se ajustar a todos os movimentos destas esferazinhas. Se alguma parte da matéria deste elemento, assim retirada para um destes ângulos, porventura se estender para o lado oposto a este ângulo para além do espaço igual ao triângulo *FGI*, chocará e dividir-se-á devido ao choque da terceira esfera quando se encaminhar para atingir as outras duas que fazem o ângulo em que esta matéria se retirou. Por exemplo, se depois de se retirar para o ângulo *G* a matéria (que não é a mais agitada) se estender para *D* para mais longe do que a linha *FI*, a esfera *C* rolará para *B* e apanhá-la-á fora deste ângulo, ou afastar-se-á, o que a impedirá de fechar o triângulo *FGI*. Como as partes do primeiro elemento, mais pequenas e menos agitadas enquanto andam nos céus, muitas vezes devem encontrar-se entre três esferas que assim avançam para chocar entre si, não parece que possam ter alguma figura determinada que se mantenha por algum tempo, excepto aquela que acabei de descrever.

93. Entre as partes caneladas e as mais pequenas do primeiro elemento há uma infinidade de grandezas diferentes.

Ora, ainda que as partes caneladas sejam muito diferentes das partes mais pequenas do primeiro elemento, nem por isso deixo de as incluir neste primeiro elemento, na medida em que se encontram à volta das partes do segundo, não só porque não produzem quaisquer efeitos, mas também porque entre estas partes caneladas e as mais pequenas existem outras médias com uma infinidade de grandezas diferentes, o que aliás é fácil de provar pela diversidade dos locais por onde passam e que elas preenchem.

94. Como é que se produzem as manchas no Sol ou nas estrelas.

Quando a matéria do primeiro elemento forma o corpo do Sol ou de qualquer estrela, tudo o que nela existe de mais subtil e que não se desvia aquando do choque das partes do segundo elemento adapta-se ao movimento mais rápido do conjunto. Isto faz com que as partes caneladas e outras um pouco menos espessas (que, devido à irregularidade das suas figuras, não podem receber um movimento tão rápido) sejam atiradas pelas mais subtis para fora do astro que constituem, unindo-se então facilmente entre elas e nadando na sua superfície, onde perdem a forma do primeiro elemento e adquirem a do terceiro.

Quando atingem uma grande quantidade, impedem a acção da luz, originando manchas parecidas com aquelas que se observam no Sol. Do mesmo modo, e pela mesma razão, normalmente vemos a espuma sair para fora dos líquidos que fervem, pois quando não são puros têm partes que não são tão fortemente agitadas pela acção do fogo e por isso separam-se e juntam-se facilmente, constituindo esta espuma.

95. Qual é causa das principais propriedades destas manchas.

Assim, é fácil compreender por que razão estas manchas costumam aparecer no Sol sobretudo na região da eclíptica e não tanto nos pólos, e por que razão têm figuras muito irregulares e inconstantes; e, finalmente, por que razão elas se movem à volta dele, provavelmente não tão depressa como a matéria que a constitui, mas pelo menos conjuntamente com a do céu que a rodeia, já que a espuma, ao nadar na superfície do líquido, segue também o seu percurso, apesar de adquirir diversas figuras.

96. Como se destroem e se produzem novas manchas.

E como há muitos líquidos que, continuando a ferver, dissipam a espuma anteriormente produzida, então devemos pensar que na superfície do Sol as manchas se destroem com a mesma facilidade com que aparecem. Isto não acontece com toda a matéria do Sol mas apenas com aquela que novamente entrou nele e que forma essas manchas. Enquanto as partes menos subtis desta nova matéria se separam e se unem continuamente umas às outras, originam assim novas manchas ou aumentam as já feitas; e a outra matéria, que estava há mais tempo no Sol, onde se purificou e se subtilizou completamente, regressa com tanta violência que continuamente arrasta consigo alguma parte das manchas que estão na sua superfície, desfazendo-se ou dissolvendo-se quase instantaneamente à medida que as outras se vão produzindo. A experiência demonstra que toda a superfície do Sol, excepto a que está voltada para os seus pólos, está normalmente coberta com a matéria que constitui estas manchas, ainda que propriamente não lhes demos o nome de manchas a não ser nos locais em que é tão espessa que notoriamente obscurece a luz que nos chega aos olhos.

97. Por que razão as suas extremidades algumas vezes parecem coloridas com as mesmas cores do arco-íris.

Quando estas manchas são bastante espessas e cerradas, pode acontecer que a matéria do Sol, que as dissolve lentamente quando desliza sobre elas, as diminua mais na sua circunferência do que no meio, e assim na circunferência as suas extremidades tornam-se mais transparentes e menos espessas do que no meio, o que faz com que a luz que passa entre elas sofra uma refracção. Daqui se segue que estas extremidades apareçam coloridas com as cores do arco-íris, pelas razões que expliquei no outro discurso dos *Meteoros*: muitas vezes num prisma ou triângulo de cristal observa-se cores semelhantes às destas manchas.

98. Como é que as manchas se transformam em chamas ou, pelo contrário, as chamas em manchas.

Muitas vezes também pode acontecer que a matéria do Sol, ao passar debaixo das suas extremidades, as torne tão delgadas que lhes passa por cima e as soterra; e assim, presa entre elas e a superfície do céu, que está muito perto, a sua matéria é obrigada a mover-se mais depressa do que o normal: tal como os rios, que são mais rápidos nas passagens em que o leito se estreita muito (vendo-se aí também bancos de areia que se elevam até à tona de água) do que naquelas em que é mais largo e profundo. E dado que se move mais depressa, é claro que a luz parecerá mais viva do que nos outros espaços à superfície do Sol. Isto está perfeitamente de acordo com a experiência, porque muitas vezes observamos pequenas chamas em vez das manchas anteriormente observadas. Por outro lado, por vezes também observamos manchas nos sítios em que as pequenas chamas apareceram, sobretudo quando as manchas que precederam estas chamas só ficaram soterradas de um lado na matéria do Sol, e por conseguinte a nova matéria das manchas, que expele continuamente, detém-se e acumula-se do lado oposto a elas.

99. Quais as partes em que se dividem.

Além disso, quando estas manchas se desfazem, as partes em que se dividem não são completamente parecidas com aquelas de que estavam formadas, pois algumas são mais pequenas e por isso são mais maciças ou sólidas, dado que as suas extremidades se partiram, passando assim facilmente entre as partes do segundo elemento para ir para os centros dos turbilhões vizinhos. Outras são ainda mais pequenas, constituídas pelas extremidades das que se partiram, e também podem passar por todos os lados para o céu, ou serem repuxadas para o Sol, servindo para formar a sua substância mais pura. Finalmente, as outras permanecem mais volumosas dado que são compostas por várias partes caneladas, ou acrescentam-se a outras e não podem passar pelos espaços triangulares à volta das esferazinhas do segundo elemento no céu, entrando assim para o lugar de algumas destas esferas; mas como têm figuras irregulares e incómodas, não podem imitá-las na velocidade do seu movimento.

100. Como é que se forma uma espécie de ar à volta dos astros.

Quando estas partes se juntam entre elas sem se comprimirem constituem um corpo muito raro, semelhante ao ar mais puro que rodeia a Terra por cima das nuvens. Este corpo raro — que daqui em diante chamarei ar — circunda o Sol por todos os lados, alargando depois a sua superfície até à esfera de Mercúrio e talvez até mais longe. Mas ainda que receba continuamente novas partículas da matéria das manchas que se desfazem, nem por isso pode crescer infinitamente, dado que a agitação do segundo elemento, que passa a toda a volta e através de todo o seu corpo, espalha tantas partículas que continuamente lhe chegam outras novas e, dividindo-se em vários pedaços, readquire a forma do primeiro elemento. E assim constituem este ar ou estas manchas, quer à volta do Sol, quer à volta dos outros astros, que nisto são parecidos, assumindo a mesma forma que atribuo ao terceiro elemento, dado que são mais volumosas e menos apropriadas ao movimento do que as partes dos dois primeiros.

101. As causas que produzem ou dissipam estas manchas são muito incertas.

Dada esta facilidade em se produzirem manchas num astro, não há razão para acharmos estranho se por vezes não aparecer nenhuma no Sol ou se, pelo contrário, houver tantas que a sua luz se torne notoriamente mais obscura. Com efeito, duas ou três das partes menos subtis do primeiro elemento, que se juntam entre elas, já não são suficientes para formar o começo de uma mancha, à qual de imediato se juntam inúmeras outras partes que, se não se juntassem assim, não a encontrariam, já que este encontro diminui a força da sua agitação.

102. Por vezes uma única mancha cobre toda a superfície de um astro.

Há que observar que estas manchas são muito móveis e raríssimas quando começam a formar-se, e por vezes diminuem a agitação das partes do primeiro elemento que encontram e juntam-nas a si. Mas a matéria do Sol que corre intensamente debaixo delas, comprimindo a sua superfície do lado em que as toca, torna-as iguais e polidas desse lado e gradualmente mais cerradas e mais duras, ainda que permaneçam móveis e raras do lado voltado para o céu. E como não podem desfazer-se facilmente na matéria do Sol que corre debaixo delas — se é que não corre à volta dos seus bordos —, torna-as paulatinamente tão finas que pode passar por cima delas. Quando os seus bordos estão tão acima da superfície do Sol, não sendo de modo algum comprimidos pela sua matéria, podem aumentar mais do que diminuir, porque sempre se prendem mais algumas partes contra estes bordos. Por isso, uma só mancha pode tornar-se tão grande que acaba por se estender por toda a superfície do astro que a produziu, permanecendo durante algum tempo antes de se desfazer.

103. Por que razão algumas vezes o Sol é mais obscuro do que habitualmente e por que razão as estrelas não aparecem sempre com a mesma grandeza.

É por isso que alguns historiadores nos contam que outrora o Sol pareceu mais pálido do que o normal, durante vários dias e mesmo até durante um ano inteiro, mostrando apenas uma luz muito pálida e sem raios, quase como a da Lua. Também observamos certas estrelas que nos parecem mais pequenas e outras maiores do que outrora apareceram aos astrónomos que expressaram a sua grandeza nos seus escritos. Penso que isto só tem uma justificação: estando agora mais ou menos cobertas de manchas que antes não tinham, a sua luz deve parecer-nos mais sombria ou mais viva.

104. Por que razão algumas manchas desapareceram e aparecem de novo.

Com o decorrer do tempo as manchas que cobrem qualquer astro podem tornar-se tão espessas que nos tapam completamente a vista. Por isso, antigamente contavam-se sete Plêiades, quando actualmente apenas vemos seis. Também pode acontecer o contrário: um astro antes não avistado pode aparecer de repente, surpreendendo-nos pelo brilho da sua luz, isto é, até aí o corpo deste astro esteve certamente coberto por uma mancha muito espessa, tapando-nos completamente a vista, e agora a luz do primeiro elemento, que aí aflui mais abundante do que normalmente, espalha-se pela superfície externa dessa mancha; e assim, cobre-a em pouco tempo e este astro aparece-nos com tanta luz como se não estivesse envolvido por nenhuma mancha. E pode assim continuar por muito tempo para depois aparecer com esta mesma luz, ou também perdê-la gradualmente. Foi o que aconteceu nos finais do ano 1572, quando uma estrela anteriormente nunca avistada apareceu com o signo de Cassiopeia, com uma luz muito brilhante e muito viva, obscurecendo-se paulatinamente até desaparecer por completo no início do ano 1574. E vemos algumas no céu que os antigos não viram, mas que não desapareceram de repente. Procurarei explicar tudo isto de seguida.

105. Há poros nas manchas por onde as partes caneladas têm passagem livre.

Suponhamos, por exemplo, que o astro *I* está completamente coberto com a mancha *defg*, e consideremos que esta mancha não é tão espessa que não tenha vários pólos ou pequenos orifícios por onde a matéria do primeiro elemento pode passar até às suas partes caneladas. Sendo muito móvel e muito rara no início, teve inúmeros destes poros. E mesmo que as suas partes se tenham tornado mais densas e duras a seguir, contudo as partes caneladas e outras do primeiro elemento continuaram a passar por dentro dos seus poros, não permitindo que se fechassem por completo, mas apenas que se tivessem apertado, de tal maneira que só ficou o espaço necessário para dar passagem a estas partes caneladas (que são as mais grossas do primeiro elemento) pelo lado por onde habitualmente entram. Deste modo, os poros por onde passam as que vêm de um dos pólos para *I* não seriam apropriados para as receber se não regressassem de *I* para este mesmo pólo, nem até para receber as que vêm do outro pólo, já que aquelas regressaram em concha de outra maneira.

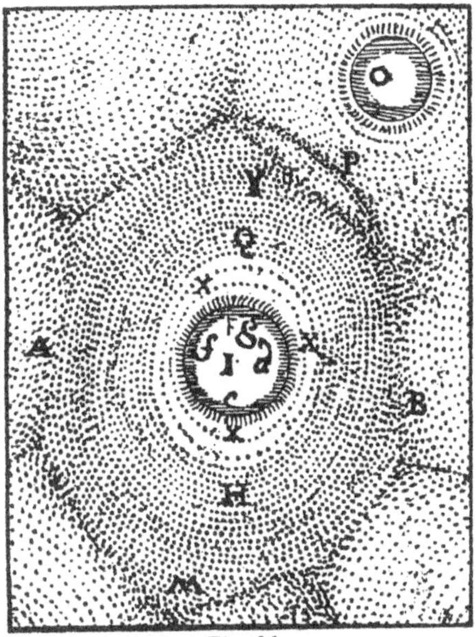

Fig. 21

106. Por que razão não podem regressar pelos mesmos poros por onde entram.

Assim, é necessário pensar que as partes caneladas que incessantemente correm de *A* para *I*, isto é, de toda a parte do céu que está à volta do pólo *A* para a parte de céu *HIQ*, formaram certos poros na mancha *defg*, seguindo as linhas rectas paralelas ao eixo *fd* (ou talvez estejam muito mais próximas uma da outra, tanto para *d* como para *f*, dado que o espaço voltado para *A*, donde vêm, é mais amplo do que aquele para onde se dirigem, na direcção de *I*), e que as entradas destes poros se dispersaram por toda a metade da superfície *efg*, e as saídas na outra metade *edg*. Assim, as partes caneladas que vêm de *A* podem entrar facilmente para *efg* e sair por *edg*, mas não regressar por *edg*, nem sair por *efg*. A razão está em que esta mancha só se formou com partes do primeiro elemento, que eram muito pequenas e com figuras muito irregulares — unindo-se entre si como raminhos todos amontoados —, e assim as partes caneladas vindas de *A* por *F* para *d* devem ter-se dobrado, inclinando de *f* para *d* todas as extremidades destes raminhos que encontraram ao passarem pelos poros que formaram. Assim, se voltassem a passar de *d* para *f* pelos mesmos poros, no sentido oposto a estas extremidades encontrariam raminhos que teriam dobrado dessa maneira e, endireitando-os um pouco, tapariam a passagem. Da mesma maneira, as partes caneladas que vêm do pólo *B* formaram outros poros nesta mancha *defg* cuja entrada se situa na metade *edg* desta mancha e a saída na outra metade *efg*.

107. Por que razão aquelas que vêm de um pólo devem ter tantos poros como as que vêm do outro.

E há que observar que estes poros são cavados no interior, como os sulcos de um parafuso [no sentido adequado] para dar livre passagem às partes caneladas que habitualmente recebem. Assim, aquelas por onde passam as partes caneladas que vem vêm de um pólo não poderiam receber as que viessem do outro, porque as suas ranhuras ou canais estão encurvados em concha de uma maneira totalmente contrária.

108. De que modo a matéria do primeiro elemento começa a correr por estes poros.

Por conseguinte, a matéria do primeiro elemento que vem de ambos os pólos pode passar por estes poros até ao astro *I* [Fig. 21]. E porque as partes caneladas são mais volumosas, tendo por conseguinte mais força para continuar o seu movimento em linha recta, não costumam deter-se aí; mas as que entram por *f* saem por *d*, por onde chegam ao céu e encontram ou as partes do segundo elemento ou a matéria do primeiro vindo de *B*; ora, essas partes impedem-nas de passar mais adiante em linha recta e obriga-as a regressar de todos os lados entre as partes assinaladas com *xx* na direcção de *efg* (o hemisfério da mancha pelo qual entraram neste astro). E todas estas partes caneladas que podem encontrar espaço dos poros desta mancha (ou destas manchas, porque pode haver várias, umas sobre as outras, como a seguir demonstrarei) entram por eles no astro *I*, saindo a seguir pelo hemisfério *edg* e regressando pelo ar de todos os lados para o hemisfério *efg*, formando assim uma espécie de turbilhão à volta deste astro. Mas aquelas que não podem encontrar espaço nestes poros quebram-se e espalham-se devido ao choque das partes deste ar, ou então são afastadas para as partes do céu mais próximas da eclíptica *HQ* [ou *MY*]. Note-se que as partes caneladas que vêm de *A* para *I* não são tão numerosas como aquelas que continuamente ocupam todos os poros que lhes podem dar passagem através da mancha *efg*, porque também não ocupam no céu todos os intervalos situados à volta destas esferazinhas do segundo elemento, devendo haver entre elas muita matéria mais subtil para preencher todos estes intervalos, não obstante os diversos movimentos destas esferas. A matéria mais subtil, vinda de *A* para *I* com as partes caneladas, encontrar-se-ia com ela nos poros da mancha *efg* se as outras partes caneladas saídas desta mancha pelo seu hemisfério *edg* — que de lá regressaram para *f* pelo ar *xx* — não tivessem mais força do que ela para o ocupar. De resto, o que acabo de dizer sobre as partes caneladas que vêm do pólo *A* e e que entram pelo hemisfério *efg* deve entender-se da mesma maneira para aquelas que vêm do pólo *B* e que entram pelo hemisfério *edg*. A saber: cavaram passagens encurvadas em concha do lado oposto às outras, pelas quais correm através do astro *I* de *d* para *f*, regressando depois para *d* pelo ar *xx*, originando assim uma espécie de turbilhão à volta deste astro. Além disso, há sempre tantas partes caneladas que se desfazem ou que se dirigem no céu para a eclíptica *MY* quantas as novas surgidas do pólo *B*.

109. Nestas manchas há ainda outros poros que atravessam as precedentes.

O resto da matéria que forma o astro *I* gira à volta do eixo *fd* e esforça-se continuamente por se afastar e dirigir-se no céu para a eclíptica *MY*. Por isso, desde o princípio formou-se de outros poros e conservou-os posteriormente na mancha *defg*, atravessando as precedentes. E há sempre algumas partes desta matéria que saem por eles, e que também entram sempre pelos outros poros pelas partes caneladas: as partes desta mancha estão tão unidas entre si que o astro *I*, que elas circundam, não se pode tornar maior nem mais pequeno do que é. Por conseguinte, deve sair dele sempre tanta matéria como a que entra.

110. Estas manchas cobrem os astros e impedem a sua luz.

E pela mesma razão, a força em que consiste a luz dos astros — como atrás referi [Arts. 77 e 78] — deve estar completamente extinta nesta, ou pelo menos enfraquecida. Com efeito, enquanto a sua matéria se move à volta do eixo *fd* toda a força com que tende a afastar-se deste eixo fica amortecida contra a mancha e não age contra as partes do segundo elemento que estão para além. E, ao sair deste astro, a força com que as partes caneladas vindas de um pólo tendem directamente para o outro também não tem nenhum efeito, porque estas partes caneladas nunca se movem tão depressa como o resto da matéria do primeiro elemento; e são tão pequenas, comparadas com as do segundo, que teriam de empurrar para provocar a luz, além de que as partes que saem deste astro não têm mais força para empurrar a matéria do céu para os pólos do que aquelas que vêm dos pólos e a repelem ao mesmo tempo para este astro.

111. Uma nova estrela pode aparecer de repente no céu.

Mas isto não impede que a matéria do segundo elemento — que rodeia este astro e forma o turbilhão *AYBM* [Fig. 21] — não conserve a força com que de todos os lados impele, os outros turbilhões que o rodeiam. Ainda que esta força seja demasiado pequena para que os nossos olhos sintam a sua luz (já que o turbilhão deve estar muito distante), todavia pode ser bastante grande para ultrapassar a dos outros turbilhões vizinhos, empurrando-os com uma força maior do que aquela com que é empurrado por eles, e consequentemente o astro *I* torna-se maior se não estiver limitado de todos os lados pela mancha *defg*. Se *AYBM* for a circunferência, tendem a passar mais além e entrar para o lugar dos outros turbilhões vizinhos, e essa circunferência não será maior nem menor mas exactamente igual à da matéria destes turbilhões que tende a avançar para *I*, porque não há nenhuma causa a não ser a igualdade destas forças que faça com que esta circunferência esteja onde está e não mais próxima nem mais afastada de I. E se pensarmos, por exemplo, que a força da matéria do turbilhão *O* pressiona a do turbilhão *I* sem ter mudado nada na dos outros (e isto pode acontecer por várias causas, como se a sua matéria corresse para algum dos turbilhões que o tocam, ou então cobrindo-se de manchas, etc.), então, e de acordo com as leis da Natureza, a circunferência do turbilhão *I* deve avançar de *Y* para *P*. Por conseguinte, seria também necessário que a circunferência do astro *I* se tornasse maior se não estivesse rodeada pela mancha *defg*, uma vez que toda a matéria deste turbilhão se afasta o mais possível do centro *I*. Porém, e dado que a mancha *defg* não permite que a grandeza deste astro se altere, só pode ocorrer que as pequenas partes do segundo elemento (que circundam esta mancha) se afastem umas das outras para ocuparem mais espaço do que antes; e podem afastar-se um pouco sem que se separem totalmente e sem deixarem de estar juntas nesta mancha, o que não causará nenhuma mudança de monta, dado que a matéria do primeiro elemento — que preencherá todos os intervalos à volta deles — estará de tal modo dividida que já não terá qualquer força. Mas se elas se afastarem muito umas das outras de modo que a matéria do primeiro elemento (que as impele ao sair da mancha, ou por qualquer outra causa) tenha a força suficiente para que algumas deixem de tocar a superfície desta mancha, então a matéria do primeiro elemento (que imediatamente preencherá todo o espaço entre elas) ainda terá força suficiente para separar algumas.

E porque a sua força aumentará quanto mais separado estiver da superfície desta mancha, e porque a sua acção é extremamente rápida, ela separará quase instantaneamente toda a superfície desta mancha da do céu, começando a correr entre eles da mesma maneira como aquela que forma o astro *I*, comprimindo de todos os lados a matéria do céu que a rodeia, e com tanta força quanta este astro utilizaria se não estivesse coberto de nenhuma mancha, aparecendo de repente uma luz muito brilhante.

112. Como é que uma estrela pode desaparecer gradualmente.

Ora, se esta mancha, ao iniciar o seu percurso na superfície exterior, for tão fina e rara que a matéria do primeiro elemento a poderia dissolver e fazer desaparecer, mesmo assim o astro *I* não desapareceria facilmente logo a seguir, porque para isso seria necessário formar nele uma nova mancha que cobrisse toda a superfície [Art. 102]. Mas se a mancha for tão espessa que a agitação da matéria do primeiro elemento não a consegue dissolver, torná-la-á então mais dura e densa na superfície exterior. E se as causas — que antes fizeram com que a matéria do turbilhão *O* recuasse de *Y* para *P* [Fig. 21] — se alterarem de modo a que, pelo contrário, ela avance aos poucos de *P* para *Y*, o que aí havia do primeiro elemento [entre a mancha *degf* e o céu] diminuirá e cobrir-se-á de outras manchas que irão obscurecer a sua luz paulatinamente. Posteriormente podem até acabar por se extinguirem completamente e ocupar por completo o espaço que o primeiro elemento preencheu entre a mancha *defg* e o céu *xx*. Com efeito, quando as partes do segundo elemento que formam o turbilhão *O* avançam de *P* para *Y* comprimirão todas as partes do turbilhão *T* situadas na sua circunferência exterior *APBM*, e logo a seguir também todas as da sua circunferência interior *xx*; e, assim pressionadas e introduzidas nos poros do ar — que se encontra à volta de cada astro [Art. 100] —, farão com que as partes caneladas e outras menos subtis do primeiro elemento [que saem do astro *I*] não entrem tão livremente como habitualmente no céu *xx*; é por isso que são obrigadas a unir-se umas às outras e formar manchas, ocupando então todo o espaço situado entre *defg* e originando como que uma nova crosta por cima da primeira que recobre o astro *I*.

113. As partes caneladas fazem várias passagens em todas as manchas.

Do mesmo modo, com o tempo podem formar-se outras crostas no mesmo astro, pelas quais as pequenas partes caneladas efectuam passagens para continuarem o seu percurso sem interrupções através de todas estas manchas como se fossem uma só. Com efeito, e porque são apenas compostas de matéria do primeiro elemento, são muito móveis no início e facilmente deixam passar estas partes caneladas que continuam sempre o mesmo curso enquanto as manchas endurecem, impedindo assim que as vias já abertas não fiquem tapadas. Mas não acontece o mesmo com o ar que rodeia os astros, pois embora esse ar seja formado com o resto das manchas, as suas partes mais volumosas conservam ainda algumas aberturas feitas pelas partes caneladas; e dado que obedecem aos movimentos da matéria do céu que se mistura com elas, e como não se encontram sempre na mesma situação, as entradas e saídas destas aberturas não se relacionam entre si. Assim, as partes caneladas que tendem a seguir o seu curso em linha recta só muito raramente as encontram.

114. Uma mesma estrela pode aparecer e desaparecer várias vezes.

Uma mesma estrela pode aparecer e desaparecer várias vezes de acordo com o que se explicou, e sempre que desaparecer forma-se uma nova crosta de manchas que a recobre. Com efeito, estas mudanças alternadas que ocorrem nos corpos móveis são muito normais na Natureza: quando qualquer causa impele um corpo para um local, pode não se deter uma vez aí chegado, indo normalmente mais além até ser repelido para o mesmo local por outra causa. Assim, enquanto um peso atado a uma corda é levado obliquamente pela força do seu peso para a linha que une o centro da Terra com o ponto do qual essa corda pende, adquire outra força que o faz continuar a mover-se para além desta linha no sentido oposto àquele em que começou a mover-se, até que o seu peso, ultrapassando esta força, o faz regressar, e ao voltar adquire imediatamente outra força que o faz passar além desta mesma linha. Deste modo, quando se movimenta uma vasilha, ainda que seja apenas impeli-la para um lado, o líquido que ela contém desloca-se várias vezes para os bordos da vasilha antes de parar; da mesma maneira, e porque quase todos os turbilhões que formam os céus são praticamente iguais em força e equilibrados entre si, a matéria de alguns sai deste equilíbrio (como suponho que acontece com a dos turbilhões *O* e *I*) e pode avançar e recuar várias vezes de *P* para *Y* e de *Y* para *P* antes de este movimento se deter.

115. Por vezes um turbilhão pode ser completamente destruído.

Pode acontecer também que um turbilhão inteiro seja destruído pelos outros que o rodeiam, e assim a estrela que estava no seu centro, ao passar para qualquer destes turbilhões, pode transformar-se em cometa ou num planeta. Com efeito, encontramos apenas duas causas [Arts. 69/71] que impedem estes turbilhões de se destruírem uns aos outros: uma é que a matéria de um turbilhão está impedida de avançar para outro através daqueles que estão mais próximos. No entanto isto não acontece a todos, já que, por exemplo, a matéria do turbilhão *S-O-L* [Fig. 8, p. 100] pode estar de tal modo comprimida de ambos os lados pela dos turbilhões *L* e *N* que isso a impeça de avançar mais para *D*, não podendo também ser impedida de avançar para *L* ou *N* através da do turbilhão *D* nem de quaisquer outros, a não ser que estejam mais próximos dele do que *L* e *N*: por conseguinte, esta causa não se verifica nos mais próximos. A outra causa consiste no facto de a matéria do astro — que está no centro de cada turbilhão — impelir continuamente a matéria deste turbilhão para os outros que o rodeiam, e isto ocorre verdadeiramente em todos os turbilhões cujos astros não estão ofuscados por algumas manchas. Contudo, também é verdade que esta causa deixa de estar presente nos astros completamente recobertos de manchas, principalmente quando há várias camadas que são como outras tantas crostas sobrepostas.

116. Isto pode acontecer antes que as manchas que cobrem o seu astro sejam muito espessas.

Assim, nenhum turbilhão corre o perigo de ser destruído se o astro no seu centro não tiver manchas. Mas se estiver recoberto, basta a posição deste turbilhão entre os outros para que seja destruído por eles mais tarde ou mais cedo. A saber: se a sua posição impedir muito o curso da matéria dos outros turbilhões, poderá ser destruído por eles antes que as manchas que recobrem o seu astro tenham tempo de se tornar muito espessas; se não os impede assim tanto, fá-lo-ão diminuir pouco a pouco, atraindo a si algumas partes da sua matéria. Todavia, as manchas que cobrem o astro no seu centro tornar-se-ão mais espessas, nova matéria acumular-se-á continuamente, não apenas por fora — como já se explicou acima — mas também dentro e à volta delas. Por exemplo, nesta figura [Fig. 8] o turbilhão *N* está de tal modo situado que impede manifestamente mais o curso do turbilhão *S-O-L* do que qualquer dos outros que o rodeiam, e por isso será facilmente levado por ele logo que o astro no seu centro se cubra de manchas, não tendo força para lhe resistir. Então, a circunferência do turbilhão *S-O-L*, que agora está novamente fechada pela linha *OPQ*, estender-se-á até à linha *ORQ* porque levará consigo toda a matéria contida entre estas linhas *OPQ*/*ORQ* e impeli-lo-á a seguir o seu curso, enquanto o resto da matéria que formava o turbilhão *N* — isto é, a que estava situada entre as linhas *ORQ*/ /*OMQ* — também será levada pelos turbilhões vizinhos. Com efeito o turbilhão *N* só poderá ser conservado na situação em que o imagino actualmente pela força do astro no seu centro, que de todos os lados pressiona a matéria do segundo elemento que o circunda, obrigando-a a seguir o seu curso e não o dos turbilhões vizinhos. E esta força diminui e perde-se de repente à medida que este astro se cobre de manchas.

117. Por vezes estas manchas podem também tornar-se muito espessas antes da destruição do turbilhão que as contém.

Nesta figura, o turbilhão *C* está de tal maneira situado entre os quatro turbilhões *SFGH* e os outros dois *M* e *N* que devemos imaginá-lo acima destes quatro; e apesar de haver inúmeras manchas muito espessas à volta do astro no seu centro, todavia esse turbilhão *C* não poderá ser completamente destruído enquanto as forças dos seis que o circundam forem iguais. Suponhamos que os dois turbilhões *SF* e o terceiro *M* (que está por cima deles, perto do ponto *D*) se movem cada um à volta do seu próprio centro de *D* para *C*, e que os outros três *GH* e o sexto *N* (que está sobre eles) também se movem cada um à volta do seu centro de *E* para *C*; e, finalmente que o turbilhão *C* está de tal modo rodeado destes seis que não toca em quaisquer outros e que o seu centro está igualmente distante de todos os seus centros e que o eixo à volta do qual se move está em linha recta *ED*, de modo que os movimentos destes sete turbilhões se conjugam perfeitamente. Então,

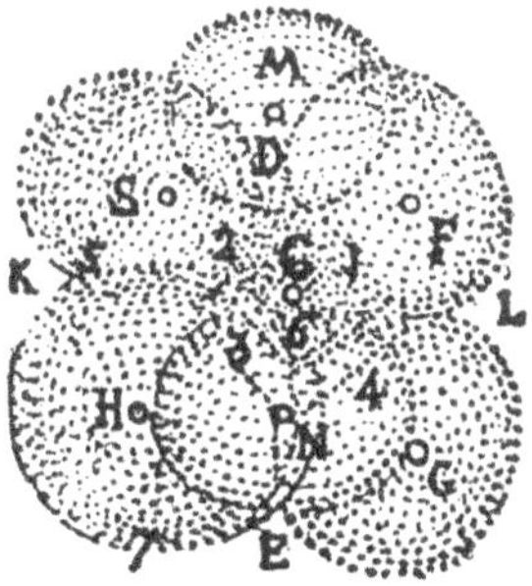

Fig. 22

seja qual for a quantidade de manchas à volta do astro *C*, e quer lhe reste pouca ou nenhuma força para fazer girar consigo a matéria do turbilhão que o rodeia, não há nenhuma razão pela qual os seis outros turbilhões possam expulsar este astro do seu lugar apesar de todos os seis serem iguais em força.

118. De que maneira as manchas são produzidas.

Para sabermos como se adensou tão grande quantidade de manchas à volta de um turbilhão, pensamos que inicialmente o turbilhão era tão grande como cada um dos outros seis que o rodeiam. Ora, sendo ele composto pela matéria do primeiro elemento proveniente dos três turbilhões *SFM* pelo seu pólo *D* e dos outros três *GHN* (pelo seu outro pólo), quando essa matéria saía pela sua eclíptica — em correspondência com os pontos *K* e *L* — para entrar novamente nestes turbilhões, era tão grande que tinha força para fazer girar toda a matéria do céu compreendida na circunferência *1, 2, 3, 4*, formando assim o seu próprio turbilhão. Mas, devido à desigualdade e incomensurabilidade das figuras e das grandezas das outras partes do universo, que não permitiu que as forças destes sete turbilhões permanecessem sempre iguais — como supomos que elas tinham sido inicialmente —, quando o turbilhão *C* teve muito menos força do que os seus vizinhos, houve qualquer parte da sua matéria que passou para eles, e de modo tão impetuoso que passou mais do que a diferença exigida entre a sua força e a dele. É por isso que alguma parte da matéria dos outros deve ter passado novamente para ele várias vezes [e, a intervalos, ter passado imediatamente dele para eles e vice-versa]. E sempre que alguma matéria saiu dele, o seu astro recobriu-se com uma nova crosta de manchas (da maneira como acima se explicou) e as suas forças diminuíram cada vez mais, originando que dele saísse um pouco mais de matéria do que aquela que voltou a entrar nele, tornando-se finalmente muito pequeno, ou desaparecendo completamente, excepto o astro que tinha no seu centro; como este astro está rodeado por várias manchas, não pôde misturar-se com a matéria dos outros turbilhões nem foi expulso do seu local, uma vez que estes turbilhões são quase sempre iguais em força. Contudo, as manchas que os rodeiam devem ter-se tornado cada vez mais espessas; e, por fim, se algum dos turbilhões vizinhos se tornar notoriamente maior e mais forte do que os outros (por exemplo, se o turbilhão *H* aumentasse tanto que alargasse a sua superfície até à linha *5, 6, 7*), então facilmente arrastaria consigo todo este astro *C*, que deixaria de ser líquido e luminoso para ser duro e obscuro, ou opaco como um cometa ou planeta.

119. Como uma estrela fixa pode transformar-se num cometa ou num planeta.

Agora é necessário considerarmos o modo como este astro se deve mover quando começa a ser arrastado pelo curso dos turbilhões vizinhos. Certamente não se moverá apenas em círculo como a matéria deste turbilhão, mas também será impelido para o centro desse movimento circular enquanto tiver em si menos agitação do que as partes desta matéria que o tocam. E já que todas as pequenas partes da matéria que forma um turbilhão não são iguais em agitação e grandeza, sendo o seu movimento mais lento quanto mais se afastam da circunferência (até a um certo ponto aquém do qual se movem mais depressa, e são mais pequenas quanto mais se aproximam do centro, como já foi dito anteriormente [Arts. 83/85]), e então se este astro for tão sólido que — antes de chegar ao local em que se encontram as partes do turbilhão que se movem mais lentamente — tenha adquirido tanta agitação como aquelas entre as quais se situará, nunca descerá mais abaixo do que o centro deste turbilhão [caso contrário subirá até à sua circunferência], passando depois para outra e transformando-se assim num cometa. Porém, se não for bastante sólido para adquirir tanta agitação, descerá por isso mais abaixo do ponto em que as partes do turbilhão se movem menos depressa e chegará até outro local entre este centro, onde não fará mais do que seguir o curso da matéria que gira à volta desse centro, não subindo nem descendo mais, transformando-se então num planeta.

120. Como esta estrela se move quando deixa de ser fixa.

Imaginemos, por exemplo, que a matéria do turbilhão *AEIO* [Fig. 8, p. 100], começa agora a arrastar consigo o astro *N* e vejamos em que direcção o deve conduzir. Uma vez que toda esta matéria se move à volta do centro *S*, é verdade que — de acordo com o que dissemos anteriormente [Arts. 56 e seg.] — tende a afastar-se, e por conseguinte aquela que actualmente se encontra em *O*, passando por *R* para *Q*, deve empurrar este astro, passando em linha recta de *N* para *S* e fazendo-o descer nessa direcção. Com efeito, quando mais adiante virmos a natureza do peso [Parte IV – Art. 23], podemos dizer com propriedade que um corpo desce quando é assim impelido para o centro do turbilhão em que se encontra. Ora, esta matéria do céu orientada para *O* deve ter feito descer este astro inicialmente, já que supomos que não lhe transmita nenhuma outra agitação. Mas ao rodeá-lo por todos os lados, também o desloca circularmente consigo de *N* para A, transmitindo-lhe imediatamente alguma ao afastar-se do centro *S*; e como estas duas forças são contrárias, o facto de uma ser mais ou menos sólida do que a outra é que explicará que uma tenha mais efeito do que a outra. Deste modo, se tiver pouca solidez deverá descer muito abaixo para *S*; e se tiver muita, inicialmente descerá muito pouco, mas subirá imediatamente a seguir, afastando-se do centro S.

121. O que entendo por solidez dos corpos e a sua agitação.

A solidez de um astro é a quantidade de matéria do terceiro elemento que forma as manchas e o ar que a rodeiam, em comparação com a extensão da sua superfície e a grandeza do espaço que este astro ocupa. Com efeito, a força com que a matéria do turbilhão *AEIO* o transporta circularmente à volta do centro *S* deve ser calculada pela grandeza das superfícies que encontra no ar ou nas manchas deste astro, uma vez que quanto maiores estas superfícies forem, tanto maior será a quantidade desta matéria que age contra ele. Mas a força com que esta matéria o faz descer para *S* deve ser calculada pela grandeza do espaço que ocupa, pois apesar de toda a matéria no turbilhão *AEIO* fazer força para se afastar de *S*, contudo só sobem para o lugar do astro *N* quando este desce apenas partes da sua matéria e não a sua totalidade, sendo portanto iguais em grandeza ao espaço que esse astro deixa e que agem contra ele. Finalmente, este astro adquire uma força por ser transportado circularmente à volta do centro *S* pela matéria do céu que o contém, e esta força — que adquire por continuar a ser assim transportado, ou então porque se move —, a que chamo agitação, não deve ser calculada pela grandeza da sua superfície nem pela quantidade de toda a matéria de que se compõe, mas apenas por haver nele, ou à sua volta, matéria do terceiro elemento cujas partículas se conservam e mantêm unidas umas às outras. Com efeito, a matéria — que pertence ao primeiro elemento ou ao terceiro, saindo continuamente deste astro e entrando outro para o seu lugar — só conservará a força da agitação que imprimiu àquele que lhe sucedeu se não lhe tiver introduzido nenhuma agitação nova. Mas o movimento que tinha, proveniente de qualquer lado, talvez tivesse sido apenas determinado a fazer-se mais para certo lado do que para outros, podendo esta determinação ser continuamente alterada por diversas causas.

122. A solidez de um corpo não depende apenas da matéria de que é composto, mas também da quantidade desta matéria e da sua figura.

Assim, na Terra as peças de ouro, de chumbo ou de outro metal conservam perfeitamente a sua agitação e têm muito mais força para continuar o seu movimento quando são sacudidas uma vez do que quando não têm pedaços de madeira ou dc pedra do mesmo tamanho ou com a mesma figura. Isto leva-nos a pensar que são mais sólidas, isto é, que estes metais têm em si mais matéria do terceiro elemento, e menos poros cheios com a matéria do primeiro ou do segundo. Mas uma esfera podia ser tão pequena que, ainda que fosse de ouro, teria menos força para continuar o seu movimento do que outra muito mais grossa só de madeira ou de pedra. E mesmo que déssemos tal figura a um lingote de ouro, ainda assim uma esfera de madeira mais pequena seria capaz de uma maior agitação, isto é: se esticássemos o lingote em fiozinhos muito delgados, ou se o batêssemos em folhas finas, ou se o enchêssemos de poros ou orificiozinhos semelhantes aos de uma esponja, ou se de qualquer maneira fizéssemos com que tivesse mais superfície (em proporção com a quantidade da matéria) do que esta esfera de madeira.

123. De que modo as esferazinhas do segundo elemento podem ter mais solidez do que o corpo inteiro de um astro.

Também pode acontecer que o astro *N* tenha menos solidez ou menos força para continuar o seu movimento do que as esferazinhas do segundo elemento que o circundam, apesar de ser muito volumoso e recoberto de várias camadas de manchas. Com efeito, estas esferazinhas são tão sólidas como qualquer corpo do mesmo tamanho, pois não imaginamos que haja nelas poros cheios de qualquer matéria já que a sua figura, por ser esférica, é a que contém mais matéria numa menor superfície, como os geómetras sabem. Além disso, embora haja muita diferença entre a pequenez e a grandeza de um astro, isto é compensado: porque não é apenas uma só destas esferas que se deve comparar com este astro, mas uma quantidade delas que podem ocupar tanto espaço como ele. Assim, enquanto giram com o astro *N* à volta do centro *S* este movimento circular incute-lhes — tanto a elas como a este astro — alguma força para se afastar deste centro, mas se esta força for maior só neste astro do que em todas as esferazinhas juntas que devem ocupar o seu lugar (caso o abandone), então deve afastar-se deste centro. Mas se, pelo contrário, tiver menos força, deve aproximar-se.

124. Como também podem ter menos solidez.

Também pode acontecer que tenha menos solidez, apesar de nesse astro haver provavelmente menos matéria do terceiro elemento (na qual esta força consiste unicamente) do que da do segundo nestas esferazinhas, tantas quantas as necessárias para ocupar um lugar igual ao seu. A razão é a seguinte: porque estão separadas umas das outras e têm diferentes movimentos, mesmo que todas se unam para agir contra ele nem sempre se concertam de modo a que parte da sua força seja sempre desviada, tornando-se por isso inútil. Pelo contrário, todas as partes da matéria do terceiro elemento — que formam o ar e as manchas deste astro — constituem conjuntamente apenas um corpo que se move com o mesmo impulso, empregando assim toda a força para continuar o seu movimento para um só lado. É por esta mesma razão que os pedaços de madeira e de gelo levados pela corrente de um rio têm mais força do que a sua água para continuar o seu movimento em linha recta, o que faz com que choquem com mais impetuosidade contra as margens do rio e outros obstáculos que encontram, apesar de haver menos força nas partes da matéria do terceiro elemento do que numa quantidade de água que lhe é igual em espessura.

125. De que modo algumas partes podem ter mais força e outras menos.

Finalmente, pode acontecer que um astro seja menos sólido do que algumas partes da matéria do céu e mais sólido do que outras partes um pouco mais pequenas. E isto pela razão que acabo de explicar, a saber: as forças de várias esferazinhas não estão tão unidas como as de uma mais volumosa, que lhes é igual; além de que havendo justamente tanta matéria do segundo elemento em todas as esferas que ocupam um espaço igual ao deste astro — quer sejam muito pequenas, quer sejam muito volumosas; ora, apesar de as mais pequenas terem menos força já que têm mais superfície (em proporção com a quantidade da matéria), serão mais facilmente desviadas do que as mais volumosas, quer pela matéria do primeiro elemento que se encontra nos recantos que deixam à sua volta, quer pelos outros corpos que encontram.

126. De que modo um cometa pode começar a mover-se.

Portanto, se agora imaginarmos que o astro *N* [Fig. 8, p. 100] é mais sólido do que as partes do segundo elemento, bastante afastadas do centro *S* e bastante afastadas entre si, é verdade que antes de mais poderia ser empurrado para diversos lados e dirigir-se mais ou menos na direcção de *S*, de acordo com a diferente disposição dos outros turbilhões vizinhos, dos quais se afastará consoante puderem impedi-lo ou empurrá-lo de várias maneiras. Para tal contribui também a solidez, porque quanto mais força mais resistirá também às causas que o desviam do primeiro caminho que tomara. Apesar de tudo, ao princípio os turbilhões vizinhos não podem empurrá-lo com muita força, visto que antes supostamente permaneceu um pouco no meio deles sem mudar de lugar, e por consequência não foi impelido por eles para qualquer lado. Donde se segue que não pode começar a mover-se contra o curso do turbilhão *AEIOQ*, isto é, não pode passar do lugar onde está para as partes deste turbilhão que estão entre o lado da sua circunferência *IO* e o centro *S*, mas apenas para o outro lado, entre *S* e *AQ*; e ao mover-se assim deve chegar a qualquer lado em que a linha — quer recta, quer curva — descrita pelo seu movimento toca numa das linhas circulares que as partes do segundo elemento descrevem quando giram à volta do centro *S*; depois de ter chegado a este centro, continuará o seu curso de tal maneira que se afastará cada vez mais do ponto *S* até sair completamente do turbilhão *AEIO* e passar para os limites de outro. Por exemplo, se no princípio se move seguindo a linha *NC*, quando chegar ao ponto *C* (onde esta linha curva *NC* toca o círculo que neste lugar é descrito pelas partes do segundo elemento que giram à volta de S) começará a afastar-se do centro *S* seguindo a linha curva *C2* que passa entre este círculo e a linha recta que toca no ponto *C*. Com efeito, tendo sido conduzido até *C* pela matéria do segundo elemento — mais afastada de *S* do que aquela que se dirige para *C* e que, por consequência, se move mais depressa, tornando-se assim mais sólida do que ela, como supomos —, não pode deixar de ter mais força para continuar o seu movimento seguindo a linha recta que atinge este círculo. Mas porque logo que está para além do ponto *C* encontra outra matéria do segundo elemento que se move um pouco mais depressa do que aquela que se dirige para *C* e que, tal como ela, gira à volta do centro *S*, então o movimento circular desta matéria faz com que este astro se desvie um pouco da linha recta que toca o círculo no ponto *C*; e como tem mais velocidade do que ele, aumenta a sua, subindo assim mais alto segundo a linha curva *C2*, que se afasta tanto menos da linha recta (que toca o círculo) quanto mais sólido este astro for e com quanta mais velocidade veio de *N* para *C*.

127. De que modo os cometas continuam o seu movimento.

Enquanto segue assim o seu curso na direcção da circunferência do turbilhão *AEIO*, adquire bastante agitação para ter força para ir mais além e entrar noutro turbilhão, donde passa para outro, continuando assim o seu movimento, a respeito do qual há duas coisas a observar. A primeira é que quando este astro passa de um turbilhão para outro leva sempre diante de si um pouco de matéria daquele donde saiu e não pode estar completamente desenvolvido sem ter entrado suficientemente nos limites do outro: por exemplo, quando sai do turbilhão

AEIO e se dirige para *2* encontra-se ainda rodeado pela matéria deste turbilhão que gira à volta dele e não pode estar completamente separado se não estiver em *3* no turbilhão *AEV*. A segunda coisa que há a observar é que o curso deste astro descreve uma linha curva diferente de acordo com os diversos movimentos dos turbilhões por onde passa; como aqui se vê, a parte desta linha *2,3,4* é curva de modo diferente da precedente *NC2*, porque a matéria do turbilhão *AEV* gira de *A* por *E* para *V*, e a do turbilhão *AEIO* de *A* por *E* para *I*; e a parte desta linha *5,6,7,8* é quase recta porque a matéria do turbilhão em que se encontra gira sobre o eixo *xx*. Além disso, os astros que assim passam de um turbilhão para outro são os que chamamos cometas, cujos fenómenos procurarei explicar aqui.

128. Os principais fenómenos dos cometas.

As principais coisas que se observam neles são que passaram por diferentes locais do céu sem obedecerem a qualquer regra que conheçamos; vemo-los apenas durante poucos meses, por vezes apenas durante alguns dias, e durante todo esse tempo pouco mais atravessam do que metade do nosso céu: quando surgem parecem grandes, de modo que posteriormente o seu tamanho aparente não aumenta muito quando atravessam uma grande parte do céu; mas quando se aproximam do seu termo vemo-los diminuir aos poucos até deixarem de aparecer; o seu movimento também está no auge da sua força no início ou pouco depois da sua aparição, mas depois vai enfraquecendo gradualmente até ao fim. Lembro-me de ter lido que só um atravessou cerca de metade do nosso céu [a saber, no livro de Lotário Sarsi ou então Horácio Grácio, chamado *Libra Astronómica*, que o referiu como se fossem dois cometas. Mas julgo que se tratava apenas de um, apesar de a sua história ter sido extraída de dois autores, Regiomontano e Pontano, que o explicaram em termos diferentes] e do qual se diz ter aparecido em 1475 entre as estrelas da Virgem, sendo inicialmente bastante pequeno e lento no seu movimento e pouco depois tornando-se maravilhosamente grande e adquirindo tanta velocidade que, ao dirigir-se para Sul, percorreu num dia trinta ou quarenta graus de um dos grandes círculos imaginários na esfera, desaparecendo aos poucos perto das estrelas do Peixe setentrional, ou do signo do Carneiro.

129. Quais são as causas destes fenómenos.

Ora, as causas de todas estas observações são facilmente compreensíveis: o cometa que descrevemos atravessa o turbilhão *F* de uma maneira diferente do turbilhão *Y* e não há nenhum espaço no céu pelo qual não possa passar assim. Deve supor-se que mantém quase a mesma velocidade, isto é, aquela que adquire ao passar pelas extremidades destes turbilhões, em que a matéria do céu está tão agitada que efectua aí a sua volta em poucos meses, como acima se disse [Art. 82]. Donde se segue que estes cometas, que só perfazem metade dessa volta no turbilhão *Y* e muito menos no turbilhão *F*, não podem percorrer mais em nenhum outro, podendo permanecer apenas poucos meses num só turbilhão. E se tivermos em conta que só o poderemos ver enquanto se mantiver no primeiro céu, isto é, no turbilhão em cujo centro habitamos, e ainda que não o possamos ver a não ser quando deixa de ser rodeado e seguido pela matéria do turbilhão donde vem, podemos compreender por que razão apesar de um mesmo cometa se mover quase sempre com a mesma velocidade e mantendo a mesma grandeza deve contudo parecer maior e movendo-se mais depressa no início da sua aparição do que no final, ou que por vezes seja maior e se mova mais depressa entre estes dois tempos do que ao princípio. Com efeito, se imaginarmos que os olhos de quem o contempla estão no centro do turbilhão *F*, ele parecer-lhe-á maior e com um movimento mais rápido quando estiver em *3* do que em *4*, altura em que deixará de se ver, porque a linha recta *F3* é muito mais curta que *F4*, e o ângulo *F4,3* é mais agudo do que o ângulo *F3,4*. Mas se o espectador está perto de *Y*, sem dúvida que este cometa lhe parecerá maior e com um movimento mais rápido quando estiver em *5*, onde começará a vê-lo, do que quando estiver em *8*, onde o perderá de vista. Mas parecer-lhe-á ainda muito maior e mais veloz em *5* do que quando passar de *6* para *7*, porque estará muito próximo dos seus olhos. De modo que se tomarmos este turbilhão *Y* pelo primeiro céu — onde estamos —, poderá aparecer entre as estrelas da Virgem quando em *5*, e perto do pólo boreal ao passar de *6* para *7*, e num dia percorrer trinta ou quarenta graus de um dos grandes círculos da esfera, escondendo-se finalmente em *8*, na proximidade das estrelas do Peixe setentrional, tal como aconteceu com este admirável cometa no ano 1475, que se diz ter sido observado por Regiomontano.

130. De que modo a luz das estrelas fixas pode chegar até à Terra.

É verdade que podemos interrogar-nos por que razão deixamos de ver os cometas logo que saem do nosso céu e continuamos a ver as estrelas fixas, ainda que estejam muitíssimo mais longe. Mas há diferenças, pois a luz das estrelas provém delas mesmas e é muito mais viva e mais forte do que a dos cometas, que lhes vem do Sol. Se prestarmos atenção ao facto de que a luz de cada estrela consiste na acção com que a matéria do turbilhão (em que se encontra) se esforça por se afastar dela seguindo as linhas rectas que se podem tirar de todos os pontos da sua superfície, fazendo assim pressão sobre a matéria dos outros turbilhões que a rodeiam e seguindo as mesmas rectas (ou seguindo aquelas que as leis da refracção impõem quando passam obliquamente de um corpo para outro, como expliquei na *Dióptrica*), não será difícil acreditar que a luz das estrelas pode chegar até aos nossos olhos: não só a daquelas que, como *fFLD* [Fig. 8, p. 100], estão mais próximas da Terra (que suponho estar em *S*), mas também a das mais afastadas, como *Y* e semelhantes. Com efeito, dado que as forças de todas estas estrelas (em cujo número incluo também o Sol), juntamente com as dos turbilhões que as rodeiam, são sempre iguais entre si, a força com que os raios de luz vindos de *F* tendem para *S* reduz-se à medida que entram no turbilhão *AEIO*, devido à resistência que aqui encontram, mas só desaparecerá por completo quando chegam ao centro *S*. É por isso que ao chegarem à Terra, que está ligeiramente afastada do centro, ainda possuem alguma luz que os nossos olhos captam. Da mesma maneira, os raios que vêm de *Y* podem estender a sua acção até à Terra, porque a interposição do turbilhão *AEV* não diminui a sua força, mas apenas a afasta mais, porque já não lhe resiste, na medida em que se esforça por ir de *F* até *Y*, ajudando-a também enquanto se esforça por ir de *F* até *S*. O mesmo se deve dizer das outras estrelas.

131. As estrelas talvez não estejam nos mesmos locais onde aparecem; o que é o firmamento.

Também agora se pode observar que os raios que vêm de *Y* para a Terra caem obliquamente nas linhas *AE* e *VX*, que representam as superfícies que separam os turbilhões *SFY* uns dos outros, de modo que se curvam ao sofrer refracção: e por isso da Terra não conseguimos ver todas as estrelas nos locais onde verdadeiramente estão, pois só as vemos como se estivessem nas linhas rectas dirigidas para a Terra, nos locais da superfície do nosso céu *AEIO* pelo qual passam os raios que vêm até aos nossos olhos, como se estivessem em dois ou vários locais, contando-se como várias. [Por exemplo, os raios da estrela *Y* podem ir para *S* passando obliquamente pelo superfície do turbilhão *f* e passando ainda pela de outro assinalada por *F*, no meio do qual se deve ver esta estrela em dois locais, a saber: entre *E* e *I* e entre *A* e *E*]. Mas como vemos as estrelas em locais permanentes, que não parecem ter mudado após os astrónomos os terem assinalado, parece-me que o firmamento é a superfície que separa estes turbilhões uns dos outros, e não pode mudar a não ser que os lugares aparentes das estrelas mudem também.

132. Por que razão não vemos os cometas quando estão fora do nosso céu.

Como a luz dos cometas é muito mais débil do que as das estrelas fixas, não têm força suficiente para incidir sobre os nossos olhos se não os virmos sob um ângulo bastante grande, de modo que é a sua distância que nos impede de os vermos quando estão muito afastados do nosso céu: o ângulo de um corpo é tanto mais pequeno quanto mais afastado estiver de nós. Mas quando estão bastante próximos do nosso céu, é fácil imaginar diversas causas que nos podem impedir de os vermos antes de terem entrado nele, embora não seja fácil determinar qual destas causas nos impede verdadeiramente de o vermos. Por exemplo, se o olho do espectador se fixa na direcção de *F*, só começará a ver o cometa aqui representado [Fig. 8] quando este se encontrar perto de *3*, e não o verá quando ainda estiver em *2*, porque ainda não se libertou completamente da matéria do turbilhão donde sai, de acordo com o que foi dito anteriormente. E apesar de tudo poderá vê-lo quando estiver perto de *4*, ainda que haja mais distância entre *F* e *4* do que entre *F* e *2*, o que pode ser deduzido da maneira como os raios da estrela *F*, dirigidos para *2*, sofrem refracção na superfície convexa da matéria do céu *AEIO* à volta do cometa. Esta refracção desvia-os da perpendicular porque os seus raios passam mais dificilmente pela matéria do céu *AEIO* do que pela do turbilhão *AEVX*, fazendo assim com que chegue menos luz até ao cometa do que a que chegaria sem esta refracção, e deste modo recebe poucos raios, e os que reenvia aos olhos do espectador não são suficientemente fortes para o tornar visível. Este efeito também pode ser causado pelo mesmo facto de a Lua ter sempre a mesma a face voltada para a Terra, pois se cada cometa tiver um lado que se volta sempre para o centro do turbilhão em que se encontra — não tendo senão este lado próprio para reflectir os raios que recebe —, então o cometa voltado para *2* tem ainda um dos seus lados que é próprio para reflectir a luz dirigida para *S*, e por isso não pode ser visto, a não ser pelos que estão nas proximidades de *F*. Mas se estiver perto de *3* inverte-se para *F*, e assim pode ser avistado. Temos grandes razões para pensar o seguinte: primeiramente, que enquanto o cometa passou de *N* por *C* para *2*, o seu lado que estava voltado para o astro *S* foi mais aquecido ou agitado nas suas partículas e rarefeito pela luz deste astro, que não era o seu outro lado; em segundo lugar, as mais pequenas ou, por assim dizer, as mais móveis do terceiro elemento, situadas neste lado da superfície do cometa, foram separadas por esta agitação, possibilitando-lhe assim reenviar mais raios da luz deste lado do que do outro. Deste modo é possível saber — pelo que vou dizer de seguida a respeito do fogo [Parte IV – Art. 80 e segs.]

— por que razão os corpos se transformam em carvões completamente negros e aqueles que se transformam em cinzas são brancos: tal deve-se à acção do fogo, que agita todas as partículas, mais pequenas e mais móveis dos corpos que queima, fazendo com que primeiramente cubram todas as superfícies exteriores e interiores situadas nos poros destes campos, e que a seguir saiam de lá deixando apenas as mais grossas que não puderam ser agitadas. Donde se segue que se o fogo se extinguir enquanto estas partículas ainda cobrem as superfícies do corpo queimado, este corpo parece negro e transformado em carvão; mas se se extingue por si, após ter separado destes corpos todas as partículas que pôde, então ficam apenas as mais grossas, que são as cinzas, e que são brancas porque resistiram à acção do fogo, resistindo também à da luz e reflectindo-a, pois os corpos brancos prestam-se mais a reflectir a luz e os negros menos. Além disso, temos motivos para pensar que este lado do cometa (que é o mais rarefeito) se presta menos a mover-se do que o outro, dado que é o menos sólido. Por consequência, e segundo as leis da Mecânica, deve voltar-se sempre para os centros dos turbilhões pelos quais o cometa passa.

É por isso que as flechas se voltam no ar, e é sempre o seu lado mais leve que fica por baixo enquanto sobem e por cima quando descem; e isto porque, por este meio, a linha descrita pelo lado mais raro e mais leve do cometa é um pouco mais curto do que aquela que é descrita pelo outro: assim, a parte côncava do caminho do cometa assinalado com *NC2* (voltado para *S*) é um pouco mais curta do que a convexa; e a do caminho *2,3,4* (voltada para *F*) é a mais curta; e assim relativamente aos outros. Poderíamos ainda imaginar outras causas que nos impediriam de ver os cometas enquanto se encontram fora do nosso céu, já que não é preciso muito para fazer com que a superfície de um corpo se preste a reenviar ou a impedir os raios de luz. E quanto aos efeitos particulares, dos quais não temos experiências suficientes para determinar as verdadeiras causas que os produzem, devemos contentar-nos com conhecer algumas pelas quais poderão ser produzidos.

133. Da cauda dos cometas e das diversas coisas que se observam nela.

Além das propriedades que acabo de explicar, há outra muito importante: a luz muito extensa em forma de cauda ou de cabeleira que normalmente os acompanha e de que recebem o nome. A respeito dela, vê-se que aparece sempre do lado mais afastado do Sol, de tal modo que se a Terra se encontrar exactamente em linha recta entre o cometa e o Sol, esta luz espalha-se igualmente por todos os lados à volta do cometa; e quando a Terra se encontra fora desta linha recta, a luz aparece do mesmo lado em que a Terra se encontra. Chama-se «cabeleira» do cometa quando essa luz o precede relativamente ao movimento que nele se observa, e «cauda» quando o segue, tal como se observou no cometa de 1475, que no início da sua aparição tinha uma cabeleira que o precedia e no final uma cauda que o seguia, pois encontrava-se então na parte do céu oposta àquela onde estivera inicialmente. Esta cauda ou cabeleira é maior ou menor conforme a grandeza aparente dos cometas (de tal modo que não se vê nenhuma nos mais pequenos; e quando diminui nos outros parecem menores à medida que se aproximam do seu fim) e ao lugar em que se encontram. Assim, supondo que o resto é igual, a cabeleira do cometa parecerá mais comprida quanto mais afastada a Terra estiver da sua rota que é uma linha recta que se pode tirar deste cometa para o Sol; e mesmo que esteja tão afastada que não consigamos avistar o corpo do cometa (dado estar ofuscado pelos raios do Sol), ainda assim a extremidade da cauda ou cabeleira aparecerá por vezes, dando-se-lhe então o nome de «barra» ou «asna de fogo» devido à imagem que nos sugere. Finalmente, observa-se que esta cauda ou cabeleira dos cometas é às vezes um pouco mais larga e outras um pouco mais estreita do que o habitual, por vezes recta e outras encurvada, às vezes aparecendo exactamente no mesmo círculo que imaginamos passar pelos centros do Sol e do cometa e outras parecendo desviar-se um pouco. Procurarei explicar tudo isto já a seguir.

134. Em que consiste a refracção que nos permite ver a cauda dos cometas.

Para isso é necessário explicar um novo género de refracção que não se observa nos corpos terrestres, de que falei na *Dióptrica*: como as partes do segundo elemento que formam o céu não são iguais mas mais pequenas por baixo da esfera de Saturno, os raios de luz que vêm dos cometas para a Terra transmitem-se de tal modo das partículas maiores para as mais pequenas que em vez de seguirem as suas rotas em linha recta afastam-se um pouco das mais pequenas, sofrendo assim alguma refracção.

135. Explicação desta refracção.

Consideremos, por exemplo, esta figura em que as esferas bastante grossas se apoiam noutras mais pequenas, e imaginemos que estas esferas estão em contínuo movimento, tal como as partes do segundo elemento foram representadas anteriormente. Deste modo, se uma delas é impelida para qualquer lado (por exemplo, se a esfera *A* é impe-

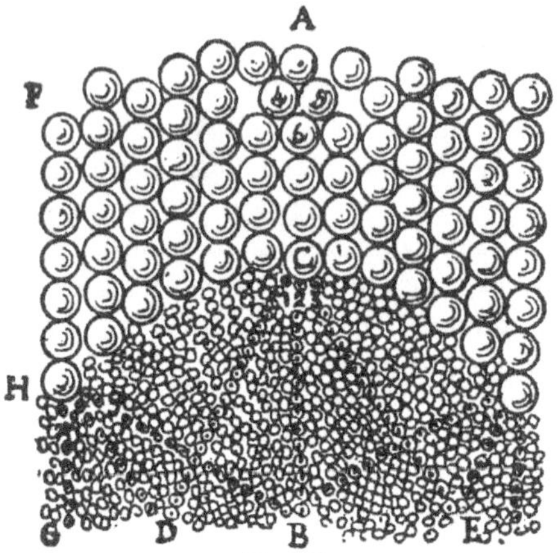

Fig. 23

lida para *B*) empurrará simultaneamente as restantes que se encontram nesse mesmo lado, isto é, todas as que estão na linha recta *AB*, comunicando-lhes esta acção. Sobre esta acção há que observar que depois passa toda perfeitamente em linha recta de *A* até *C*, mas só uma parte continuará assim em linha recta de *C* até *B*, desviando-se o resto pelas proximidades até *D* e *E*. É que a esfera *C* não pode empurrar a esferazinha assinalada com 2 para *B* sem empurrar também as outras duas *1* e *3* para *D* e para as restantes que estão no triângulo *DCE*. Mas não acontece o mesmo quando a esfera *A* empurra as outras duas *4* e *5* para *C*: com efeito, embora a acção de as empurrar seja de tal modo recebida por estas duas esferas que parece que as desvia para *D* e para *E*, não as deixa passar totalmente para *C*, porque estas duas esferas *4* e *5* são igualmente amparadas dos dois lados pelas que as rodeiam, transferindo toda a acção à esfera *6*, e também porque o seu movimento contínuo faz com que esta acção nunca possa ser recebida conjuntamente por estas duas esferas durante nenhum espaço de tempo. Se for recebida por uma esfera que a possa desviar para um lado, é imediatamente recebida por outra que a pode fazer regressar em sentido contrário, seguindo sempre a mesma linha recta. Mas quando a esfera *C* empurra as outras mais pequenas *1,2,3* para *B*, não consegue reenviar completamente a sua acção para aquele lado: com efeito, e ainda que se movam, há sempre várias que a recebem obliquamente e que as desviam simultaneamente para outros lados. É por isso que apesar de a força principal ou de o raio principal desta acção passar sempre em linha recta de *C* para *B*, mesmo assim divide-se numa infinidade de outras mais frouxas, que se estendem para ambos os lados *D* e *E*. Da mesma maneira, se a esfera *F* é empurrada para *G*, a sua acção passa em linha recta de *F* até *H*, onde se comunica às esferazinhas *7,8,9*, que a dividem em vários raios, indo o principal para *G* e desviando-se os outros para *D*. Mas como eu suponho que a linha *HC* (segundo a qual as esferas mais volumosas estão dispostas sobre as mais pequenas) é um círculo, então os raios da acção com que são empurradas devem desviar-se de modo diferente pelas suas diferentes incidências sobre este círculo. Deste modo, a acção que vem de *A* para *C* envia o seu raio principal para *B* e distribui os outros igualmente para os dois lados *D* e *E*, uma vez que a linha *AC*/*IO* encontra este círculo em ângulos rectos, e a acção que vem de *F* para *H* envia também o seu raio principal para *G*. Mas se supuser que a linha *FH* encontra o círculo o mais obliquamente possível, os outros raios só se desviam para o lado *D*, espalhando-se por todo o espaço entre *G* e *B*, e são tanto mais fracos quanto mais se desviam da linha *HG*. Finalmente, se a linha *FH* não encontra o círculo tão obliquamente, alguns destes raios também se desviam para o outro lado, mas serão tão poucos e tão fracos quanto maior for a incidência desta linha oblíqua.

136. Explicação das causas que fazem aparecer as caudas dos cometas.

Depois de ter compreendido bem as razões de tudo isto, é fácil adaptá-las à matéria do céu cujas partículas são redondas como estas esferas. Com efeito, embora não haja nenhum local onde estas partes do céu sejam notoriamente mais volumosas do que aquelas que se lhes seguem imediatamente (tal como as esferas representadas na linha *CH* [Fig. 23]), todavia, como vão diminuindo aos poucos a seguir à esfera de Saturno até ao Sol — como se disse acima [Arts. 82 e 85] —, e como estas diminuições acontecem conforme os círculos representados por esta linha *CH*, então facilmente nos poderemos persuadir de que não há tanta diferença entre as que estão acima de Saturno e as das proximidades da Terra como entre as esferas mais volumosas e as mais pequenas. Por consequência, os raios da luz só poderão desviar-se tanto como os da acção de que acabo de falar, e não há qualquer outra diferença, a não ser que em vez dos raios desta acção se desviarem muito num local e nada noutro, os da luz só se desviam lentamente à medida que diminuem as partes do céu por onde passam. Por exemplo [Fig. 24], se *S* é o Sol e *2,3,4,5* o círculo que a Terra descreve anualmente no seu percurso seguindo a ordem dos algarismos *2,3,4*, e se *DEFGH* for a esfera que marca o local onde as partes do céu deixam de ser iguais e vão diminuindo até ao Sol (cuja esfera, como se disse anteriormente [Art. 81], não é completamente regular, mas muito mais achatada nos pólos do que na eclíptica), e se *C* for um cometa situado por cima de Saturno no nosso céu — então devemos pensar que os raios do Sol que se dirigem para este cometa são de tal modo reenviados por ele para a esfera *DEFH* que a maioria daqueles que encontram esta esfera em ângulos rectos no ponto *F* passam adiante em linha recta para *3*, mas os outros desviam-se um pouco

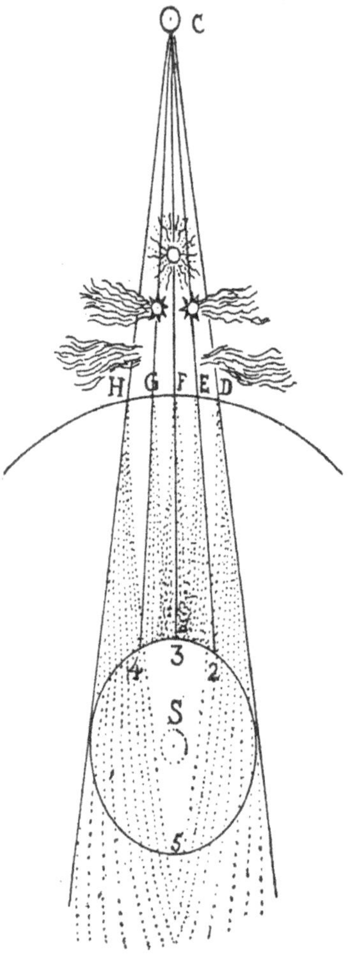

Fig. 24

à volta da linha *F3*, *2* ou *4*. A maior parte dos que a encontram obliquamente no ponto *G* passam também em linha recta para *4* e os restantes desviam-se, não igualmente à volta, mas muito mais para *3*, isto é, mais para o centro da esfera do que para o outro lado. A maior parte dos que a encontram no ponto *H* passam adiante em linha recta e não chegam até ao círculo *2,3,4,5*, mas os outros que se desviam para o centro da esfera chegam lá. Finalmente, aqueles que encontram esta esfera noutros locais, como em *F* ou em *D*, penetram no interior da mesma maneira, parte em linha recta e parte desviando-se. Devido a tudo isto, é evidente que se a Terra estiver na zona da sua rota, assinalada com *3*, devemos ver este cometa com uma cabeleira igualmente espalhada por todos os lados, pois os raios mais fortes que vêm em linha recta de *F* para *3* representam o seu corpo, e os outros mais fracos (que, uma vez desviados, vêm também de *G* e de *F* para *3*) deixam ver a sua cabeleira: a esta espécie de cometa deu-se o nome de «rosa». Também é evidente que se a Terra estiver em *4*, devemos ver o corpo deste cometa devido aos raios que seguem em linha recta para *CG4*, e a sua cabeleira — ou, melhor, a sua cauda — segue para um só lado devido aos raios curvos que vêm de *H* e de todos os outros locais situados entre *G* e *H* na direcção de *4*. Por outro lado, se a Terra estiver em *2*, devemos ver o cometa devido aos raios rectos *CE2* e uma cabeleira devido a todos os raios curvos que passam entre as linhas *CE2* e *CD2* e que se juntam em *2*, sem que nisto haja qualquer diferença. Se a Terra estiver em *2* este cometa aparecerá de manhã com uma cabeleira que parecerá precedê-la; e se a Terra estiver em *4*, à tarde o cometa será avistado arrastando uma cauda.

137. Explicação da aparição das «asnas de fogo».

Finalmente, se a Terra está em *5*, é evidente que não podemos ver este cometa devido à interposição do Sol, mas apenas parte da sua cauda, que parecerá uma «asna de fogo» e aparecerá à tarde ou de manhã, conforme a Terra estiver mais próxima do ponto *4* ou do ponto *2*. Assim, se estiver exactamente no ponto *5*, equidistante destes dois, talvez este mesmo cometa nos faça ver linhas de fogo, uma à tarde e outra de manhã, por meio dos raios curvos que vêm de *H* e de *D* para *5*. Digo talvez, porque se não tiver força bastante, os seus raios, assim curvos, não serão suficientemente fortes para poderem ser percepcionados pelos nossos olhos.

138. Por que razão a cauda dos cometas não é sempre exactamente recta nem directamente oposta ao Sol.

Além disso, esta cauda ou cabeleira dos cometas não surge sempre completamente recta, mas por vezes um pouco curva, e nem sempre na mesma linha recta ou — o que equivale a dizer o mesmo — no círculo que passa pelos centros do Sol e do cometa, pois muitas vezes afasta-se um pouco; e não aparece sempre igualmente larga, porque às vezes é mais estreita e também mais luminosa quando os raios provenientes dos seus lados convergem nos olhos. Todas estas diferenças se devem ao facto de a esfera *DEFGH* não ser regular. E como a sua figura é mais achatada nos pólos do que nos outros locais, as caudas dos cometas serão mais direitas e mais largas; e quando se estendem obliquamente entre os pólos e a eclíptica, serão curvas e afastar-se-ão um pouco da linha que passa pelos centros do Sol e do cometa. Finalmente, quando se estendem ao comprido serão mais luminosas e estreitas do que nos outros locais. E estas observações a respeito dos cometas não devem ser tomadas como fábulas ou milagres, justamente pelas razões aqui avançadas.

139. Por que razão as estrelas fixas e os planetas não aparecem com semelhantes caudas.

Podemos ainda levantar uma dificuldade, a saber: por que razão não aparece uma cabeleira à volta das estrelas fixas ou à volta dos planetas mais altos Saturno e Júpiter; mas é fácil de responder. Primeiramente, porque esta cabeleira habitualmente não se vê, mesmo à volta dos planetas, quando o seu diâmetro aparente não é maior do que o das estrelas fixas, pois os raios que a formam não têm muita força. Depois, há que observar que as estrelas fixas têm luz própria e não a recebem do Sol, e então se qualquer cabeleira aparecesse à volta delas espalhar-se-ia necessariamente de igual modo por todos os lados, e por conseguinte seria muito curta, como os cometas chamados «rosas». Mas, na verdade, vê-se semelhante cabeleira à volta delas porque a sua figura não está limitada por qualquer linha uniforme, e vemo-las rodeadas de raios por todos os lados. Talvez seja por esta causa que a sua luz é tão brilhante ou trémula, ainda que se pudesse dar outras razões. Finalmente, quanto a Saturno e a Júpiter, não duvido que por vezes também lhes apareça uma cabeleira, sobretudo nos países onde o ar é muito claro e muito puro. Lembro-me perfeitamente de ter lido em qualquer parte que isto fora outrora observado, embora não me recorde do nome do autor. Além disso, quando Aristóteles, no primeiro *Livro dos Meteoros*, capítulo VI, diz que por vezes os egípcios viram tais cabeleiras à volta das estrelas, referia-se, creio eu, aos planetas e não às estrelas fixas. E quanto ao facto de dizer que ele próprio viu uma cabeleira à volta de uma das estrelas situadas na coxa de Cão, isso deve ter acontecido por qualquer refracção extraordinária no ar, ou então por qualquer perturbação dos seus olhos, porque acrescenta que esta cabeleira lhe aparecia menos quando a olhava mais fixamente.

140. Como é que os planetas começarem a mover-se.

Depois de ter examinado tudo o que se refere aos cometas, consideraremos agora igualmente os planetas. Imaginemos que o astro *N* [Fig. 8, p. 100] é menos sólido ou tem menos força para continuar o seu movimento em linha recta do que as partes do segundo elemento situadas na circunferência do nosso céu, mas que tem mais força do que os planetas situados perto do centro onde se encontra o Sol. Assim, ao ser levado pelo curso deste céu descerá continuamente para o seu centro até chegar ao local onde se encontram aquelas suas partes que têm tanta força como ele para se manterem no seu movimento. Uma vez aí, não poderá aproximar-se nem afastar-se do Sol, a não ser que seja impelido por outras causas, girando apenas à volta dele com as partes do céu que se lhe equivalem em força, no caso de este astro ser um planeta. Com efeito, se descesse mais abaixo para o Sol encontrar-se-ia rodeado por partes do céu um pouco mais pequenas, e também mais agitadas do que ele, aumentando então a sua agitação e consequentemente a sua força, o que o faria subir imediatamente. Pelo contrário, se subisse mais alto encontraria partes do céu [um pouco mais volumosas, o que faria com que fosse puxado para o Sol ou] um pouco menos agitadas, o que faria diminuir o seu movimento.

141. Quais são as diversas causas que desviam o movimento dos planetas. A primeira.

As outras causas que podem desviar um pouco este planeta são primeiramente o espaço em que gira com toda a matéria do primeiro céu (que não é exactamente redondo). Nos locais em que este espaço é mais amplo, a matéria do céu deve mover-se mais lentamente, permitindo a este planeta afastar-se um pouco do Sol apenas nos locais onde é mais apertado.

142. A segunda.

Em segundo lugar, a matéria do primeiro elemento corre continuamente de alguns dos seus turbilhões vizinhos para o centro daquele a que chamamos o nosso céu e regressa de lá para os outros, e assim empurra este planeta de modo diferente consoante os diversos locais em que se encontra.

143. A terceira.

Além disso, os poros ou as pequenas passagens que as partes caneladas deste primeiro elemento fizeram neste planeta — como expusemos anteriormente — podem prestar-se mais a receber as partes caneladas que vêm de certos locais do céu do que a receber as que vêm de outros. Isto faz com que os pólos do planeta devam voltar-se para esses locais.

144. A quarta.

Depois, qualquer movimento pode também ter sido anteriormente imprimido a este planeta, que o conservará ainda durante muito tempo depois, se bem que as outras causas aqui explicadas sejam contrárias a isto. Com efeito, uma piasca adquire bastante força só por a criança a fazer girar entre os seus dedos, continuando depois sozinha durante alguns minutos, durante algum tempo talvez efectue mais de duas ou três mil voltas, apesar de ser tão pequena que tanto o ar que a rodeia como a Terra que a sustém lhe oferecem resistência e lhe diminuem o movimento; assim, pode-se pensar que se um planeta tiver sido agitado da mesma maneira desde o momento em que foi criado, isso seria suficiente para ainda agora prosseguir com o mesmo movimento sem nenhuma diminuição apreciável, porque quanto maior for a força de um corpo mais tempo conservará a agitação que lhe foi imprimida; comparada com o volume de um planeta, a duração de cinco ou seis mil anos — a que existe desde a criação do mundo — não passa de um minuto comparado com a pequenez da piasca.

145. A quinta.

Finalmente, e para continuar a mover-se assim, a força é mais duradoura e mais constante nos planetas do que na matéria do céu que os rodeia, embora dure mais num planeta grande do que num mais pequeno. A causa está em que os corpos mais pequenos têm mais superfície (devido à quantidade da sua matéria) do que aqueles que são maiores, e por isso encontram mais coisas no seu caminho que impedem ou desviam o seu movimento; e uma porção de matéria do céu que iguale em volume um planeta compõe-se de várias partículas que se devem conjugar num único movimento a fim de igualar o deste planeta; mas como não estão unidas às outras, cada parte pode desviar-se deste movimento pelas menores causas. Donde se segue que nenhum planeta se move tão depressa quanto as partículas da matéria do céu que a rodeia, pois só pode igualar o movimento segundo o qual todas se conjugam para seguirem o mesmo percurso. Uma vez que estão muito divididas, têm sempre outros movimentos que lhes são específicos, e daqui também se segue que quando há alguma causa que aumenta, atrasa ou detém o movimento desta matéria do céu, a mesma causa não pode aumentar, atrasar ou deter o movimento do planeta tão rapidamente nem tão intensamente.

146. De que modo todos os planetas devem ter sido formados.

Se prestarmos atenção a todas as coisas, poderemos chegar às razões de tudo quanto até agora pôde ser observado a respeito dos planetas, e ver que aqui tudo se conjuga perfeitamente com as leis da Natureza anteriormente explicadas [Parte II – Arts. 37, 39 e 40]. Com efeito, nada impede que pensemos que este grande espaço, que chamamos o «primeiro céu», tenha estado outrora dividido em catorze turbilhões, ou ainda mais, e que estes turbilhões estiveram de tal modo dispostos que os outros que estavam nos seus centros se foram cobrindo gradualmente de várias manchas, e por isso os mais pequenos foram destruídos pelos maiores da maneira que já descrevemos [Arts. 115, 116 e 117]. A saber, pode pensar-se que os dois turbilhões que nos seus centros tinham os astros que agora chamamos Júpiter e Saturno tivessem sido os maiores e que houvesse quatro mais pequenos à volta do de Júpiter, cujos astros descem para ele, sendo estes os pequenos planetas que aí vemos; como também havia outros dois à volta de Saturno, cujos astros desceram para ele da mesma maneira (pelo menos se for verdade que Saturno tem perto de si outros planetas mais pequenos, como parece). A Lua também teria descido em direcção à Terra quando o turbilhão que a continha foi destruído. Finalmente, quando os seis turbilhões em cujos centros estavam Mercúrio, Vénus, Marte, Júpiter e Saturno foram destruídos por outro maior — no meio do qual estava o Sol —, todos estes astros desceram para ele e aí se dispuseram conforme nos aparecem actualmente. E se ainda houver outros turbilhões no espaço que actualmente compreende o primeiro céu, os astros que havia nos seus centros tornaram-se mais sólidos do que Saturno e transformaram-se em cometas.

147. Por que razão todos os planetas não estão igualmente distantes do Sol.

Assim, vendo agora que os principais planetas — Mercúrio, Vénus, Terra, Marte, Júpiter e Saturno — fazem os seus percursos com distâncias diferentes em relação ao Sol, devemos pensar que isto acontece por não serem igualmente sólidos e que são os menos sólidos que se aproximam mais dele. Não há razão para estranharmos que Marte esteja mais afastado do que a Terra, apesar de ser mais pequeno do que ela, pois não é só o tamanho que faz com que os corpos sejam sólidos, podendo até sê-lo mais do que a Terra, ainda que não seja tão grande [ver Arts. 121 e 122].

148. Por que razão os planetas mais próximos se movem mais do que os afastados, embora as suas manchas se movam menos depressa do que qualquer planeta.

E vendo que os planetas mais próximos do Sol se movem mais depressa do que os mais afastados, pensaremos que isto acontece devido à matéria do primeiro elemento que forma o Sol, a qual gira extremamente depressa sobre o seu eixo, aumentando muito o movimento das partes do céu, que se encontram mais perto dele do que as mais afastadas. Apesar de tudo, não achamos estranho que na sua superfície as manchas se movam mais lentamente do que qualquer planeta, levando cerca de 26 dias a completar a sua pequena órbita, ao passo que Mercúrio (que é sessenta vezes maior) faz a sua em menos de três meses; ou que Saturno termine a sua em trinta anos, mas demoraria cem se não andasse mais depressa do que estas manchas, pois o caminho que percorre é aproximadamente mil vezes maior do que o delas. Com efeito, pode pensar-se que aquilo que os atrasa é o facto de estarem unidos ao ar que — como disse acima — deve estar à volta do Sol, uma vez que este ar se estende até à esfera de Mercúrio, ou talvez mais longe, e que as partes que o formam têm figuras muito irregulares que se ligam umas às outras, só se movendo todas em conjunto, de modo que aquelas partes que se encontram na superfície do Sol com as suas manchas só podem fazer tantas voltas em seu redor como aquelas que estão na esfera de Mercúrio, e por consequência devem andar muito mais lentamente: da mesma maneira que numa roda que gira as partes mais próximas do seu centro andam mais depressa do que aquelas situadas na sua circunferência.

149. Por que razão a Lua gira à volta da Terra.

Assim, como a Lua tem o seu percurso não só à volta do Sol mas também à volta da Terra, pensaremos que isso talvez se deva a ter descido para o turbilhão que tinha a Terra como centro antes de a Terra ter descido para o Sol, tal como quatro outros planetas desceram para Júpiter. Ou antes, como não é menos sólida do que a Terra, apesar de ser mais pequena a sua solidez originou que seu percurso fosse feito à mesma distância do Sol, e a sua pequenez fez com que se deslocasse mais depressa, o que só pode fazer girando à volta da Terra. Por exemplo, se *S* é o Sol e *NTZ* o círculo pelo qual a Terra e a Lua seguem os seus percursos à sua volta, então a Lua, em qualquer parte deste círculo em que se encontrava inicialmente, deve ter vindo de preferência para *A*, próximo da Terra, pois movia-se mais depressa do que ela; e porque no ponto *A* a Terra juntamente com o ar e a parte do céu que a rodeia lhe ofereciam resistência, deve ter-se desviado para *B* — e digo para *B* e não para *D*, porque desta maneira o percurso que tomou foi menos desviado da linha recta. E enquanto a Lua se dirigiu

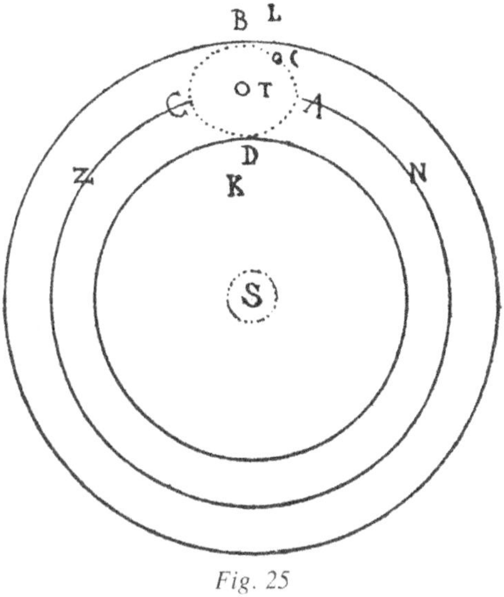

Fig. 25

de *A* para *B*, a matéria do céu contida no círculo *ABCD* girou com o ar e a Terra à volta do centro *T*, fazendo como que um pequeno turbilhão que depois continuou sempre o seu percurso com a Lua e a Terra, seguindo o círculo *TZN* à volta do Sol.

150. Por que razão a Terra gira à volta do seu centro.

Isto não é todavia a única causa que faz com que a Terra gire sobre o seu eixo. Dado que consideramos que outrora foi uma estrela fixa que ocupava o centro de um turbilhão particular do céu, devemos pensar que girou assim desde então e que a matéria do primeiro elemento, que permanece sempre no seu centro, continua a movê-la da mesma maneira.

151. Por que razão a Lua se move mais depressa do que a Terra.

E não há motivo para estranhar que a Terra dê quase trinta voltas sobre o seu eixo enquanto a Lua apenas dá uma ao percorrer o círculo *ABCD*, já que a circunferência deste círculo é cerca de sessenta vezes maior do que o circuito da Terra, fazendo por isso com que o movimento da Lua seja ainda duas vezes mais rápido do que o da Terra. E porque a matéria do céu as transporta a ambas — e provavelmente movendo-se igualmente depressa perto da Terra ou da Lua —, penso que a única razão por que a Lua tem mais velocidade do que a Terra é por ser mais pequena.

152. Por que razão a Lua tem sempre o mesmo lado voltado para a Terra.

Também não há motivo para achar estranho que a Lua tenha sempre o mesmo lado voltado para a Terra. Isto deve-se a que o outro lado é um pouco mais sólido, e por consequência a Terra deve descrever um círculo maior, de acordo com o que anteriormente observamos acerca dos cometas [Arts. 119 e 132]. E não há dúvida de que todas aquelas diferenças em forma de montanhas e de vales, que as lunetas de aproximação nos mostram no lado voltado para nós, provam que não é tão sólido como provavelmente o outro lado. E a causa desta diferença pode ser atribuída à acção da luz que vem do Sol, porque o lado da Lua voltado para nós não recebe apenas a luz que vem do Sol mas também a que lhe é enviada pela reflexão da Terra na altura da Lua nova.

153. Por que razão a Lua cheia ou nova anda mais depressa e se afasta menos da sua trajectória do que durante o quarto crescente e o quarto minguante.

Não nos deve espantar que a Lua cheia ou nova se mova um pouco mais depressa e se desvie menos da sua trajectória em todos os sentidos quando está em *B* ou em *D* [Fig. 25] do que quando no seu quarto crescente ou minguante (isto é, quando está em *A* ou em *C*). É que a matéria do céu contida no espaço *ABCD* está formada com partes do segundo elemento, parecidas com as que estão em *N* e *Z*, e por conseguinte são um pouco mais volumosas e um pouco menos agitadas do que aquelas que estão mais baixas do que *D*, próximo de *K*; pelo contrário, são mais pequenas e mais agitadas do que as mais altas do que *B*, próximas de *L*. Isto faz com que se misturem mais facilmente com aquelas que estão em *N* e em *Z* do que com aquelas que estão em *K* e em *L*. E como o círculo *ABCD* não é exactamente redondo mas mais comprido e largo em forma de elipse, a matéria do céu que contém desliza mais lentamente entre *A* e *C* do que entre *B* e *D*, e assim a Lua que leva consigo também deve deslocar-se mais lentamente e descrever nela as suas trajectórias maiores, quer afastando-se, quer aproximando-se da Terra ou da eclíptica.

154. Por que razão os planetas giram muito depressa e o mesmo não acontece com os que giram à volta de Saturno.

Além disso, não nos devemos admirar que os dois planetas que se diz estarem próximos de Saturno se movam muito lentamente ou nem sequer se movam à sua volta e que, pelo contrário, os quatro que estão à volta de Júpiter se movam muito rapidamente, mesmo que aqueles que estão mais próximos dele se movam mais depressa do que os outros. Pode pensar-se que esta diferença tem origem no facto de Júpiter, assim com o Sol e a Terra, girar à volta do seu eixo, e que Saturno, que é o mais elevado dos planetas, tem sempre o mesmo lado voltado para o centro do turbilhão que o contém, tal como acontece com a Lua e os cometas.

155. Por que razão os pólos do equador estão mais afastados do que os da eclíptica.

Também não nos espantaremos que o eixo sobre o qual a Terra gira durante o dia não seja paralelo ao da eclíptica no qual perfaz a sua trajectória durante um ano, e que a sua inclinação (que dá origem à diferença entre o Verão e o Inverno) seja superior a 23 graus. É que o movimento anual da Terra na eclíptica está principalmente determinado pela trajectória de toda a matéria celeste que gira à volta do Sol, como se deduz do facto de todos os planetas seguirem em conjunto a sua trajectória de acordo com a eclíptica. Mas são os espaços do firmamento donde vêm as partes caneladas do primeiro elemento, e que são os mais apropriados a passar pelos poros da Terra, que determinam a situação do eixo sobre o qual diariamente gira, tal como as partes caneladas dão origem à direcção do íman, como explicaremos a seguir. E uma vez que consideramos que todo o espaço em que agora se situa o primeiro céu conteve outrora catorze turbilhões ou mais, nos centros dos quais havia astros que se transformaram em planetas, não podemos supor que os eixos sobre os quais todos estes astros se movem estivessem voltados para o mesmo lado, já que isto não estaria de acordo com as leis da Natureza, como se demonstrou anteriormente. Mas há motivos para pensar que os pólos do turbilhão que tinha a Terra no seu centro estavam voltados para quase todos os espaços do firmamento relativamente àqueles em que os pólos da Terra ainda se encontram, e sobre os quais efectua a sua rotação diária; e são estas partes caneladas provenientes destes lugares que a retêm nesta posição, pois prestam-se mais a entrar nos seus poros do que aquelas que vêm dos outros locais.

156. Por que razão se aproximam pouco a pouco.

Apesar de tudo, e dado que o circuito que a Terra efectua na eclíptica durante um ano e aquele que efectua diariamente sobre o seu eixo se fariam mais facilmente se o eixo da Terra e o da eclíptica fossem paralelos, as causas que impedem isto modificam-se lentamente com o tempo, o que faz com que o equador se aproxime insensivelmente da eclíptica.

157. A causa geral de todas as variações que se observam no movimento dos astros.

Finalmente, se tivermos em conta que todos os corpos presentes no mundo são contíguos e que nele não pode haver nenhum vazio, não nos surpreenderá os diversos desvios dos planetas que se afastam sempre mais ou menos em todos os sentidos do movimento circular para que estão principalmente determinados. Assim, até os mais distantes agem sempre um pouco uns de encontro aos outros por intermédio daqueles que se encontram de permeio, ainda que o seu efeito seja menor e menos detectável à medida que estão mais afastados. Por isso, o movimento particular de cada corpo pode ser desviado de modo contínuo e minimamente de tantas maneiras quantos os diferentes corpos que se movem no universo. Não acrescento mais nada porque me parece ter explicado tudo o que se observa nos céus e que se pode ver de longe. De seguida procurarei igualmente explicar tudo quanto aparece sobre a Terra [em que há menos coisas a observar, já que a vemos de perto].

Quarta Parte

DA TERRA

1. Para explicar as verdadeiras causas do que existe na Terra há que partir da hipótese anteriormente usada, embora seja falsa

Apesar de não querer que se julgue que os corpos que compõem este mundo visível foram produzidos do modo atrás descrito — como já antes avisei [Parte III – Art. 45] —, no entanto devo partir da mesma hipótese para explicar o que existe na Terra. Espero demonstrar claramente por este meio as razões muito inteligíveis e certas de todas as coisas que se observam e que só podem ser assim explicadas. Portanto, pode concluir-se com razão que [apesar de o mundo não ter sido inicialmente feito assim, mas imediatamente criado por Deus], ainda assim a natureza de todas as coisas [que o mundo contém] continua a ser a mesma como se tivessem sido produzidas agora.

2. Como se formou a Terra, segundo esta hipótese.

Suponhamos, pois, que a Terra que habitamos foi outrora [um astro], composta apenas com a matéria do primeiro elemento [que ocupava o centro destes catorze turbilhões contidos no espaço e ao qual chamámos o primeiro céu] e em nada diferente do Sol, se bem que muito mais pequena e estando fixa no centro do turbilhão à sua volta. Imaginemos que as partículas da sua matéria menos subtis se uniram gradualmente umas às outras, aglomerando-se na superfície e dando origem às nuvens e outros corpos mais espessos e obscuros, semelhantes às manchas que continuamente se produzem e desaparecem à volta do Sol; ora, desaparecendo também estes corpos obscuros pouco depois de terem sido produzidos, as partes que deles restavam — mais volumosas do que as dos dois primeiros elementos — teriam a forma do terceiro, amontoando-se então à volta da Terra e rodeando-a de todos os lados, originando um corpo quase semelhante ao ar que respiramos. Finalmente, imaginemos que este ar se tornou enorme [e espesso] e que os corpos obscuros (que continuavam a formar-se na superfície da Terra) não puderam ser tão facilmente destruídos como antes, cobrindo-a gradualmente e ofuscando-a. Muitas camadas de tais corpos amontoaram-se provavelmente umas sobre as outras, e a força do turbilhão que a continha diminuiu de tal forma que foi totalmente destruído. Finalmente, a Terra, juntamente com o ar e os corpos obscuros que a rodeavam, desceu para as proximidades do Sol, onde actualmente se encontra.

3. A divisão da Terra em três regiões; a descrição da primeira.

Se agora a considerarmos o estado que apresentaria pouco antes de ter descido para as proximidades do Sol, podemos distinguir nela três regiões muito diferentes. A primeira e mais interior está assinalada com *I* e deve conter apenas matéria do primeiro elemento, movendo-se da mesma maneira que a do Sol, — dado que não é de natureza diferente —, exceptuando que talvez não seja tão subtil, uma vez que não pode purificar-se como o Sol, que continuamente expele a matéria das suas manchas. E esta razão facilmente me persuadiria de que o espaço *I* estaria agora quase preenchido apenas com a matéria do terceiro elemento [formado pelas partes menos subtis do primeiro ao unirem-se entre si]; a ser assim, a Terra seria tão sólida que nunca poderia permanecer tão próxima do Sol como está. [Mas podemos imaginar outras hipóteses para explicar o facto de neste espaço *I* só poder ter existido a matéria mais pura do mais puro elemento, pois as partículas desta matéria (que se predispõem mais a aderir umas às outras) talvez sejam impedidas de entrar aí pelo espaço da segundo região; ou, quando fechada nestes espaços, talvez o movimento desta matéria seja tão forte que algumas das suas partículas se desagregam e outras se separam gradualmente do corpo que a rodeia].

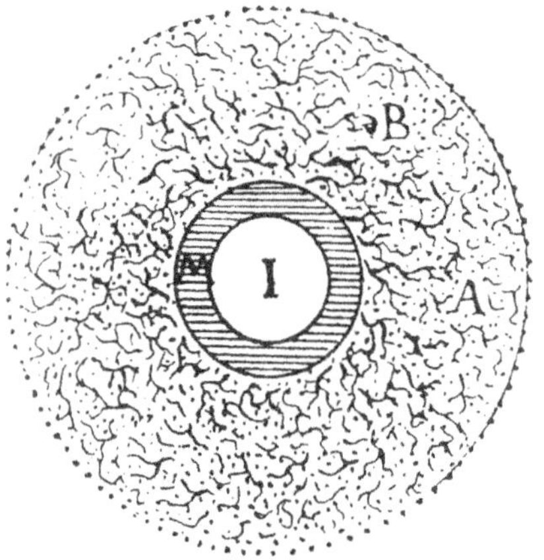

Fig. 26

4. A descrição da segunda região.

A segunda ou a região média [aqui assinalada com *M*] está preenchida com um corpo muito opaco [ou duro] e sólido [ou cerrado], de modo que os seus poros não são maiores do que aqueles que não dão passagem às partículas caneladas da matéria do primeiro elemento; tanto mais que só se formou com partículas desta matéria, que são extremamente pequenas e não deixaram grandes intervalos entre si quando se juntaram umas às outras. E por experiência constata-se que as manchas do Sol que se produziram da mesma maneira que este corpo *MAIS* (sendo mais finas e menos espessas e no entanto de natureza semelhante à dele) impedem a passagem da Lua, o que demonstra que não têm poros bastante grandes para receber as partículas do segundo elemento. [Com efeito, se tais poros existissem seriam sem dúvida tão direitos e unidos que não interceptariam a luz] porque a matéria que os forma era inicialmente muito mole e fluida, constituída apenas por partículas diminutas muito fáceis de dobrar.

5. A descrição da terceira região.

Ora, estas duas primeiras regiões mais interiores da Terra não nos interessam muito porque nenhum homem vivo jamais desceu até elas. Mas temos muito mais coisas a observar na terceira já que nela se produzem todos os corpos que vemos à nossa volta. Apesar de tudo, parece que aí só existe um amontoado confuso de partículas que não estão estreitamente unidas, havendo entre elas muita matéria do segundo elemento. Uma vez que podemos conhecer a sua natureza examinando como se formaram exactamente, podemos também chegar a um conhecimento perfeito de todos os corpos compostos por ela.

6. As partículas do terceiro elemento que se encontram nesta terceira região devem ser bastante grandes.

Antes de mais, uma vez que estas partes do terceiro elemento derivam dos restos das [nuvens ou] manchas que outrora se formaram na Terra quando ainda era semelhante ao Sol, cada uma delas deve compor-se de várias outras muito mais pequenas pertencentes ao primeiro elemento antes de se unirem; e também deve ser bastante sólida e grande para evitar ser quebrada pelas esferazinhas da matéria do céu que rolam continuamente à sua volta: com efeito, todas as que se partiram, não conservaram a forma do terceiro elemento, retomando pois a do primeiro ou a do segundo.

7. Estas partículas poderiam ter sido alteradas pela acção dos outros dois elementos.

É verdade que apesar de as partículas do terceiro elemento serem bastante grandes e sólidas para se dissiparem completamente ao chocarem com as do segundo, contudo podem alteradas ser por elas [e com o decorrer do tempo até podem ser completamente destruídas, pois cada uma compõe-se de várias que, por terem a forma do primeiro elemento, deverão ser muito pequenas e flexíveis].

8. Estas partículas são maiores do que as do segundo elemento, mas não tão sólidas nem tão agitadas.

E porque estas partes do primeiro elemento que compõem as do terceiro, possuem figuras diferentes, não poderão unir-se tão justamente umas às outras se entre elas não restarem muitos intervalos tão apertados que só poderiam encher-se com a matéria mais fluida e mais subtil deste primeiro elemento. Isto dá origem a que estas partes do terceiro elemento que o constituem não sejam tão maciças ou sólidas, nem capazes de uma agitação tão forte como as do segundo, ainda que sejam mais volumosas. Acrescente-se ainda que estas partes do segundo elemento são redondas, o que as torna muito apropriadas para o movimento, ao passo que as do segundo só poderão apresentar figuras muito irregulares e diferentes devido ao modo como se formam.

9. Como inicialmente se juntaram à volta da Terra.

Apesar de estas partículas do terceiro elemento se encontrarem já à volta da Terra, é necessário observar que antes de a Terra ter descido para as proximidades do Sol elas estavam completamente separadas umas das outras, embora não se espalhassem confusamente por todo o céu mas permanecessem lado a lado e apoiadas umas nas outras, como aqui se representam. A razão disto está em que as partículas do segundo elemento [que formam um turbilhão à volta da Terra] eram mais maciças do que elas e empurravam-nas continuamente para o seu centro, esforçando-se por se separar delas.

10. Ficaram vários intervalos entre a matéria do primeiro e segundo elementos [que os outros dois elementos encheram].

Além disso, há que notar [Fig. 26] que entre as partículas do segundo elemento (que se encontravam nestes intervalos) as mais baixas relativamente à Terra eram um pouco mais pequenas do que as mais elevadas, e isto pela mesma razão — já antes expressa [Parte II

– Art. 85] — pela qual as partículas situadas à volta do Sol são gradualmente mais pequenas consoante se aproximam da superfície. Por outro lado, todas estas partículas do segundo elemento, situadas na região mais elevada da Terra, não serão mais volumosas do que aquelas que se encontram actualmente à volta do Sol, acima da esfera do Mercúrio, mas serão provavelmente mais pequenas porque o Sol é maior do que alguma vez a Terra o foi. Daqui se segue que também eram mais pequenas do que aquelas que se encontram actualmente nesta mesma região da Terra, dado que estas estão mais afastadas do Sol do que as situadas abaixo da esfera de Mercúrio, e por consequência devem ser mais volumosas.

11. As partes do segundo elemento teriam sido, inicialmente, mais pequenas do que as mais próximas do centro da Terra.

Também se deve observar que, apesar de se apoiarem umas na outras, contudo, devido à diferença e irregularidade das suas figuras e de se juntarem sem qualquer ordem à medida que se foram formando, não podiam estar tão apertadas, nem tão unidas, ao ponto de não haver intervalos à volta delas; por sua vez, eram suficientemente grandes, para dar passagem tanto à matéria do primeiro elemento como à do segundo.

12. Os espaços por onde elas passavam entre as partes da terceira região eram mais estreitos.

Ainda se deve observar que à medida que as partes terrestres desta região mais elevada se foram produzindo, amontoaram-se de tal maneira que os intervalos entre elas se ajustaram à grandeza destas partículas do segundo elemento; e assim, quando outras mais volumosas lhes sucederam não encontraram uma passagem totalmente livre.

13. As partículas mais volumosas [desta terceira região] não eram sempre as mais baixas.

Note-se, por fim, que algumas partes mais volumosas e sólidas destas partículas do terceiro elemento mantinham-se frequentemente acima de outras que eram menores. Como tinham apenas um movimento uniforme à volta do eixo da Terra e se travavam facilmente umas às outras devido à irregularidade das suas figuras, sendo cada uma empurrada para o centro da Terra pelas partículas do segundo elemento — e tanto mais fortemente quanto mais volumosa e sólida a partícula fosse —, nem se poderiam afastar das que eram menos sólidas a fim de descer mais para baixo. Assim, conservavam quase a mesma ordem segundo a qual se foram formando [de modo que as mais baixas eram aquelas que provinham das manchas que desapareciam em último lugar].

14. Posteriormente formaram-se diversos corpos [na terceira região da Terra].

Ora, quando [o globo da] Terra, assim formado por três regiões diferentes, desceu para as proximidades do Sol, isto não causou grande mudança nas duas mais baixas, mas apenas na mais elevada, que primeiramente deve ter-se dividido em dois corpos diferentes, depois em três, em quatro, e seguidamente em muitos outros.

15. As principais acções mediante as quais estes corpos se produziram. A explicação da primeira [sobre o movimento geral das esferas celestes].

Procurarei agora explicar de que modo todos estes corpos terão sido produzidos. Mas antes é necessário dizer algo sobre as três ou quatro acções principais que contribuíram para esta produção. A primeira consiste no movimento em geral das partículas da matéria celeste; a segunda [naquilo que se chama] o movimento; a terceira, na luz; e a quarta, no calor. Pelo movimento das partículas da matéria celeste geralmente entendo a sua agitação contínua, que é tão grande que não só é suficiente para o fazer dar uma grande volta anual em redor do Sol e outra diária à volta da Terra, mas também para as pôr em movimento de muitas outras maneiras. Ora, quando adquirem o seu trajecto para qualquer lado prosseguem sempre o mais possível em linha recta, e por isso ao misturarem-se com as partículas do terceiro elemento (que constituem todos os corpos desta região mais elevada da Terra) produzem muitos efeitos. Anotarei de seguida os três principais.

16. O primeiro efeito desta primeira acção, que é tornar os corpos transparentes.

O primeiro consiste em tornar transparentes todos os corpos líquidos compostos pelas partículas do terceiro elemento, que são tão pequenas e tão pouco comprimidas que as do segundo podem passar por todos os lados à volta delas. Dado que ao passarem assim entre as partículas destes corpos têm força para lhes modificar a posição, abrem portanto passagens em todos os sentidos (e em linha recta, ou pelo menos em linhas tão aptas a transmitir a acção da luz como as rectas), fazendo assim com que estes corpos se tornem transparentes. Por experiência vemos que na Terra todos os elementos puros compostos de partículas bastante pequenas são transparentes. Com efeito, e relativamente ao mercúrio, as suas partículas são tão volumosas que se comprimem umas contra as outras e não permitem que a matéria do segundo elemento passe por todos os lados, mas só a do primeiro. Quanto à tinta, ao leite, ao sangue ou a outros líquidos semelhantes que não são puros nem simples, há neles partículas extremamente volumosas com que formam um corpo à parte [como acontece com cada grão de areia ou de poeira] e que os impede de serem transparentes. Quanto aos corpos duros, pode observar-se que todos eles são transparentes e se formaram a partir de alguns líquidos transparentes cujas partículas se detiveram pouco a pouco umas ao lado das outras e sem que algo se misturasse entre elas de modo a alterar-lhes a ordem. No entanto, os corpos opacos e obscuros são todos aqueles cujas partículas se juntaram por qualquer força estranha que não obedeceu ao movimento da matéria celeste: com efeito, ainda que nesses corpos também haja vários poros por onde as partículas do segundo elemento podem passar, contudo encontram-se tapados ou obstruídos em vários locais e assim não podem transmitir a acção da luz.

17. De que modo os corpos duros podem ser transparentes.

Para se perceber como é possível que um corpo muito duro e sólido — por exemplo, o vidro ou o cristal — tenha bastantes poros para dar passagem à matéria celeste em linhas rectas em todo o sentido (e deste modo possuírem o que afirmei ser necessário para que um corpo se torne transparente), podemos observar várias maçãs ou esferas bastante volumosas e sólidas introduzidas numa rede e de tal modo comprimidas que conjuntamente formem todas um corpo duro. Ora, e para onde quer que este corpo se volte, se introduzirmos por cima grãos de chumbo ou outras esferas suficientemente pequenas para passarem entre as mais volumosas, devido à força do seu peso vê-las-emos deslizar para baixo a direito através deste corpo. E mesmo que acrescentemos chumbo granulado sobre o corpo duro de modo a preencher todas as passagens por onde podem entrar, esta acção do peso passará em linha recta até às do fundo, na direcção do centro da Terra, precisamente no momento em que as mais altas passarem para baixo das que lhes são inferiores. Teremos assim a imagem de um corpo muito duro e sólido, e mesmo assim muito transparente, porque não é necessário que as partículas do segundo elemento tenham passagens mais direitas para transportar a acção da luz, que são aquelas por onde estes grãos de chumbo descem entre as maçãs.

18. O segundo efeito da primeira acção, que é purificar os líquidos e dividi-los em corpos diferentes.

O segundo efeito produz a agitação da matéria subtil nos corpos terrestres, principalmente nos líquidos, e consiste no seguinte: quando nestes corpos há duas ou mais espécies de partículas confusamente misturadas entre si, essa agitação separa-as e forma dois ou vários corpos diferentes, ou então ajusta-as umas às outras distribuindo-as por todos os locais deste corpo — e deste modo purifica-o e faz com que cada uma das suas gotas se assemelhe às restantes. Isto deve-se ao facto de que essa agitação desliza por todos os lados entre as partes terrestres (que são desiguais), empurrando continuamente as que, devido ao seu tamanho, figura ou situação, se encontram mais adiantadas do que as outras no caminho por onde passa, até ter alterado de tal modo a sua posição que se espalham igualmente por todos os recantos deste corpo, ajustando-se tão bem às outras que não impedem os seus movimentos; ou então, se não conseguem ajustar-se assim, separam-nas completamente umas das outras, formando então um corpo diferente do seu. É assim que várias impurezas no vinho novo se separam pela acção da matéria subtil: não vão apenas para cima ou para baixo do vinho — o que se poderia atribuir à sua leveza ou peso — mas há também outras que se agarram aos lados do tonel. Apesar de este vinho se compor ainda de várias partículas de diferentes tamanhos e figuras, ficam de tal modo ordenadas (depois de ter clareado pela acção desta matéria subtil) que o vinho à superfície do tonel não é diferente do que está no meio ou no fundo por cima da borra. O mesmo acontece com numerosos outros líquidos.

19. O terceiro efeito, que é o arredondamento das gotas destes líquidos.

O terceiro efeito consiste em tornar redondas as gotas de todos os líquidos quando inteiramente rodeadas de ar ou de outro líquido cuja natureza é tão diferente da sua que não se misturam com ele, como expliquei nos *Meteoros*. Como numa gota de água esta matéria subtil encontra os poros diversamente dispostos — por exemplo, diferentemente dos do ar que a rodeia — e porque sempre que possível tende a mover-se seguindo linhas rectas, é evidente que a superfície desta gota de água oferece menos resistência ao movimento, não só ao das partículas da matéria subtil que está nos seus poros, como também ao das partículas da matéria no ar que a rodeia, que assim seguem linhas o mais rectas possíveis sem passar de um corpo para outro, mas só quando esta superfície é completamente redonda. Quando tem outra figura, as partículas da superfície mais afastadas do centro (e não tanto as outras) ocasionam mais desvios nos movimentos da matéria subtil no ar circundante, empurrando-as assim mais para o centro; pelo contrário, os movimentos da matéria na gota de água são mais desviados pelas partículas da superfície mais próximas do centro, forçando-as a afastarem-se. Deste modo, a matéria subtil [que se encontra dentro desta gota, assim como a que está fora] contribui para [que todas as partes da sua superfície sejam equidistantes do seu centro, isto é] que seja redonda ou esférica. Para se entender isto melhor deve-se observar que o ângulo de uma recta com uma curva tangente é mais pequeno do que qualquer ângulo com duas rectas; e, de todas as linhas curvas, só na circular é que o ângulo de contacto é o mesmo em todas as suas partes. Donde se segue que os movimentos impedidos de serem rectos [por qualquer causa que os desvia igualmente em todas as suas partes] devem ser circulares quando se efectuam numa única linha e esféricos quando feitos na direcção dos lados de qualquer superfície.

20. A explicação da segunda acção: em que consiste o peso.

A segunda acção é a que torna os corpos pesados, o que se relaciona com a acção que faz com que as gotas de água sejam redondas. Com efeito, e só pelo facto de se mover indiferentemente por todos os lados à volta de uma gota de água, é a mesma matéria subtil que igualmente empurra todas as partículas da sua superfície para o centro; e pelo simples facto de se mover à volta da Terra, atrai também todos os corpos ditos pesados, que são as suas partículas; nisto consiste o peso dos corpos terrestres.

21. Cada parte da Terra, considerada isoladamente, é mais leve do que pesada.

Para se entender perfeitamente em que consiste a natureza deste peso, há que observar que se todo o espaço à volta da Terra fosse desprovido das suas partículas de modo a ficar vazio, isto é, se fosse preenchido por um só corpo que não ajuda nem impede o movimento dos outros corpos (que é o que propriamente se deve entender por vazio), continuando também girar sobre o seu eixo durante as vinte e quatro horas [como actualmente acontece], então todas as partículas que não estivessem estreitamente unidas a ela separar-se-iam e afastar-se-iam em todas as direcções do céu, tal como acontece com a areia lançada sobre um pião a girar: não permanece nele mas é lançada em todas as direcções do ar. Se assim fosse, todos os corpos terrestres seriam leves em vez de pesados.

22. *Em que consiste a leveza da matéria celeste.*

Mas como o vazio não existe à volta da Terra e como esta não tem em si a força que a faz girar sobre o seu eixo durante as vinte e quatro horas, pois é impelida pelo trajecto da matéria celeste que a circunda e que a penetra por todos os seus poros, então devemos considerar a Terra como um corpo sem qualquer movimento; e igualmente devemos pensar que, relativamente a ela, a matéria do céu não seria leve nem pesada se tivesse apenas a agitação que a faz girar em vinte e quatro horas com a Terra. Porém, e uma vez que tem muito mais do que a necessária para o efeito, emprega a que tem em excesso para girar mais depressa do que a Terra no mesmo sentido, e também faz outros movimentos diferentes para todos os lados; ora, como estes movimentos não podem continuar em linhas tão rectas como aconteceria se a Terra não estivesse no seu caminho, por isso [não só fazem um esforço para a tornar redonda ou esférica, como se disse a respeito das gotas de água, como também esta matéria celeste tem mais força para se afastar do centro à volta do qual gira do que algumas partes da Terra], o que faz com que seja leve em relação a ela.

23. *É a leveza desta matéria celeste que torna os corpos terrestres pesados.*

Há que notar [Fig. 26] que a força com que a matéria celeste tende a afastar-se do centro da Terra só fará efeito se as partículas que nela se afastam subirem para o lugar de algumas partes terrestres que descem ao mesmo tempo para o lugar delas. Como todo o espaço à volta da Terra está preenchido pela sua matéria ou pela celeste, e como todas as partículas do segundo elemento que constituem as celestes têm força semelhante, não se expulsam mutuamente dos seus lugares. Mas dado que a mesma força não existe na Terra quando alguma das suas partículas se encontra mais afastada do seu centro do que as partes do céu que podem subir no seu lugar, é claro que então devem subir e, consequentemente, fazê-la descer para o seu lugar. Assim, cada um dos corpos que chamamos pesados não é impelido para o centro da Terra por toda a matéria celeste que a circunda, mas apenas pelas partes desta matéria que sobem para o seu lugar quando esta desce; e consequentemente, todas em conjunto são portanto tão volumosas como ele. Por exemplo, se *B* é um corpo terrestre cujas partículas são mais espessas do que as do ar que o rodeia, de modo que os seus poros contêm menos matéria celeste do que os da porção deste ar que deve subir para o seu lugar caso desça, é evidente que a matéria celeste — que é mais abundante nesta porção do ar do que neste corpo B — tende a afastar-se do centro da Terra e tem força suficiente para fazer com que se aproxime dele [dando-lhe, assim, a qualidade que se chama peso].

24. Como muitos corpos são mais pesados do que outros.

Para se poder calcular exactamente como este peso é grande, há que considerar que nos poros deste corpo *B* existe alguma quantidade de matéria celeste que tem tanta força como uma quantidade igual à que se encontra nos poros da porção do ar que subirá para o seu lugar, ficando assim apenas o excesso; e no entanto também resta alguma quantidade de matéria do terceiro elemento nesta porção de ar, que também deve ser abatida com uma quantidade igual da matéria que forma o corpo *A*, embora todo o peso deste corpo consista em que o resto da matéria subtil existente nesta porção de ar tenha mais força para se afastar do centro da Terra do que o resto da matéria terrestre que o compõe.

25. O seu peso não tem sempre a mesma relação com a sua matéria.

E para que nada se omita, refira-se que por matéria celeste ou subtil não entendo apenas a do segundo elemento mas também a do primeiro, misturada entre as suas partes; além disso, aí também devem estar compreendidas as partículas do terceiro, que os trajectos desta matéria celeste leva mais depressa do que toda a massa da Terra; e também ar pertencem a esta categoria todas aquelas que compõem o. Refira-se também que aquilo que aí existe do primeiro elemento — a que dou o nome de matéria subtil — tem mais força para se afastar do centro da Terra do que uma quantidade igual do segundo, pois move-se mais depressa; do mesmo modo, o segundo elemento tem mais força do que uma quantidade igual das partículas do terceiro que constituem o ar e que se movem consigo. Donde se segue que o peso não é suficiente por si para dar a conhecer quanta matéria terrestre há em cada corpo. Pode acontecer que, por exemplo, uma massa de ouro seja vinte vezes mais pesada do que uma quantidade de água da mesma espessura que mesmo assim não conterá vinte vezes mais matéria, mas apenas quatro ou cinco vezes mais, porque é necessário retirar tanta água como ouro devido ao ar em que os pesamos; e porque as partículas terrestres da água — como geralmente as de todos os líquidos, como se disse das do ar — possuem qualquer movimento que se harmoniza com os da matéria subtil, nem por isso são tão pesadas como as dos corpos duros.

26. Por que razão os corpos pesados não agem como tais quando se encontram entre os seus semelhantes.

Há que lembrar também que todos estes movimentos são circulares, no sentido já explicado [Parte II – Art. 33]. Donde se segue que um corpo não pode ser arrastado para baixo pela força do seu peso se outro corpo não subir simultaneamente para ocupar o mesmo espaço, ainda que não seja tão pesado. É por esta razão que as partes mais elevadas da água ou de outro líquido contido num recipiente (tão grande e tão fundo quanto possa ser) não influenciariam as mais baixas, mesmo que cada recanto do fundo deste recipiente só fosse pressionado por tantas partes deste líquidos quantas as colocadas directamente sobre ele.

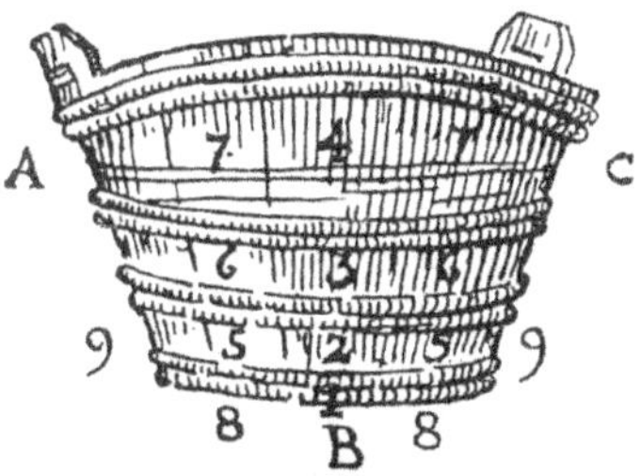

Fig. 27

Por exemplo, no recipiente *ABC* a gota de água assinalada com *1* não foi impelida pelas outras *2,3,4* que estão por cima; pois se estas descessem, gotas de água como as *5,6,7* não poderiam subir para o seu lugar; e como estas não são menos pesadas, mantêm-nas em equilíbrio, impedindo-as portanto de fazerem pressão entre si; e todas as gotas de água que estão em linha recta *1,2,3,4* fazem igualmente pressão sobre a parte do fundo do recipiente assinalado com *B*, porque se *B* descesse todas estas gotas poderiam também descer imediatamente [e para o seu lugar subiriam, por fora do recipiente, as partes do ar *8,9* ou semelhantes, que são mais leves]. Mas esta parte *B* só é pressionada pelo pequeno cilindro de água *1,2,3,4* do qual forma a base, porque se começasse a descer só poderia ficar aí a água deste cilindro *1,2,3,4* (ou uma quantidade idêntica) que a segue no mesmo instante. Estas considerações podem servir para explorar as várias particularidades a respeito dos efeitos do peso, causando admiração a quem ignora as suas verdadeiras causas.

27. Por que razão tendem para o centro da Terra.

Finalmente, observe-se que apesar de as partes do céu se moverem simultaneamente de muitas maneira, contudo harmonizam-se no equilíbrio e na posição entre si, de tal modo que estendem a sua acção igualmente por todos os lados até onde for possível. Assim, pelo simples facto de a massa da Terra repugnar aos movimentos devido à sua dureza, todas as partes do céu tendem a afastar-se igualmente da sua proximidade, seguindo linhas rectas tiradas do centro, a não ser que haja causas particulares que introduzam qualquer contrariedade. Posso conceber duas ou três destas causas, mas ainda não soube nem pude fazer nenhuma experiência que me certifique se os seus efeitos são sensíveis ou não.

28. De que modo a terceira acção, que é a luz, agita as partículas do ar.

Quanto à luz (que vem do Sol e das estrelas e se difunde por todas as partes do céu), que é a terceira acção a considerar, penso que já expliquei a sua natureza anteriormente [Parte III – Art. 55 e segs.]. Falta apenas observar que apesar de todos os seus raios virem da mesma maneira do Sol, limitando-se apenas a agitar em linha recta os corpo que encontram, todavia causam diversos movimentos nas partes do terceiro elemento que compõem a região mais elevada da Terra, já que as suas partes também se movem por outras causas e não se apresentam sempre da mesma maneira. Por exemplo, se *AB* é uma dessas partes do terceiro elemento apoiada noutra assinalada com *C*, havendo outras como *DEF* por cima dela, facilmente se compreende que a interposição de outras partes já não impedirá tanto os raios do Sol que vêm de *GG* de fazer mais pressão sobre as extremidades da parte *A* do que sobre as de *B*, de modo que a devem fazer descer mais; e imediatamente a seguir, estas partes para *DEF* mudam de posição porque se movem devido à matéria celeste que corre à volta delas, e assim já não impedem tanto os raios do Sol de fazer mais pressão sobre *B* do que sobre *A*. Isto confere à parte terrestre *AB* um movimento totalmente contrário ao precedente: e o mesmo acontece com todas as outras partes, sendo portanto continuamente agitadas aqui e ali pela luz do Sol.

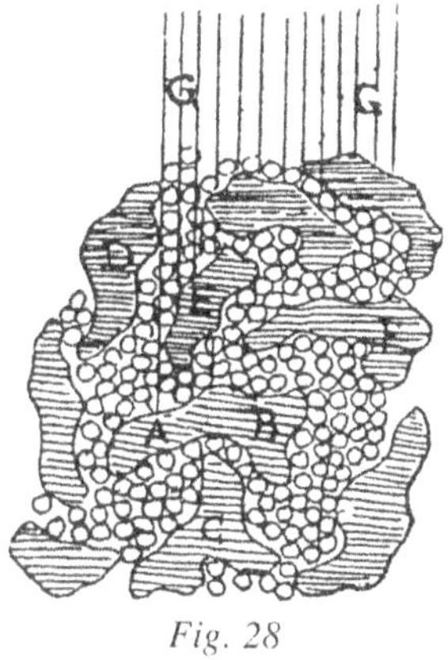

Fig. 28

29. Explicação da quarta acção, que é o calor; e por que razão permanece após a luz que o produziu.

Ora, a esta agitação das partículas dos corpos chama-se o seu calor (quer tenha sido originado pela luz do Sol, quer por qualquer outra causa), principalmente quando é maior do que o habitual e actua mais intensamente sobre os nervos da mão [ao senti-lo]; com efeito, esta denominação de calor diz respeito ao sentido do tacto. Também pode observar-se o motivo por que o calor produzido pela luz permanece posteriormente nos corpos terrestres, mesmo quando esta luz já não existe, até que outra causa o elimine: consiste apenas no movimento das partículas destes corpos, o qual uma vez produzido deve permanecer nelas (segundo as leis da Natureza [Parte II – Art. 37]) até poder transferir-se para outros.

30. Como o calor penetra nos corpos não-transparentes.

Note-se também que as partes terrestres assim agitadas pela luz do Sol agitam outras que estão debaixo delas, e estas agitam outras mais abaixo, e assim sucessivamente. Desta forma, ainda que os raios do Sol não vão além da primeira superfície dos corpos terrestres, que são opacos e obscuros, contudo há sempre uma metade da Terra aquecida pelo Sol, e assim o seu calor chega ao mesmo tempo às zonas mais baixas do terceiro elemento que formam a região segunda ou média.

31. Por que razão o calor habitualmente dilata os corpos onde se encontra.

Finalmente, deve observar-se que esta agitação das partículas dos corpos terrestres está na origem de ocuparem mais espaço do que quando em repouso ou quando menos agitadas. A razão disto deve-se ao facto de terem figuras irregulares, podendo ser melhor arrumadas ao lado umas das outras quando conservam a mesma posição do que quando o seu movimento as altera. Donde se segue que o calor torna todos os corpos terrestres rarefeitos — uns mais do que outros — de acordo com a diversidade de figuras e a organização das partículas. [Assim, pode condensar alguns, porque as partículas se organizam melhor e se aproximam mais umas das outras, quer sejam agitadas ou não, como se disse a respeito do gelo e da neve nos *Meteoros*].

32. De que modo a terceira região da Terra começou a dividir-se em corpos diferentes.

Depois de observadas as diferentes acções que podem originar mudanças na ordem das partículas terrestres, se novamente considerarmos que a Terra desceu recentemente para a região do Sol, com a sua região mais elevada composta de partes do terceiro elemento e arrumadas umas ao lado das outras sem estarem estreitamente reunidas num todo de modo a haver entre elas pequeníssimos intervalos cheios de partes do segundo elemento, um pouco mais pequenas do que aquelas que compõem os espaços do céu por onde passa ao descer e do que o espaço onde ela se mantém à volta do Sol, então ser-nos-ia fácil pensar que estas partículas do segundo elemento devem ceder os seus lugares às mais volumosas e estas, entrando impetuosamente nestes espaços um pouco estreitos para as receber, impelem as partes terrestres que encontram no caminho, fazendo-as assim descer para debaixo das outras; obrigam a descer principalmente as mais volumosas, devido ao seu peso, que também impede mais os seus movimentos. Dado que estas partes terrestres assim impelidas para baixo das outras têm figuras muito irregulares e diferentes, fazem pressão umas sobre as outras, agarrando-se e unindo-se muito mais estreitamente do que aquelas que permanecem ao de cima, interrompendo também o trajecto da matéria celeste que as impele. Deste modo, a região mais elevada da Terra, tendo sido outrora como se representa na zona *A*, dividiu-se depois em dois corpos muito diferentes, *B* e *C*, em que *B* é o mais elevado, pouco denso, líquido e transparente, e *C*, em comparação, é muito sólido, duro e opaco.

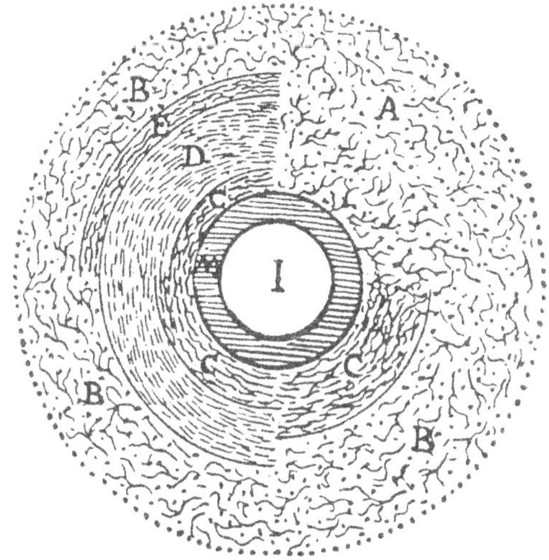

Fig. 29

33. Há três géneros diferentes de partes terrestres.

Também se poderia pensar que entre *B* e *C* se deve ter formado um corpo, desde que se considere que, apesar de as partes do terceiro elemento — que constituem esta região mais elevada da Terra — terem uma infinidade de figuras muito irregulares e diferentes, como se disse atrás [Art. 8], todavia reduzem-se a três géneros principais: o primeiro compreende todas as partes que têm figuras intricadas e cujas extremidades se prolongam de diversas maneiras como ramos de árvores ou coisas parecidas; as que pertencem a este género são principalmente as mais volumosas que, ao serem impelidas para baixo pela acção da matéria celeste, se agarram umas às outras e formam o corpo *C*. O segundo género contém todas as que estão dotadas com alguma figura que as torna mais maciças e sólidas do que as precedentes, não tendo de ser perfeitamente redondas ou quadradas, pois podem ter figuras diferentes tal como as pedras por talhar; as mais volumosas deste género devem ter-se juntado ao corpo *C* devido ao peso, mas as mais pequenas permaneceram na zona *B* entre os intervalos das partes do primeiro género. O terceiro é o daquelas que, sendo compridas e finas como juncos ou varas, não são intricadas como as primeiras nem maciças como as segundas, mas que, tal como estas, se misturam aos corpos *B* e *C*; contudo, como não se agarram, podem ser facilmente puxadas.

34. Como se formou um terceiro corpo entre os dois precedentes.

Tendo isto em conta, é razoável acreditar que quando as partes do primeiro género, que formam o corpo *C* [Fig. 29], começaram a juntar-se, várias partes do terceiro género misturaram-se entre si; porém, logo a seguir a acção da matéria celeste fez pressão sobre elas e assim estas partes do terceiro género saíram do corpo *C* e juntaram-se por baixo, na zona *D*, onde formaram um corpo muito diferente dos dois precedentes *B* e *C*, tal como acontece quando se caminha em terreno pantanoso: a única força com que se pisa, a dos pés, é suficiente para fazer sair a água dos poros, e assim todas as partes desta água juntam-se num corpo que cobre a sua superfície. Também é razoável acreditar que enquanto estas partes do terceiro género subiram de *C* para *D*, outras desceram de *B*, tanto deste género como do segundo, as quais aumentaram estes mesmos corpos *C* e *D*.

35. Este corpo compõe-se de um único género de partes.

Ora, ainda que inicialmente tenham existido diferentes partes do segundo e terceiro géneros misturadas com a do primeiro, que formam o corpo *C*, refira-se todavia que estas partes do segundo género não puderam sair tão facilmente deste corpo — ao ser mais pressionado — como as do terceiro; ou então, se várias saíram, depois entraram aí mais facilmente. A razão disto reside no facto de as partes do terceiro género terem mais superfície devido à quantidade de matéria, e por isso foram mais facilmente expulsas do corpo *C* pela matéria celeste que corre pelos seus poros. E por serem compridas depositaram-se obliquamente em toda a superfície após terem saído dos poros, de modo que não puderam entrar aí como as do segundo.

36. Todas as partes do terceiro género reduziram-se a duas espécies.

Assim, várias partes do terceiro género reuniram-se na zona *D*; e se bem que ao princípio nem todas tenham sido iguais nem completamente semelhantes, contudo tiveram isto em comum: não puderam agarrar-se umas às outras nem a quaisquer outros corpos, tendode seguir o trajecto da matéria celeste que corria à volta delas; foi devido a isto que se juntaram na zona *D*. E porque a matéria celeste presente no meio delas continuou a agitá-las, obrigando-as alternada e sucessivamente a dar lugar uma à outra, com o decorrer do tempo terão ficado fortemente unidas e resvaladiças, adquirindo pouco depois idêntico volume para poderem encher os mesmos locais. E assim todas se reduziram a duas espécies: as que eram inicialmente mais volumosas permaneceram totalmente direitas sem se dobrarem, e as outras, que eram demasiado pequenas para se dobrarem com a agitação da matéria celeste, uniram-se à volta destas mais grossas e puseram-se em movimento com elas. Ora, estas duas espécies de partes, umas flexíveis e outras não, puderam continuar a mover-se mais facilmente uma vez juntas [pois separadas não o podiam fazer]; ora, isto deve-se ao facto de não se terem reduzido a uma única espécie. Apesar de inicialmente terem sido mais ou menos flexíveis ou gradualmente inflexíveis, todavia, como aquelas que inicialmente puderam dobrar-se pela acção da matéria celeste continuaram depois a ser sempre dobráveis [de diversas maneira por esta mesma acção], todas se tornaram muito flexíveis como pequenas enguias ou extremidades de cordas, que são tão curtas que não podem prender-se umas às outras. E, pelo contrário, aquelas que inicialmente não se dobravam também não o fizeram depois, o que está na origem de serem muito duras e inflexíveis.

37. De que modo o corpo assinalado com C se dividiu em vários.

Também se deve observar que o corpo *D* [Fig. 29] começou a separar-se dos outros dois, *B* e *C*, antes de estarem completamente formados, isto é, antes de *C* se ter tornado tão duro que a matéria celeste não pôde comprimir mais as suas partes nem fazê-las descer mais fundo, e antes de as partes do corpo *B* terem sido todas postas em tal ordem que esta matéria do céu pôde passar livremente por todos os lados entre elas [em linhas rectas]. De modo que houve ainda várias partes deste corpo *B* que ela fez descer, algumas das quais eram mais sólidas do que aquelas que constituem o corpo *D* e outras menos. [Ora, aquelas que eram mais sólidas passaram facilmente através do corpo *D*, porque é líquido; e, descendo até *C*, algumas entraram nos seus poros e outras, cuja grossura ou figura não o permitiram, permaneceram à superfície. Assim, o corpo *C* dividiu-se em várias regiões diferentes, de acordo com as diferentes espécies de partes que o formaram e as diversas organizações. De tal maneira que se algumas destas regiões eram completamente fluidas, porque aí se juntaram somente partes de tais figuras, não puderam agarrar-se umas às outras. Mas é impossível explicar tudo.

38. Como se formou um quarto corpo por baixo do terceiro.

Quanto às partes do terceiro elemento que foram impelidas para fora do corpo *B*]Fig. 29] pela acção da matéria celeste, e que eram menos sólidas do que as do corpo *D*, devem ter permanecido acima da superfície. E porque muitas tinham figuras irregulares, como acontece aos ramos das árvores, entrelaçaram-se aos poucos e prenderam-se umas nas outras constituindo o corpo *E* [que é duro e muito diferente dos líquidos *B* e *D* entre os quais se encontra]. E embora inicialmente este corpo *E* não possuísse uma espessura reduzida e fosse como que uma película ou casca que cobria a superfície do corpo *D*, deve ter-se tornado paulatinamente mais espesso porque muitas partículas se juntaram a ele [tanto aquelas que desceram do corpo *B* como as que subiram de *D*], da maneira como explicarei nos dois artigos seguintes. E porque a acção do calor e da luz contribuíram para fazer subir e descer estas partes do terceiro elemento que se juntaram ao corpo E, as que se lhes acrescentaram em diferentes regiões durante o Verão ou durante o dia ficaram dispostas de maneira diferente daquelas que vieram acrescentar-se-lhes durante o Inverno ou durante a noite. Foi isto que introduziu alguma distinção entre as partes deste corpo, de modo que actualmente se compõem de várias camadas de matéria como se fossem películas estendidas umas sobre as outras.

39. De que modo este quarto corpo cresceu e o terceiro se purificou.

Ora, não foi necessário muito tempo para dividir a região mais elevada da Terra em dois corpos tais como *B* e *C*, nem para juntar em *D* as partes do terceiro, nem mesmo para começar na zona *E* a primeira camada do quarto; mas foram necessários bastantes anos para que todas as partes do corpo *D* se reduzissem às duas espécies anteriormente descritas [Art. 36] e para que todas as camadas do corpo *E* se concluíssem, já que inicialmente nenhum motivo impedia que as partes do terceiro elemento que se juntavam na zona *D* não fossem umas um pouco mais longas ou mais grossas do que as outras; poderiam até ter figuras diferentes em comprimento e serem mais grossas num lado do que noutro e, finalmente, ter superfícies não totalmente escorregadias e polidas, mas um pouco ásperas e desiguais, mas não tanto que as impedissem de separar-se dos corpos *C* ou *E*. Como não estavam juntas, a matéria celeste que corria à volta delas continuou a agitá-las; e ao seguirem em fila e passarem todas pelos mesmos trajectos, ter-se-ão tornado muito escorregadias e unidas, reduzindo-se às duas espécies de figuras que descrevi. Ou então, aquelas que puderam reduzir-se deverão ter saído deste corpo *D*. Se eram mais sólidas do que aquelas que permaneceram aí, desceram para *C*; mas se eram menos sólidas, subiram, tendo a maioria delas ficado retidas entre *B* e *D*, onde serviram de matéria para aumentar o corpo *E*.

40. Como a espessura deste terceiro corpo diminuiu de modo a que entre ele e o quarto corpo ficasse espaço que se encheu com matéria do primeiro.

Com efeito, durante o dia e o Verão, a luz e o calor do Sol agiriam conjuntamente sobre uma metade completa do corpo D, aumentando de tal maneira a agitação das partículas desta metade que não podiam conter-se, como antes, em tão pouco espaço. Assim, ficando encerradas entre os dois corpos *C* e *E*, várias eram obrigadas a passar pelos poros do corpo *E* para subir para *B*; e logo a seguir, durante o Inverno, desciam de novo para D devido ao peso,

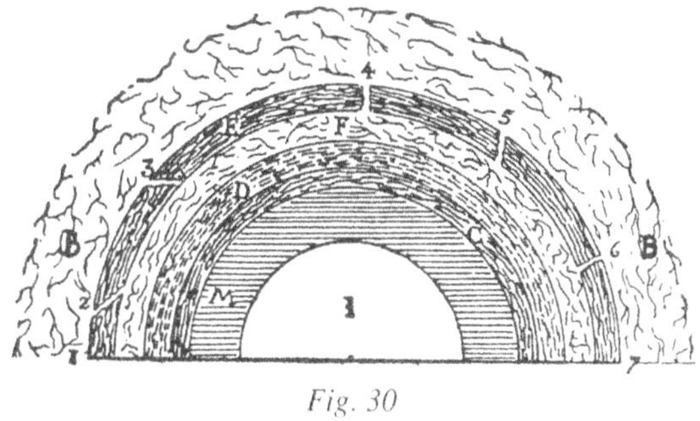

Fig. 30

uma vez que a respectiva agitação era menor. Mas muitas causas poderiam impedi-las de regressar ao corpo *D* e fazer com que a maior parte se juntasse ao corpo *E*, pois a luz e o calor, ao agitá-las quando encerradas entre *B* e *C*, impeliam-nas mais a subir, devido ao respectivo peso, do que depois as impeliam a descer. Assim, algumas conseguiam passar através do corpo *E* quando subiam e, não o encontrando a descer, permaneciam à superfície, onde serviam de mar para o aumentar. Outras encontravam-se de tal modo inseridas nos seus poros que, não podendo subir mais, tapavam a passagem às que desciam. Finalmente, eram quase sempre as mais pequenas e as que tinham figuras mais diferentes do que o habitual que podiam ser expulsas do corpo *D* pela mais simples acção da matéria subtil, sendo por isso as primeiras a subir para

E e para *B* onde deparavam com as partes destes corpos, agarrando-se por vezes a elas, mas quase sempre dividindo-se e mudando de figura, deixando então de ser apropriadas para constituírem o corpo *D*. Assim, muitos anos depois houve muito menos matéria neste corpo *D* do que na altura em que o corpo *E* começou a formar-se, permanecendo nele apenas aquelas partes que puderam reduzir-se às duas espécies já descritas [Art. 36]. É também por esta a causa que o corpo *E* é muito espesso e denso, pois quase todas as suas partículas saídas de *D* ficaram nos seus poros, tornando-o portanto mais denso; ou então mudaram de figura e juntaram-se a algumas partes do corpo *B*, recaindo na sua superfície e tornando-o mais espesso. Por último, isto originou que entre *D* e *E* surgisse um espaço tão grande, como *F*, que não pôde ser preenchido com a matéria que constitui o corpo *B*, da qual algumas partes finíssimas puderam passar pelos poros do corpo *E* para entrar no lugar das que saíram do corpo *D*.

41. Como surgiram as fissuras no quarto corpo.

Assim, ainda que o corpo *E* fosse muito mais maciço e mais pesado do que aquele que estava perto de *F* e provavelmente também mais do que o corpo D, todavia deve ter-se aguentado por cima durante algum tempo, como uma abóbada, devido à sua dureza. Mas ao começar a formar-se, as partes do corpo *D*, a cuja superfície aderia, devem ter conservado nele muitos poros por onde elas podiam passar porque durante a noite muitas subiam continuamente para *B* por acção do calor, preenchendo sempre os poros do corpo *E* por onde passariam. Mas se depois começasse a haver algum espaço entre *D* e *E*, e que continha o corpo *F*, então algumas partículas de *F* entraram nalguns poros do corpo *E*; no entanto, como eram mais pequenas do que as do corpo *D*, que habitualmente se encontrava aí, não poderiam preenchê-los completamente. E uma vez que não há nenhum vazio na Natureza e que a matéria dos dois primeiros elementos acaba sempre por ocupar os espaços que as partes do terceiro elemento deixaram à sua volta, então esta matéria dos dois primeiros elementos entrou impetuosamente nestes poros juntamente com as partículas do corpo F, fazendo tal esforço para alargar alguns que os que estavam contíguos se tornaram muito estreitos. Assim surgiriam as muitas fissuras no corpo *E*, que aumentaram gradualmente, da mesma maneira e pelas mesmas razões como acontece habitualmente em terrenos pantanosos quando os calores do Verão os secam.

42. Como é que este quarto corpo se partiu em muitos fragmentos.

Ora, havendo muitas fissuras no corpo *E*, e que aumentavam gradualmente, acabaram por se tornar tão grandes que, não podendo manter a ligação das suas partes, a abóbada que formava partiu-se de repente, caindo em grandes pedaços na superfície do corpo *C* por força do seu peso. Mas como esta superfície não era suficientemente larga para receber todos os fragmentos deste corpo na mesma posição em que antes se encontravam, alguns caíram necessariamente de lado apoiando-se uns nos outros. Por exemplo, na parte do corpo *E* aqui representado, as primeiras fissuras estiveram nos locais assinalados com *1,2,3,4,5,6,7* e os fragmentos *2,3* e *6,7* terão começado a cair um pouco mais cedo que os outros, tendo as extremidades dos outros quatro assinalados com *2,3,5* e *6* caído mais cedo do que os outros assinalados com *1,2* e *V*; e finalmente *5* — uma das extremidades do fragmento *4,5* — caiu um pouco mais cedo do que *V*, que é uma das extremidades do fragmento *V6*; depois de caírem, estes fragmentos deveriam estar dispostos na superfície do corpo *C* do modo como aparecem nesta figura, em que os fragmentos *2,3* e *6,7* ficaram dispostos a toda a largura nesta superfície e os outros quatro ficaram inclinados sobre os lados, sustentando-se uns aos outros.

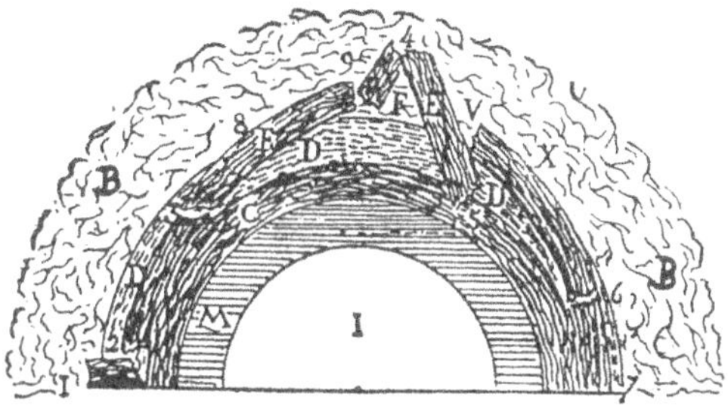

Fig. 31

43. De que modo uma parte do terceiro subiu acima do quarto.

Além disso, como a matéria do corpo *D* é líquida e menos pesada do que os fragmentos do corpo *E*, deve ter ocupado todos os espaços e todas as passagens acima delas; e como não cabia aí, deve ter subido ao mesmo tempo acima das mais baixas *2,3* e *6,7* [formando pelo mesmo processo passagens para entrar e sair de cima de umas para debaixo de outras].

44. Como se formaram as montanhas, as planícies, os mares, etc.

Devido a tudo isto, se pensarmos que os corpos *B* e *F* [Fig. 31] são o ar, que *D* é a água e *C* uma camada de terra interior muito sólida e muito pesada, da qual provêm todos os metais e, finalmente, que *E* é outra camada de terra menos maciça, formada por pedras, argila, areia e lodo, veremos claramente o modo como os mares se fizeram por cima dos fragmentos *2,3,6,7* e semelhantes, e que outras partes não cobertas de água nem mais elevadas do que o restante formaram as planícies. Aquilo que se elevou mais e que tem maior declive — como *1,2* e *9,4V* — deu origem às montanhas. Finalmente, considerando que estes enormes fragmentos só poderiam ter caído do modo explicado se as suas extremidades se tivessem partido em muitos fragmentos pequenos devido à força do seu peso e ao ímpeto da queda, veremos por que razão há rochedos nalguns locais à beira-mar — como *1,2* — e até recifes no interior, como *3* e *6*; e finalmente, por que razão numa mesma região as montanhas têm geralmente cumes diferentes, sendo uns muito mais altos, como em *4*, e outros menos, como em *9* e *V*.

45. A natureza do ar.

Também a partir disto podemos conhecer a natureza do ar, da água, dos minerais e de todos os outros corpos existentes na Terra, como agora procurarei explicar. Primeiramente, pode deduzir-se que o ar não é mais do que um aglomerado de partículas do terceiro elemento, sendo tão finas e de tal modo separadas umas das outras que obedecem a todos os movimentos da matéria celeste existente entre elas. Por esta razão é rarefeito, líquido e transparente e por isso as suas partículas podem adquirir toda a espécie de figuras. O motivo que me leva a afirmar que estas partículas devem estar completamente separadas umas das outras radica no facto de que, se se pudessem separar, não estariam unidas ao corpo *E*. Uma vez assim separadas, cada uma move-se separadamente das vizinhas e conserva para si todo o pequeno espaço esférico de que necessita para circular por todos os lados à volta do respectivo centro, expulsando as outras logo que se apresentam para entrarem, o que não tem nada a ver com as suas figuras.

46. Por que razão o ar pode dilatar-se e condensar-se facilmente.

Isto faz com que o ar facilmente se condense com o frio e se dilate com o calor, porque as suas partículas são quase todas muito moles e flexíveis, como se fossem pequenas penas ou extremidades de fio muito finas, e assim cada uma tem que se alargar quanto mais se agitar, ocupando então um espaço esférico e proporcionalmente maior. Ora, e de acordo com o que se disse [Art. 29] acerca da natureza do calor, este deve aumentar a sua agitação e o frio deve diminuí-la.

47. Por que razão tende imediatamente a dilatar-se quando comprimido em determinadas máquinas.

Finalmente, quando se encerra o ar num recipiente e se introduz uma quantidade muito maior do que habitualmente contém, este sai imediatamente com tanta força como a que foi usada para o introduzir. Isto deve-se ao facto de que no ar assim comprimido cada uma das respectivas partes não tem, por si só, todo o espaço esférico de que necessita para se mover, porque as outras são obrigadas a ocupar parte do mesmo espaço. Apesar de conservar a agitação que tinham, a matéria subtil continua sempre a correr à volta delas e mantêm-lhes sempre o mesmo nível de calor, e assim chocam-se entre si e empurram-se umas às outras, agitando-se e conjugando-se deste modo no esforço para ocupar mais espaço do que aquele que tinham. [Foi isto que esteve na base da invenção de diversas máquinas, incluindo fontes, em que o ar assim fechado faz saltar a água como se viesse de uma fonte muito mais alta; outras são pequenos canhões que, apenas carregados com água, atiram balas ou flechas quase com tanta força como se tivessem sido carregados com pólvora].

48. Da natureza da água e por que razão se evapora e gela tão facilmente.

No que respeita à água, já demonstrei [Art. 36] que se compõe de duas espécies de partículas compridas e unidas, sendo umas moles e flexíveis e outras rígidas e inflexíveis. Assim, quando se separam dão origem ao sal e outras à água doce. E como já demonstrei nos *Meteoros* que todas as propriedades observáveis no sal e na água doce devem-se exclusivamente ao facto de se comporem de semelhantes partículas, por agora basta dizer apenas o seguinte: é possível observar [a sequência] e a ligação das coisas que escrevi. Porque a Terra se formou segundo o processo que acabo de explicar, pode concluir-se que actualmente ainda existe esta proporção entre o volume das partículas da água e o das partículas do ar [assim como entre as mesmas partículas e a força com que são movidas pela matéria do segundo elemento]. Quando esta força é um pouco menor do que o habitual, é suficiente para fazer com que os vapores existentes no ar adquiram a forma da água e esta a do gelo. Pelo contrário, quando é um pouco menor, transporta as partículas mais flexíveis como se fossem vapores, dando-lhes a forma do ar.

49. Do fluxo e refluxo do mar.

Também expliquei nos *Meteoros* as causas dos ventos devido às quais a água do mar se agita de muitas maneiras irregulares. Mas na água do mar há ainda outro movimento que a faz subir e descer, apesar de continuamente correr de Oriente para Ocidente, como procurarei expor aqui. Suponhamos que *ABCD* é a parte do primeiro céu que forma um pequeno turbilhão à volta da Terra *T*, no qual a Lua está compreendida, fazendo-as girar ambas à volta do seu centro enquanto também as transporta à volta do Sol. Suponhamos também que o mar *1,2,3,4* cobre toda a superfície da Terra *ETGH*, a qual está ainda coberta pelo ar *5,6,7,8*: consideraremos então que a Lua impede que o ponto *T* (que é o centro da Terra) não esteja exactamente no mesmo sítio que o ponto *MAIS* (que é o centro do turbilhão e que é a causa de *T* estar um pouco mais afastado do ponto *B* do que de *MAIS*). Isto deve-se ao facto de que a Terra e a Lua não podem mover-se tão depressa como a

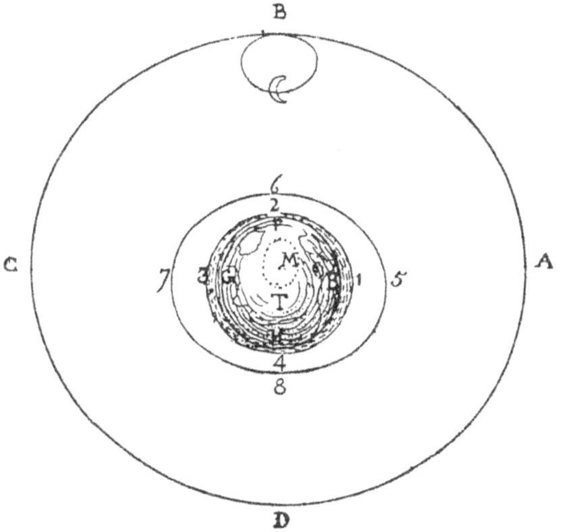

Fig. 32

matéria deste turbilhão pelo qual são impelidas, além de que, estando o ponto *T* um pouco mais afastado de *B* do que *D*, a presença da Lua impediria que esta matéria corresse tão livremente entre *B* e *T* como entre *T* e *D*. E como a posição da Terra neste turbilhão só é determinada pela igualdade das forças com que ele a pressiona de todos os lados, é evidente que deve aproximar-se um pouco de *D* quando a Lua está perto de *B* para que a matéria deste turbilhão não a empurre mais para *F* do que para *H*. Da mesma maneira, quando a Lua está perto de *C*, a Terra deve retirar-se um pouco para *A*; geralmente [e seja qual for o lugar em que a Lua se encontre], o centro da Terra deve encontrar-se sempre um pouco mais afastado dela do que o centro do turbilhão *MAIS*. Consideremos também que quando a Lua está perto de *B* faz com que o mar do turbilhão *ABCD* tenha menos espaço para deslizar entre *B* e *T* e também entre *T* e *D*, e que não existiria se a Lua estivesse fora do diâmetro *BD*; e, por conseguinte, deve mover-se mais depressa e fazer mais pressão sobre as superfícies do ar e da água, tanto para *6* e *2* como para *8* e *4*. Assim [e como o ar e a água são corpos líquidos, cedendo quando são apertados e saindo facilmente seja por onde for], posteriormente devem ter menos altura ou profundidade nos locais da Terra assinalados com *F* e *H* [e, pelo mesmo processo, ter mais nos locais *E* e *G* do que se a tivesse noutra posição].

50. Por que razão a água do mar leva cerca de doze horas e vinte e quatro minutos a subir e a descer.

Além disso, uma vez que a Terra dá uma volta sobre o seu centro em vinte e quatro horas, a parte assinalada com *F* — que agora está em *B*, onde a água do mar é muito baixa — deve demorar seis horas a chegar ao ponto *C*, onde o mar é muito fundo; além disso, a Lua, que também dá uma volta num mês no turbilhão *BCDA*, avança um pouco de *B* para *C* durante as seis horas que a posição da Terra assinalada com *F* demora a ser transportada até ao local onde agora está *G*. Assim, este ponto assinalado com *F* não deve levar apenas seis horas, mas também cerca de doze minutos mais para chegar até à posição de maior profundidade do mar, que então estará um pouco além de *G* dado que a Lua avançou; durante seis horas e doze minutos também o ponto da Terra assinalado com *F* estará um pouco para além do local em que se encontra *H*, onde o mar estará então muito mais baixo. Donde claramente se deduz que o mar deve gastar cerca de doze horas e vinte e quatro minutos a subir e a descer num mesmo local.

51. Por que razão as marés são maiores quando é Lua cheia do que noutras alturas.

Também deve observar-se que este turbilhão *ABCD* não é exactamente redondo e o diâmetro em que a Lua se encontra quando cheia ou nova é o menor de todos e aquele que o divide em ângulos rectos é o maior, como atrás se disse [Parte III – Art. 153]. Donde se segue que a presença da Lua pressiona mais a água do mar, fazendo-a levantar quando cheia ou nova ou descer quando semi-cheia.

52. Por que razão também são maiores nos equinócios do que nos solstícios.

Também deve observar-se que a Lua está sempre mais próxima do plano da eclíptica, ao passo que a Terra gira à volta do centro seguindo o plano do equador, que está bastante afastado, e que estes dois planos se cortam entre si nos pontos onde se formam os equinócios; mas encontram-se muito afastados nos dois solstícios. Donde se segue que é no princípio da Primavera e do Outono [isto é, na altura dos equinócios] que a Lua age mais directamente sobre a Terra, tornando deste modo as marés mais vivas.

53. Por que razão a água e o ar correm continuamente do Oriente para Ocidente.

Além disso, note-se que enquanto a Terra gira à volta de *E* por *F* para *G*, isto é, do Ocidente para Oriente, o aumento das águas *4,1,2* e do ar *8,5,6* — que agora imagino na posição da Terra assinalada com *E* — passa gradualmente para as suas zonas situadas mais a Ocidente. De tal modo que em seis horas e doze minutos estarão no local da Terra assinalada com *H* e em doze horas e vinte e quatro minutos no que está assinalado com *G*, acontecendo o mesmo ao aumento da água e do ar assinalados com *2,3,4* e *6,7,8* que passam de *G* para *F*, de modo que o ar e a água do mar têm uma corrente contínua que os leva das zonas orientais para as ocidentais.

54. Por que razão os países com mar a Oriente são geralmente menos quentes do que aqueles que o têm a Ocidente.

É verdade que esta corrente não é muito rápida, mas ainda assim é rápida, como facilmente se pode depreender: antes de mais, porque nas longas navegações é necessário mais tempo quando se vai para o Oriente do que ao regressar ao Ocidente. Além disso, também há estreitos no mar onde a água corre continuamente para Poente; e, finalmente, pelo facto de as terras com mar a Oriente serem habitualmente menos aquecidas pelo Sol do que aquelas que têm idêntico clima mas com mar a Ocidente. É o que acontece por exemplo no Brasil, onde há menos calor do que na Guiné; mas também se pode dar outra explicação: o Brasil é mais refrescado pelo ar que lhe vem do mar do que a Guiné por aquele que lhe vem das terras a Levante.

55. Por que razão não há fluxo e refluxo nos lagos e por que razão à beira-mar tal não se verifica às mesmas horas que no interior.

Finalmente, observe-se que apesar de a Terra não estar totalmente coberta pelas águas do mar — como representamos aqui [Art. 49] —, todavia, como é rodeada pelas águas do oceano, seriam agitadas pela Lua como se a cobrissem totalmente. Porém, e quanto aos lagos e lagunas, que estão completamente separados do oceano e não cobrem tão grandes áreas da Terra mas só parte da sua superfície, não são tão pressionados pela acção da Lua, e assim as águas não são agitadas por ela. Apesar de as águas no meio do oceano subirem e descerem regularmente, como descrevi, contudo o fluxo e o refluxo chega de um modo diferente e em tempos diferentes aos diversos locais das suas margens, dando origem a muitas variações [sendo mais adiantadas num local do que noutros].

56. A explicação de todas as diferenças particulares dos fluxos e refluxos.

Pelo que já se disse [Arts. 50, 51 e 52], podemos deduzir as causas particulares de todas as diversidades do fluxo e refluxo, contanto que se saiba que na altura da Lua nova as águas do meio do oceano — nos sítios mais afastados das suas margens, assim como na zona do equador e da eclíptica — são as mais agitadas, precisamente às seis horas da tarde ou da manhã, o que faz com que corram de lá para as praias; e são menos agitadas quando é meio-dia ou meia-noite, o que faz com que corram das praias para o meio. Igualmente, de acordo com a maior proximidade ou distância destas praias e conforme corram por passagens mais ou menos direitas, largas e profundas, assim as águas chegam mais cedo ou mais tarde, e em maior ou menor quantidade. Os diversos desvios destas passagens — causados pela interposição de ilhas, pelas diferentes profundidades do mar, pela descida dos rios e pela irregularidade das praias ou margens — muitas vezes fazem com que as águas que se dirigem para uma praia vão de encontro àquelas que vêm de outra, deste modo adiantando ou retardando as suas correntes de muitas maneiras. Finalmente, podem ser adiantadas ou atrasadas pelos ventos, pois uns sopram regularmente em certos locais e em determinadas direcções. Com efeito, penso que não há mais nada a observar a respeito do fluxo e refluxo do mar cuja causa não esteja implícita naquilo que acabo de expor.

57. Da natureza da terra interior que se situa por baixo das águas mais fundas.

Quanto à terra interior assinalada com *C* e formada por baixo das águas, é constituída por partes de todas as espécies de figuras e são tão volumosas que movimento habitual da matéria do segundo elemento não tem força para as arrastar consigo como faz ao ar e à água, tornando-as assim pesadas e exercendo pressão na direcção do centro da Terra; mas também as pode agitar um pouco ao correr por inúmeros intervalos que devem existir nelas devido à irregularidade das suas figuras. São também tão agitadas pela natureza do primeiro elemento que enche todos estes intervalos — que são tão estreitos que nenhum outro corpo poderia aí entrar a não ser as partículas da água, do ar e da terra exterior que se formou acima da água — que por vezes descem pelos intervalos maiores [agitando tão fortemente algumas partes da terra interior que as separa umas das outras] e depois sobem com elas. Ora, as partes mais elevadas da terra interior *C* devem estar [de facto fortemente apertadas e] firmemente unidas entre si, já que são elas que aguentaram o esforço e alteraram a corrente da matéria subtil que passava em linha recta pelos corpos *B* e *D* [enquanto *C* se formava]. Apesar de tudo [sendo bastante volumosas e com figuras muito irregulares], como não puderam ajustar-se tão bem a todas originaram entre elas muitos espaços suficientemente grandes para dar passagem a algumas partes terrestres que estavam por baixo, especialmente às do sal e da água doce. [Porém, as restantes partes deste corpo *C*, que estavam debaixo das mais elevadas, não ficaram tão firmemente unidas, separando-se assim das partículas do sal ou outras semelhantes que se dirigiram para aí].

58. Da origem do mercúrio.

E talvez tenha havido algum espaço dentro ou acima deste corpo *C* onde se tenham juntado muitas destas partes que têm figuras tão unidas e tão escorregadias que, apesar de o seu peso ser a causa de se apoiarem umas nas outras — de modo que a matéria do segundo elemento não corre livremente de todos os lados à volta delas como o faz à volta das da água —, nunca se uniram umas às outras, ficando continuamente em movimento, tanto devido à matéria do primeiro elemento, que preenche todos os seus intervalos, como à das mais pequenas do segundo elemento, que também podem passar por alguns intervalos. Isto origina um líquido que tem a forma de mercúrio, sendo mais pesado do que a água mas não tão transparente como ela.

59. As diferenças de calor existentes nesta terra interior.

Além disso, deve observar-se que, tal como as manchas que diariamente aparecem à volta do Sol têm figuras muito irregulares e diversas, também a região média da Terra assinalada com *M* [ver Fig. 31, p. 195], formada com a mesma matéria destas manchas, não é igualmente sólida em todas as partes, havendo alguns espaços em que as suas partes são menos densas. Isto faz com que a matéria do primeiro elemento que vem do centro da Terra para o corpo *C* passe por alguns espaços desta região média em maior quantidade do que pelos outros [tendo portanto mais força para agitar ou abalar as partes do corpo *C* situadas por baixo desses locais]. Observe-se igualmente que o calor do Sol — que, como se disse [Art. 30], penetra até às partes mais interiores da Terra — não age igualmente em todos os espaços do corpo *C* dado que as partes da terra exterior *E* que o tocam transmitem-lhe esse calor mais abundantemente do que as águas *D*. As vertentes das montanhas expostas ao Sol são mais aquecidas por ele do que as viradas para os pólos; e, finalmente, as terras situadas perto do equador são aquecidas de uma maneira diferente das mais afastadas, derivando daqui as mudanças e toda esta diversidade dos dias, das noites, dos Verões e dos Invernos.

60. O efeito deste calor.

Daqui se deduz que todas as partículas do corpo *C* têm sempre a mesma agitação, que é desigual, conforme os lugares e os tempos. E isto não deve apenas entender-se das partículas do mercúrio [ou das do sal e da água doce] e outras semelhantes que desceram da terra exterior *E* pelos grandes pólos do interior *C* — onde não se agarraram de modo algum — mas também de todas as desta terra interior, tão duras e firmemente unidas umas às outras quanto possam estar. Isso não significa que estas partes [assim juntas] estejam habitualmente completamente separadas [pela acção do calor]. Ora, tal como o vento agita os ramos das árvores, aproximando-os e afastando-os um pouco uns dos outros sem os arrancar ou partir, do mesmo modo devemos pensar que a maioria das partes do corpo *C* têm diversos ramos de tal modo entrelaçados e ligados que o calor, ao agitá-los, não pode separá-los completamente, mas apenas fazer com que os intervalos entre eles se estreitem ou se alarguem. Uma vez que são mais duras do que as partes do corpo *D*, que descem por estes intervalos quando se alargam, pressionam-nos quando se estreitam; e ao forçá-los insistentemente friccionam-nos ou dobram-nos de tal modo que se reduzem a dois géneros de figuras que serão agora consideradas.

61. Como se produzem as matérias ácidas ou corrosivas que entram na composição do vitríolo, do alúmen e de outros minerais semelhantes.

O primeiro género deriva das partículas do sal ou outras semelhantes, tão duras e sólidas que estão presas nos poros do corpo *C* e que são tão pressionadas e agitadas que se tornaram achatadas e flexíveis em vez de serem redondas e duras como antes, tal como uma viga de ferro [ou de outro metal] se transforma numa lâmina [à força de ser batida com pancadas de martelo]. Além disso, estas partículas dos corpos *D* e *E*, assim achatadas, deslizam por entre as partes do corpo *C* e ultrapassam-nas em dureza, aguçando-se e ficando de tal modo polidas que [ao tornar-se cortantes e pontiagudas] adquirem a forma de certas substâncias ácidas e corrosivas, as quais, subindo depois para o corpo *E*, onde se situam as minas, formam o vitríolo, o alúmen, outros metais ou pedras e outras substâncias.

62. Como se forma a matéria oleosa que entra na composição do enxofre, do alcatrão, etc.

O outro género deriva das partículas dos corpos *D* e *E*, menos duros do que os anteriores, e que são de tal modo friccionados nos poros do corpo *C* pela agitação das suas partes que se dividem em muitos ramos tão delgados e flexíveis que — ao afastarem-se uns dos outros pela matéria do segundo elemento e levados para o corpo *E* — se agarram a algumas das suas partes e formam, por este processo, o enxofre, o alcatrão, e geralmente todas as matérias gordurosas e oleosas que existem nas minas.

63. Dos princípios da Química e como os metais emergem nas minas.

Expliquei já [Arts. 58, 61 e 62] as três espécies de corpos que me parecem relacionar-se mais com aqueles que os químicos habitualmente consideram os seus três princípios, a que chamam o sal, o enxofre e o mercúrio. Com efeito, podemos tomar estas matérias corrosivas pelo seu sal, estes pequenos ramos que formam uma matéria oleosa pelo seu enxofre, e a prata viva pelo seu mercúrio. Julgo que a verdadeira causa de os metais aparecerem nas minas é porque estas substâncias corrosivas e saem dos poros do corpo *C* e fazem com que algumas das suas partículas se separem das restantes; e estas, estando envolvidas e como que revestidas de ramificações de matéria oleosa, são facilmente puxadas de *C* para *E* pelas partículas da prata viva quando agitada e rarefeita pelo calor. Assim, e de acordo com as diferentes grandezas e figuras que estas partículas adquirem do corpo *C*, formam as diversas espécies de metais. E teria explicado aqui em que consiste isto em particular se tivesse sido possível fazer todas as experiências exigidas para verificar os raciocínios que fiz sobre este assunto.

64. Da natureza da terra exterior e da origem das fontes.

Mas [sem mais delongas] comecemos a examinar a terra exterior *E* que [como já dissemos] está dividida em muitos fragmentos, estando os mais fundos cobertos de água do mar; os mais elevados formam as montanhas; e os situados entre estas originam as planícies. Vejamos as causas que originam as fontes e os rios cuja água nunca se esgota, ainda que as suas águas deixem de correr para o mar; aliás, todas estas águas doces que vão para o mar não o aumentam nem o tornam menos salgado. Por isso, é necessário considerar que há grandes concavidades cheias de água sob as montanhas e os campos, donde o calor faz subir continuamente muitos vapores que, não sendo mais do que partículas de água separadas umas das outras e muito agitadas, correm por todos os pólos da terra exterior e chegam assim às superfícies mais elevadas das planícies e das montanhas. Uma vez que alguns destes vapores passam muito para além até ao ar, onde forma as nuvens, não se pode duvidar que é preferível subirem até aos cumes das montanhas, dado que é mais fácil elevar-se correndo entre as partes da terra que ajuda a sustentá-las do que passar através do ar que, por ser fluido, não pode sustentá-las da mesma maneira. Quando esses vapores atingem as partes altas das montanhas não podem elevar-se mais, já que a sua agitação diminui, e assim todas as partículas juntam-se e retomam a forma da água, não podendo descer pelos poros por onde subiram, por serem estreitos, mas encontrando outras passagens um pouco mais amplas nas diversas crostas [ou camadas que, como já se disse, compõem a Terra] através das quais passam por fendas que [como também já afirmei] se encontram nesta terra exterior. Ao enchê-las formam fontes que ficam escondidas debaixo da terra até encontrarem aberturas na superfície por onde saem, dando origem às fontes cujas águas, correndo pelos vales em declive, se juntam em rios e, por fim, chegam ao mar.

65. Por que razão a água do mar não aumenta apesar de os rios correrem para ele.

Ora, apesar de sair continuamente muita água das [concavidades situadas sob as] montanhas [para onde subiu], a água corre para os rios até ao mar, e contudo estas concavidades nunca se esgotam e o mar nem por isso se torna maior. Isto deve-se ao facto de a terra exterior se ter formado pelo processo que já descrevi [Art. 42]: com os restos do corpo *E* [Fig. 31, p. 195] cujos fragmentos caíram desigualmente na superfície do corpo *C*, tendo ficado muitas passagens amplas sob estes fragmentos por onde entra tanta quantidade de água do mar por baixo das montanhas como a que sai por cima em direcção ao mar. Assim, a corrente de água nesta terra imita a do sangue no corpo dos animais, onde faz um circuito, correndo rapidamente das veias para as artérias e das artérias para as veias.

66. Por que razão a água da maioria das fontes é doce e a do mar continua salgada.

Apesar de o mar ser salgado, contudo a maioria das fontes não o são devido às partículas doces da água do mar, que são moles e flexíveis e facilmente se transformam em vapores, passando por vias oblíquas entre os grãozinhos de areia e outras partes semelhantes da terra exterior. [Pelo contrário, as que formam o sal, sendo duras e rígidas, são mais dificilmente trazidas pelo calor, não podendo por isso passar pelos poros da terra a não ser que estes sejam mais amplos do que habitualmente]. Ora, as águas destas fontes não adoçam o mar ao correrem para ele, porque o sal que aí deixaram quando subiram em vapores para as montanhas mistura-se imediatamente com elas.

67. Por que razão há também fontes de água salgada.

Mas nem por isso devemos estranhar que haja algumas fontes de água salgada em locais muito afastados do mar. Uma vez que a terra se fendeu em muitos locais, como se explicou [ver Fig. 28, Art. 26], pode ter acontecido que a água do mar viesse até aos locais onde se encontram estas fontes [sem ser pelas passagens tão largas, trazendo facilmente sal consigo], não só porque estas passagens se encontram em poços tão profundos que não são menos profundas do que a água do mar — participando, no entanto, normalmente do seu fluxo e refluxo —, mas também quando ficam mais elevadas, dado que as partes de sal ficam presas devido a estas passagens em declive, subindo assim com elas da água doce. É o que se pode verificar experimentalmente se aquecermos água do mar num recipiente como *ABC*, mais largo no cimo do que em baixo: o sal sobe nos bordos e cola-se neles em crosta, enquanto a água doce se evapora.

68. Por que razão há minas de sal nalgumas montanhas.

Este exemplo serve também para compreender como se acumulam grandes quantidades de sal em certas montanhas [donde é extraído em forma de pedras para se utilizar como se faz com a água do mar]. Isto deve-se ao facto de as partículas da água doce, que trouxeram sal do mar até aí, terem desaparecido ao evaporarem-se, não podendo assim continuar com aquelas.

69. Por que razão além do sal comum há também outras espécies.

Mas também acontece algumas vezes que o sal vindo do mar passa por poros da terra tão estreitos ou de tal modo ordenados que alteram a figura das suas formas, pelo que perde a forma do sal comum e adquire a do salitre, do sal amoníaco ou de qualquer outra espécie de sal. Além disso, muitas partículas da terra que não vieram do mar podem ter figuras parecidas às que entram na composição destes sais. É este o processo por que se formam, desde que sejam bastante compridas e duras e sem se terem ramificado; e é de acordo com outras diferenças que formam sais de espécies diferentes.

70. A diferença entre os vapores, os voláteis e as exalações.

Além dos vapores que se elevam das águas que estão sob a terra exterior *E*, da terra interior sai também grande quantidade de voláteis penetrantes e corrosivos e muitas exalações gordurosas e oleosas, e mesmo prata viva, a qual, subindo em forma de vapor, leva consigo partes de outros metais; conforme todas estas coisas se misturam dão origem a diversos minerais. Considero aqui como voláteis as substâncias corrosivas e os sais que se separam entre si e se movem de tal maneira que a força da sua agitação ultrapassa a do seu peso. Ainda que a palavra exalações seja muito genérica, sirvo-me dela apenas para significar as partículas da matéria do terceiro elemento, separadas e agitadas [como as dos vapores ou voláteis, mas muito finas e divididas em ramificações muito flexíveis, de modo que não servem para formar todos os corpos gordurosos e os óleos]. Assim, ainda que as águas, as substâncias corrosivas e os óleos sejam líquidos, há pelo menos uma diferença: as suas partículas só se arrastam [e deslizam umas sobre as outras] quando formam vapores ou exalações, estando de tal modo separadas e agitadas que se pode dizer que voam.

71. De que modo a sua mistura dá origem a diversas espécies de pedras, sendo algumas transparentes e outras não.

E são os voláteis que devem mover-se intensamente para assim voarem; são também aqueles que mais facilmente penetram nos pequenos poros dos corpos terrestres [devido à força com que se movem e à figura das suas partículas]. Por isso, quando se detêm agarram-se com mais força, e por isso endurecem mais os corpos do que as exalações e vapores. Quanto ao resto, e devido à grande diferença entre estas três espécies de fumos, que chamo vapores, voláteis e exalações, é o modo de as suas partículas se misturarem e unirem de diferentes maneiras [seja com as partículas dos corpos terrestres seja entre elas] que dá origem a todas as diferentes espécies de pedras e outros corpos subterrâneos. Alguns destes corpos são transparentes e outros não. Quando estes fumos se limitam a ficar nos poros de qualquer parte da terra exterior sem alterar a sua posição, é evidente que os corpos que formam não podem ser transparentes, uma vez que a terra não o é. Mas quando se juntam fora destes poros nalgumas fendas ou concavidades, os corpos que formam são inicialmente líquidos e por isso transparentes, e depois ainda conservam estas características, se bem que os fluidos das suas partes se evaporem gradualmente, endurecendo-os. É assim que se formam os diamantes, as ágatas, o cristal, e outras pedras semelhantes.

72. Como aparecem os metais nas minas e como se faz o cinabre.

Assim, os vapores da prata fina que sobem pelas pequenas fendas e pelos poros mais largos da terra interior levam consigo partes de ouro, de prata, de chumbo ou de qualquer outro metal, que depois repousam aí, se bem que muitas vezes a prata viva desapareça por ser muito fluida, ou então volta a descer. Mas algumas vezes permanece aí quando encontra muitas exalações cujas partes muito delgadas envolvem as suas, transformando-as assim em cinabre. Finalmente, não é apenas a prata viva que pode levar consigo os metais da terra para o exterior, acontecendo algo semelhante a outros como o cobre, o ferro e o antimónio.

73. Por que razão os metais só se encontram em determinados locais da Terra.

Há que observar que estes metais só podem subir dos locais da terra interior quando atingidos pelos fragmentos do exterior que caíram sobre ela. Por exemplo, nesta figura sobem de 5 para *V*; o que também os impede de emergir de outros locais é a existência de água entre ambos, através da qual não podem ser transportados. Daqui a razão de não haver metais em todos os locais da Terra.

74. Por que razão se encontram sobretudo junto das montanhas, no lado voltado para Sul ou Oriente.

Também deve observar-se que estes metais aparecem geralmente junto das montanhas, como nas proximidades de *V*. [Pois aqui detêm-se mais facilmente, originando minas de ouro, prata, cobre ou semelhantes, devido à existência de inúmeras fendas ou de poros muito amplos que estes metais podem preencher]. Isto acontece nas montanhas cujas encostas estão voltadas para Sul ou Oriente, mais aquecidas pelo calor do Sol, que ajuda a subi-los; o que aliás é confirmado pela experiência, porque aqueles que procuram minas só costumam encontrá-las nessas paragens.

75. Todas as minas se situam na terra exterior e não podem ser escavadas até ao interior.

Mas não se espere que com tanto escavar se possa chegar à terra interior [que classifiquei como completamente metálica]. Com efeito, além de a exterior, que está por cima, ser tão espessa que só com muita dificuldade a força humana poderá escavá-la, seria impossível não se deparar com muitas fontes por onde a água sairia tão impetuosamente quanto mais fundas se abrissem, de modo que os mineiros não poderiam evitar afogar-se.

76. A composição do enxofre, do alcatrão, do óleo mineral e da argila.

Quanto às exalações que descrevi [Art. 70] e que derivam da terra interior, as suas partes são tão finas que só podem produzir o ar. Mas unem-se facilmente com as partes mais subtis dos voláteis, os quais, deixando assim de estar unidos e escorregadios, adquirem ramificações que lhes permitem agarrar-se a outros corpos: por vezes agarram-se a partes de substâncias corrosivas, misturadas com outras metálicas, dando origem ao enxofre; outras vezes unem-se com partículas da terra exterior entre as quais existem grandes quantidades das mesmas substâncias, dando assim origem a terras próprias para arder, como o alcatrão, a nafta e semelhantes; outras vezes ainda só se misturam com partes da terra, originando a argila; finalmente, outras vezes juntam-se apenas entre si, quando a sua agitação é tão frouxa que o peso é suficiente para fazerem pressão umas sobre as outras, pelo que dão origem a óleos [que nalguns locais se encontram nas minas].

77. A causa dos tremores de terra.

Quando estas exalações, juntamente com as partes mais subtis dos voláteis, são demasiado agitadas para assim se transformarem em óleo, estando debaixo de terra em fendas ou concavidades que anteriormente apenas tinham ar, formam aí um fumo gorduroso e espesso que se pode comparar ao da vela quando se apaga. [E como esta se acende muito facilmente mal outra vela se aproxima dela, do mesmo modo] quando qualquer centelha de fogo se produz nestas concavidades ateia imediatamente todos os fumos de que estão cheias. Assim que este fumo se transforma em chama, rarefaz-se imediatamente e pressiona violentamente todas as paredes do local onde se encontra, principalmente se nele existem grandes quantidades de voláteis ou de sais voláteis. Assim se formam os tremores de terra e [quando as concavidades por eles ocupados são maiores, podem abalar momentaneamente toda a região que as cobre e até as circundantes].

78. Por que razão há montanhas donde por vezes saem chamas.

Acontece por vezes que a chama que origina estes tremores passa através da terra até ao cimo de alguma montanha e sai em grande abundância. Com efeito, como as concavidades onde se encontra não são suficientes para conter poros, faz força para todos os lados para sair, conseguindo mais facilmente uma passagem pelo cimo de uma montanha do que por qualquer outro lugar. Isto deve-se antes de mais ao facto de que só encontra concavidades suficientemente grandes e apropriadas para receber estes fumos no cimo das montanhas; e também porque não é precisa tanta força para abrir e separar as extremidades destes grandes fragmentos da terra exterior — que, como se disse, se apoiam obliquamente uns nos outros —, como para fazer novas aberturas em qualquer outro sítio. [E se bem que o peso destes grandes fragmentos de terra assim entreabertos seja a causa de se juntarem exactamente quando a chama sai, devido ao facto de sair impetuosamente desloca normalmente perante si muita terra misturada com enxofre ou betume, podendo acontecer que estas montanhas ainda ardam muito tempo depois, até todo este enxofre ou betume se esgotar]. Quando estas mesmas concavidades se enchem de fumos que se incendeiam, a chama sai mais facilmente pelo local já aberto do que por outros. É por isso que muitos destes fogos surgem em montanhas, como o Etna na Sicília, o Vesúvio perto de Nápoles, ou o Hekla na Islândia.

79. Por que razão os tremores de terra se processam frequentemente com muitos abalos.

Finalmente, os tremores de terra não acabam logo após o primeiro abalo, mas frequentemente ocorrem muitos durante algumas horas ou durante alguns dias seguidos. Isto deve-se a que os fumos que se incendeiam não estão sempre numa única concavidade mas geralmente em várias, apenas separadas por alguma terra betuminosa ou sulfurosa, de modo que o fogo só se ateia numa das concavidades, dando assim origem ao primeiro abalo de terra, não podendo entrar nas outras antes de ter gasto a substância existente entre ambas, para o que necessita de algum tempo.

80. A natureza do fogo.

Mas ainda não disse nada sobre a maneira como o fogo se pode atear nas concavidades da terra, pois é necessário conhecer a sua natureza primeiramente [o que procurarei explicar agora]. Todas as partículas dos corpos terrestres, independentemente do seu volume ou figura, adquirem a forma do fogo quando se separam entre si e ficam de tal modo rodeadas da matéria do primeiro elemento que são forçadas a seguir o seu curso, tal como adquirem a forma do ar quando rodeadas pela matéria do segundo elemento e cujo curso seguem. Desta maneira, a primeira e a principal diferença entre o ar e o fogo consiste em que as partes do fogo se movem muito mais depressa do que as do ar, dado que a agitação do primeiro elemento é incomparavelmente maior do que a do segundo. Mas há ainda outra diferença muito importante entre elas: as partes mais volumosas dos corpos terrestres são as mais apropriadas para conservar e alimentar o fogo, ao passo que as mais pequenas conservam melhor a forma do ar. Ainda que as mais volumosas, como por exemplo as da prata viva, também a possam adquirir quando fortemente agitadas pelo calor, perdem-na imediatamente a seguir por elas próprias quando esta agitação diminui e o seu peso as obriga a descer.

81. Como o fogo pode produzir-se.

Ora, as partes do segundo elemento ocupam todos os intervalos à volta da terra e nos poros, que são suficientemente grandes para as receber; e estão de tal modo dispostas que se tocam e se amparam umas às outras e nenhuma pode mover-se sem mover as vizinhas (a não ser que gire sobre o seu próprio centro). Assim, apesar de a matéria do primeiro elemento acabar por preencher todos os recantos em que estas partes do segundo não podem entrar, e apesar de se moverem muitíssimo depressa, contudo enquanto não ocupar outros espaços maiores não terá força para levar consigo as partes dos corpos terrestres e os obrigar a seguir o seu curso; nem, por consequência, poderá dar-lhes a forma do fogo [já que todas se amparam umas às outras, sendo mantidas pelas partes do segundo elemento que estão à volta delas]. Mas para o fogo ter início nalguma parte é necessário que qualquer outra força separe as partículas do segundo elemento de alguns intervalos existentes entre as partes dos corpos terrestres, deixando portanto de se ampararem umas às outras; e algumas, unicamente rodeadas pela matéria do primeiro elemento, podem então seguir o seu curso.

82. Como o fogo se conserva.

Depois, para que o fogo assim produzido não se extinga, é necessário que estas partes terrestres sejam bastante volumosas e sólidas, suficientemente apropriadas para se moverem e terem força para se afastarem por todos os lados com o ímpeto que lhes é comunicado pelo primeiro elemento, impelindo assim as partes do segundo elemento que continuamente se apresentam para entrarem no lugar do fogo donde foram expulsas; e assim, juntando-se novamente umas às outras, nunca o extinguem.

83. Por que razão deve haver sempre alguns corpos para consumir a fim de se manter a arder.

Além disso, estas partes terrestres, empurrando as do segundo elemento, podem perfeitamente impedi-las de entrar no lugar onde o fogo se encontra, mas não podem ser impedidas por elas de passarem para o ar, onde a sua agitação perece gradualmente e acabam por perder a forma do fogo, adquirindo então a do fumo. É por isso que o fogo só pode manter-se muito tempo no mesmo sítio se houver qualquer corpo para consumir e se manter. [Para isto é necessário que antes de mais as partes deste corpo estejam de tal modo dispostas que possam separar-se umas das outras pela acção do fogo, adquirindo então a forma deste à medida que aquelas que já a têm se vão transformando em fumo; e também que sejam suficientemente numerosas e volumosas para conseguirem impedir as partes do segundo elemento que tendem a sufocar o fogo, o que as do ar não podem fazer sozinhas. Assim sendo, o corpo por si só não é suficiente para o manter a arder].

84. Como se pode fazer fogo com uma pederneira.

Para que isto possa ser perfeitamente compreendido, explicarei antes de mais os diversos processos pelos quais o fogo pode ser habitualmente produzido; depois, tudo quanto serve para o manter; e finalmente os efeitos dependentes da sua acção. O processo mais habitual para obter fogo [quando este falta] é produzi-lo por meio de um seixo batendo-o com uma pederneira, ou então com outro seixo; penso que tal ocorre porque os seixos são duros e rijos [isto é, algumas das suas partículas separam-se um pouco e tendem a reduzir-se à sua figura primitiva, da mesma maneira que um arco esticado], o que os torna quebradiços. Com efeito, sendo duros e rijos, quando se bate com eles muitas das suas partículas aproximam-se umas das outras sem se unirem totalmente, e assim os intervalos à volta delas tornam-se tão apertados que as partículas do segundo elemento saem todas, ficando apenas as do primeiro. Depois, e novamente porque são rijos, findo o golpe as partículas tendem a retomar a figura primitiva e, por serem quebradiças, a força com que tendem a regressar aos seus locais faz com que algumas se separem totalmente das restantes; pelo que, encontrando-se apenas rodeadas pela matéria do primeiro elemento, transformam-se em fogo. Por exemplo, as esferazinhas entre as partículas do seixo *A* representam o segundo elemento que se encontra nos seus poros, e que, quando é golpeado como se vê em *B* se tornam tão finas que só contêm o primeiro elemento. Finalmente, depois da pancada estas partículas do seixo partem-se e caem revoluteando devido à violenta agitação do primeiro elemento que as rodeia, dando origem às faíscas de fogo.

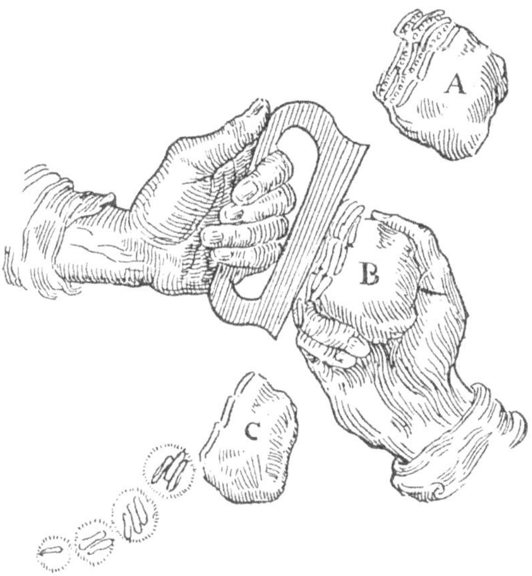

Fig. 33

85. Como também se obtém fogo friccionando um pedaço de madeira seca.

Se igualmente esfregarmos madeira muito seca não sairá fogo imediatamente; como não é tão dura como um seixo, as primeiras das suas partículas apertadas pela violência do golpe dobram-se sobre as que se lhes seguem e unem-se a elas antes que estas segundas se dobrem sobre as terceiras, o que faz com que as partes do segundo elemento (que deveriam sair simultaneamente de muitos intervalos, a fim de o primeiro elemento que se lhe segue poder actuar com alguma força) saiam gradualmente em primeiro lugar dos primeiros, depois dos segundos e assim sucessivamente. Mas se durante algum tempo se friccionar com muita força esta mesma madeira, o abalo que esta agitação incute às suas partículas pode ser suficiente para expulsar o segundo elemento à volta delas e fazer com que algumas se separem das outras. Feito isto, e encontrando-se rodeadas apenas pelo primeiro elemento, transformam-se em fogo.

86. Como se pode fazer fogo com um espelho côncavo ou um vidro convexo.

Também se pode fazer fogo por meio de um espelho côncavo ou de um vidro convexo se orientarmos muitos raios de Sol para um só ponto de forma a juntarem aí a sua força. Com efeito, ainda que estes raios agissem apenas por intermédio do segundo elemento, a sua acção não deixa de ser muito mais rápida do que aquela que lhe é habitual; e dão igualmente origem ao fogo, porque essa acção vem do primeiro elemento que forma o corpo do Sol; também pode ser muito forte quando muitos raios se juntam todos para separar algumas partículas dos corpos terrestres e lhes comunicar a velocidade do primeiro elemento, que é a forma do fogo.

87. Só a agitação de um corpo pode ateá-lo.

Finalmente, há fogo onde existe semelhante velocidade nas partículas dos corpos terrestres, independentemente da causa. E como é verdade que estas partículas terrestres só podem rodear-se com matéria do primeiro elemento se adquirirem esta velocidade — ainda que antes não tivessem nenhuma, tal como um barco sem âncoras nem cordas a segurá-lo não pode permanecer no meio de uma torrente sem seguir o seu curso —, também é verdade que ao adquirirem esta grande velocidade por qualquer causa, ainda que muitas partículas do segundo elemento lhes toquem e se toquem entre si, expulsam imediatamente tudo quanto impeça a sua agitação, de modo que só fica o primeiro elemento, que serve para o conservar. Assim, todos os elementos violentos são suficientes para produzir fogo: e isto prova como o raio, os relâmpagos e os turbilhões de vento o podem inflamar. Como se disse nos *Meteoros*, são causados pelo facto de o ar estar fechado entre duas nuvens, saindo com grande velocidade quando a nuvem mais alta cai sobre a mais baixa.

88. A mistura de dois corpos pode também ateá-los.

Todavia, esta velocidade não deve ser única causa de as nuvens se incendiarem, porque geralmente há exalações dentro do ar que lhe serve de matéria e são de tal natureza que se incendeiam muito facilmente, ou pelo menos dão origem a corpos que deitam alguma luz, embora não ardam. É destas exalações que se originam os fogos-fátuos na região mais baixa do ar, assim como os relâmpagos que às vezes ocorrem na região média; e na mais elevada há as luzes em forma de estrelas que parecem cair do céu ou que correm nele de um lado para o outro. Com efeito, e como se disse [Art. 76 e 77], as exalações compõem-se de partes muito finas e divididas em ramificações que se prendem às outras partículas um pouco mais volumosas, derivadas dos sais voláteis e de substâncias ácidas e corrosivas. Além disso, os intervalos entre estas ramificações são tão pequenos que só estão preenchidos com a matéria do primeiro elemento; [e se bem que as partículas do segundo ocupem os intervalos maiores entre as partículas dos sais ou substâncias revestidas destas ramificações], isso faz com que facilmente sejam expulsas quando estas exalações são pressionadas de diversos lados por outras e então algumas das suas partículas introduzem-se nestes intervalos maiores. De facto, a acção do primeiro elemento, que se verifica no intervalo das ramificações que rodeiam estas substâncias, ajuda-as a expulsá-las, e portanto estas partículas das exalações transformam-se em chamas.

89. Como se ateia o fogo dos raios, dos relâmpagos e das estrelas que atravessam o céu.

Facilmente se compreende a causa que assim pressiona as exalações fazendo com que se inflamem quando formam o raio ou os relâmpagos, porque estão encerradas entre duas nuvens, caindo uma sobre a outra. Mas já não é tão evidente aquela que dá origem às luzes em forma de estrelas que em tempo calmo e sereno vemos correr pelo céu. Todavia, pode consistir no facto de uma exalação já não poder ser mais condensada e detida pelo frio em qualquer parte do ar, e assim as partes de outra que vêm de um local mais quente são por isso mais agitadas; ou então isso deve-se apenas às suas figuras, continuando a mover-se durante mais tempo; ou então as que são levadas por um pouco mais de vento introduzem-se nos seus poros expulsando o segundo elemento. Desta forma, se também podem separar as suas partículas, dão origem a uma chama [que rapidamente queima esta exalação, durando pouquíssimo tempo e parecendo uma estrela que passa de um lugar para outro].

90. Como se ateiam as estrelas que caem e por que razão não ardem todos os fogos que brilham.

Por outro lado, se as partes das exalações estiverem tão juntas que não podem separar-se pela acção das outras exaltações que se introduzem nos seus poros, então não se ateará, mas apenas fornecerá alguma luz, como por vezes acontece com as madeiras apodrecidas, os peixes salgados, as gotas de água no mar e muitíssimos outros corpos. É que para se produzir luz basta apenas que as partes do segundo elemento sejam impelidas pela matéria do primeiro elemento, como acima disse. E quando qualquer outro corpo terrestre tem muitos poros, tão estreitos que só podem dar passagem à matéria do primeiro elemento, pode acontecer que apesar de não terem força suficiente para separar partículas deste corpo umas das outras, queimando assim este corpo, contudo têm força para impedir que as partes do segundo elemento que está à sua volta na atmosfera possam causar alguma luz. Ora, pode pensar-se que as estrelas que caem não passam de luzes desta espécie, já que na Terra, no local onde caíram, muitas vezes se encontra uma matéria viscosa e pegajosa que não arde. Todavia, também se pode acreditar que a luz que aparece nelas não provém propriamente desta matéria viscosa, mas de outra mais subtil que a rodeia [e que ao inflamar-se se consome normalmente antes de chegar à Terra].

91. A luz da água do mar, das madeiras apodrecidas, etc.

Quanto à água do mar, cuja natureza já expliquei atrás [Art. 66], facilmente se vê que a luz que aparece à volta das suas gotas, quando agitadas por alguma tempestade, é apenas resultado da agitação: enquanto as suas partículas moles e flexíveis permanecem todas juntas, as extremidades das outras, duras e direitas, introduzem-se como pequenos dardos para além das suas superfícies, impelindo impetuosamente as partículas do segundo elemento que encontram.

Também penso que as madeiras apodrecidas, os peixes salgados e outros corpos semelhantes só brilham quando se produz neles qualquer alteração que, apertando de tal modo muitos dos seus poros, só ficam com matéria do primeiro elemento [quer esta alteração provenha do facto de algumas das suas partículas se aproximarem quando algumas se afastam, como parece acontecer com as madeiras apodrecidas, quer porque qualquer outro corpo se mistura com eles, como acontece com os peixes salgados, que apenas brilham durante os dias em que as partes do Sol entram nos seus poros].

92. Por que razão os fogos que ardem ou aquecem não brilham, ao passo o feno aquece por si mesmo.

E quando as partículas de um corpo se introduzem assim nas de outro, podem fazer com que brilhem sem o aquecer — pelo processo que acabo de explicar — e outras vezes são elas próprias que o aquecem sem o fazerem luzir; e, finalmente, em raras vezes incendeiam-no por completo, como parece suceder ao feno guardado antes de ter secado, à cal viva sobre a qual se deita água, e em todas as fermentações que habitualmente se observam na Química. Ora, o feno guardado antes de ter secado aquece gradualmente até arder porque as substâncias ou voláteis — que não provieram todos destas ervas — que normalmente sobem da raiz das ervas ao longo dos caules para lhes servir de alimento continuam depois a sua agitação, saindo depois para outras ervas, pois no feno assim fechado estes sucos não podem evaporar-se. E porque estas ervas começam a secar, começa a haver muitos poros um pouco mais estreitos do que normalmente, que não os pode receber com o segundo elemento, mas apenas rodeados do primeiro, agitando-os rapidamente e comunicando-lhes a forma do fogo. Imaginemos, por exemplo, que o espaço entre os corpos *B* e *C* representam um dos poros nas ervas ainda verdes e que as pequenas extremidades das cordas *1,2,3*, com os aneizinhos que os rodeiam, representam as partículas das substâncias ou voláteis rodeados pelo segundo elemento, como normalmente costumam estar quando correm ao longo destes poros; e, além disso, que o espaço entre os corpos *D* e *E* são um dos poros de outra erva que começa a secar, o que está na origem de ser tão estreito que quando as mesmas partículas das substâncias *1,2,3* passam por aí não podem rodear-se com o segundo elemento mas apenas com algum do primeiro. Ora, enquanto as substâncias *1,2,3* correm no interior da erva húmida *BC*, acompanham apenas o trajecto do segundo elemento, mas ao passarem para uma erva seca *DE* seguem o trajecto do primeiro, que é muito mais rápido. [Com efeito, embora haja muito pouco do primeiro elemento à volta das partículas destas substâncias, é suficiente para as rodear de tal modo que não sejam retidas pelo segundo elemento, nem por qualquer outro corpo que as toque de modo a ter força para as arrastar consigo]. É o que acontece quando um barco pode ser arrastado pela corrente de um riacho cuja largura é a necessária para o receber, com pouca água à volta que o impeça de tocar terra, ou pela corrente de um rio igualmente rápido e muito mais largo. Deste modo, quando partes destas substâncias seguem o trajecto do primeiro elemento têm mais força para empurrar os corpos que encontram do que o primeiro elemento sozinho: tal como acontece a um barco que, seguindo a corrente de um rio, tem mais movimento do que a água, que é a única causa do seu movimento. Assim, quando as par-

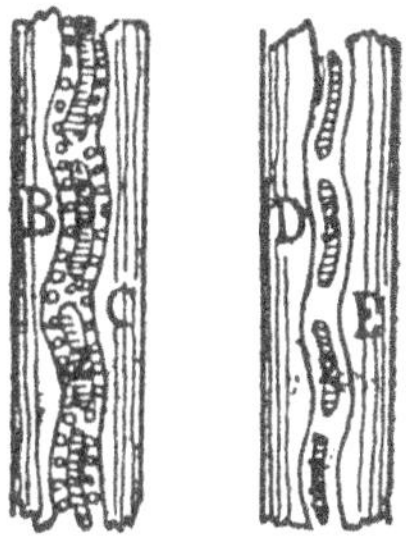

Fig. 34

tículas destas substâncias assim agitadas encontram as partes mais duras do feno, empurram-nas com tanta violência que facilmente as separam das suas vizinhas [principalmente quando muitas empurram uma única ao mesmo tempo, separando-se deste modo inúmeras delas que, por estarem próximas umas das outras, seguem o trajecto do primeiro elemento], dando origem a que o feno se ateie completamente. Mas se moverem apenas algumas que não têm espaço suficiente à sua volta para chocar com outras, só aquecem o feno, fazendo com que gradualmente apodreça sem arder, de modo a haver nele uma espécie de fogo sem luz.

93. Por que razão se gera calor quando deitamos água na cal viva e também quando dois corpos de naturezas diferentes são misturados.

Da mesma maneira, pode pensar-se que quando cozemos cal a acção do fogo expulsa algumas partículas do terceiro elemento [que se encontram nas pedras que a compõem]. Isto dá origem a que muitos poros existentes nestas pedras se alarguem de tal modo que em vez de darem passagem somente ao segundo elemento — como antes —, podem acto contínuo transformar-se em cal e transmiti-lo às partículas da água rodeadas com pouca matéria do primeiro elemento. [Consequentemente, é evidente que quando lançamos água nessa cal as partículas da água entram nos seus poros e expulsam o segundo elemento, permanecendo apenas no primeiro, e ao aumentar de agitação aquece a cal]. Em resumo, todos os corpos podem ser aquecidos apenas pelas simples mistura de qualquer líquido e isso deve-se ao facto de estes corpos terem poros de tal tamanho que as partículas deste líquido podem entrar no interior e expulsar o segundo elemento, ficando apenas rodeadas com o primeiro. Também penso que esta mesma causa faz aquecer os diferentes líquidos misturados, porque um deles é sempre composto de partículas, tendo algumas delas ramificações por meio das quais se juntam e agarram um pouco umas às outras, fazendo as vezes de um corpo duro; isto também pode ser entendido sobre as exalações, conforme o que se disse antes [Art. 89].

94. De que modo o fogo pode atear-se nas concavidades da terra.

Finalmente, o fogo pode acender-se [por todos os processos acima descritos] não só à superfície da terra mas também nas concavidades situadas na parte mais baixa. Também pode haver voláteis que deslizem entre as partículas das exalações e as incendeiem. Há fragmentos de rochas semipartidos que são gradualmente minados pela corrente das águas ou por outras causas e que podem cair imediatamente do alto das suas concavidades, e deste modo fazem fogo, quer ao cair chocando com outras pedras, como uma pedreira, quer também porque são grandes e porque afastam violentamente o ar debaixo delas, da mesma maneira como o ar que se encontra entre as nuvens é expulso quando uma cai sobre outra.

95. Como arde uma vela.

Ora, depois de o fogo se ter pegado a qualquer corpo, facilmente passa deste a outros vizinhos que sejam apropriados para o receberem. Com efeito, as partículas do primeiro corpo que se ateou são violentamente agitadas pelo fogo e ao encontrarem as dos outros próximas dele comunicam-lhe a sua agitação. Mas isto pertence mais ao modo como o fogo se conserva e não tanto à maneira como se produz, como explicarei de seguida. [Consideremos, por exemplo, que a vela *AB* está acesa e pensemos que é constituída por muitas partículas de cera ou outra matéria gordurosa ou oleosa e também por muitas do segundo elemento e que se movem muito depressa, uma vez que seguem o trajecto do primeiro elemento; ora, apesar de muitas vezes se encontrarem e se entrechocarem, não se tocam sempre dos mesmos lados, e como não se mantêm tão bem — como acontece nos outros pontos onde não há fogo — podem deter-se umas às outras e evitar que sejam arrastadas por ele.

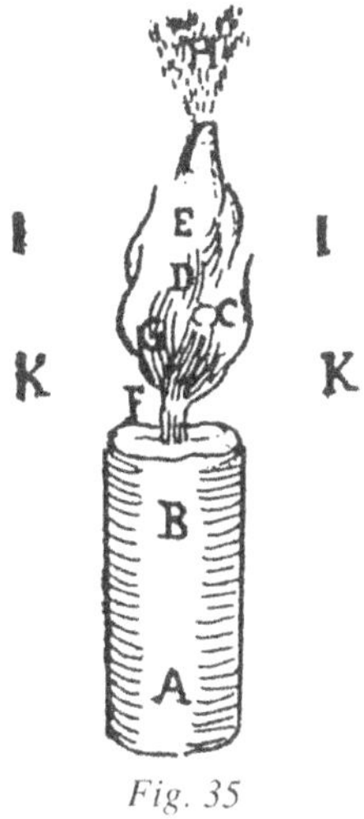

Fig. 35

96. O que é que conserva a sua chama.

Pensemos também que a matéria do primeiro elemento, que existe em grande quantidade com as partes do segundo e com as da cera nesta chama, tende sempre a sair donde está, uma vez que só pode continuar o seu movimento em linha recta se se afastar do local onde ele se encontra. E também tende a sair, subindo mais alto e afastando-se do centro da Terra, porque é leve — de acordo com o que atrás se disse [Art. 22 e 25] —, não apenas em comparação com as partículas do ar circundante, mas também em comparação com as do segundo elemento que existem nos seus poros. É por isso que estas partículas do ar e do segundo elemento também tendem a descer para o seu lugar, que ocuparão imediatamente, sufocando assim esta chama se ela fosse composta apenas do primeiro elemento. Mas as partículas de cera que começam a seguir o trajecto apenas saem da mecha *FG*, encontrando estas partículas do ar e do segundo elemento dispostas a descer no lugar da chama e repelindo-as com mais força do que este primeiro elemento sozinho, e assim a chama mantém-se.

97. Por que razão sobe em forma pontiaguda e donde provém o fumo.

E porque estas partes da cera seguem o trajecto do primeiro elemento, tendem principalmente a subir, o que produz a figura aguçada da chama. Mas como têm mais força do que as partes do ar circundante, porque são mais volumosas e se movem mais depressa, mesmo que impeçam o ar de descer para a chama, este ar não as impede de subirem mais alto para *H*, onde perdem gradualmente a sua agitação e se transformam em fumo.

98. De que modo o ar e os outros corpos alimentam a chama.

Como o vazio não existe, este fumo não encontraria nenhum lugar fora da chama onde se refugiar se ao mesmo tempo que entra no ar este não tivesse uma quantidade igual que não seguisse o seu trajecto circularmente na direcção do lugar deixado por ela. Por isso, quando sobe para *H* expulsa o ar que desce por *I* e *K* para *B*, subindo então e passando rente à vela *B* e à parte baixa da mecha *F*, transitando depois para a chama, onde serve de matéria para a manter. Todavia, e uma vez que as duas partes são muito finas, por si sós não serão suficientes para o efeito; mas também fazem subir consigo, pelos poros da mecha, fragmentos de cera a que o calor do fogo imprimira já alguma agitação. Isto faz com que a chama se mantenha, mudando constantemente de matéria e não permanecendo a mesma dois momentos seguidos, como acontece num rio a que incessantemente chegam novas águas.

99. O ar retorna circularmente para o fogo e não para o fumo.

E este movimento circular do ar na direcção da chama pode ser facilmente observado pela seguinte experiência: quando há uma grande quantidade de fumo num quarto, e estando todas as portas e janelas bem fechadas, excepto o tubo da chaminé por onde o fumo sai, e onde não há nada aberto a não ser algum vidro partido ou algum buraco muito estreito, se se puser a mão junto deste buraco sente-se claramente o vento que o ar (e não o fumo) faz ao passar na direcção do fogo.

100. De que modo os líquidos apagam o fogo e por que razão há corpos que ardem na água.

Fica então claro que são sempre necessárias duas coisas para a chama se apagar: a primeira é que haja nele parcelas do terceiro elemento, as quais, ao serem movidas pelo primeiro, têm bastante força para repelir o segundo elemento com o ar ou outros líquidos que lhe ficam por cima [e impedir que elas o extingam]. Refiro-me apenas aos líquidos que estão por cima uma vez que só o seu peso os faz descer até ele; as que estão por baixo nunca se aproximam para apagar e só se encontram aí para o alimentar. Isto acontece quando o mesmo líquido destinado a manter a chama de uma vela voltada para cima a pode apagar se a invertermos; pelo contrário, podem acender-se debaixo de água porque contêm parcelas do terceiro elemento tão sólidas, tão agitadas e em tão grande número que têm força para afastar a água de todos os lados e impedi-la de apagar o fogo.

101. As matérias apropriadas para alimentar o fogo.

O que, em segundo lugar, se exige para que o fogo se mantenha, é que perto dele haja algum corpo que continuamente lhe forneça matéria para dar lugar ao fumo que sai dele. Para isso é necessário que este corpo tenha em si muitas partículas bastante finas para o fogo se conservar, tendo de se manter não só unidas entre si ou com outras mais grossas, de tal modo que as partículas já a arder possam separá-las deste corpo, mas também com partículas vizinhas do segundo elemento a fim de lhes transmitir o fogo.

102. Por que razão a chama da aguardente não queima um pano de linho embebido com ela.

Digo que é necessário que este corpo tenha em si partículas bastante finas para o fogo se conservar [porque não se prestariam a isto se fossem muito grossas e não pudessem ser movidas e separadas pelas partículas do terceiro elemento que constituem o fogo e que têm menos força quanto mais finas forem]. Com efeito, ao atearmos a aguardente num pedaço de linho embebido com ela, este não pode queimar-se nem, consequentemente, alimentar este fogo, pois as partes da chama causadas pela aguardente são demasiado finas e demasiado fracas para mover as do linho assim molhado.

103. Por que razão a aguardente arde tão facilmente.

Acrescente-se que devem unir-se de tal modo que o fogo possa separá-las, assim como as partículas vizinhas do segundo elemento. E para poderem separar-se umas das outras devem ser tão pequenas e tão pouco unidas que embora a chama só toque a superfície a sua acção é suficiente para as tirar desta superfície uma após outra: é desta maneira que a aguardente arde. [Mas como o linho é formado por partes demasiado grossas e muito unidas para se separarem da mesma maneira, então neste corpo tem de haver muitos poros suficientemente grandes para receberem as partes da chama, para que as partes desta que deslizam à volta das suas tenham mais força para as separar; e uma vez que o linho possui inúmeros poros, daí a razão de arder facilmente devido à chama da aguardente quando não está completamente embebido. Mas quando está completamente embebido, ainda que seja só com aguardente, as partículas desta que não se incendeiam enchem os seus poros, impedindo assim que as partículas da chama, que arde por cima, entrem. Além disso, para que as partículas do corpo que serve para manter o fogo possam separar-se do segundo elemento que as rodeia, devem estar muito bem unidas, de modo que as partículas do segundo elemento resistam menos do que elas à chama e sejam rejeitadas pelas primeiras. Todos os corpos duros devem possuir esta condição para poderem arder; ou então, se as partes do corpo que arde são tão pequenas e tão pouco unidas que, embora a chama não toque a superfície deste corpo mas com força para as separar, é necessário que tenham muitas ramificações tão fininhas e tão próximas umas das outras que só reste o primeiro elemento, que pode encher os pequenos intervalos situados à volta delas. E uma vez que a aguardente arde com muita facilidade, é de crer que as suas partículas tinham essas ramificações, ainda que muito curtas. Com efeito, se estas ramificações fossem um pouco mais compridas, ligar-se-iam entre si e dariam origem ao azeite].

104. Por que razão a água apaga o fogo.

A água [é muito diferente da aguardente, porque é mais apropriada para apagar fogo do que para alimentá-lo]. A razão disto está em que as suas partículas são muito grossas, e por isso mais escorregadias, unidas e flexíveis do que as partículas do segundo elemento [que se juntam a elas de todos os lados] logo que cedem lugar ao primeiro;

mas também entram facilmente nos poros destes corpos que ardem, afastando as partes que já têm a agitação do fogo e impedindo que as outras ardam.

105. Por que razão por vezes também podem aumentar e por que razão todos os sais fazem o mesmo.

Todavia isto depende da proporção existente entre a grossura das suas partes e a violência do fogo ou a grandeza dos poros do corpo que arde. Como já se disse da cal viva, que aquece com a água fria, também há uma espécie de carvão que deve ser regado quando arde para que a sua chama se avive. E todos os fogos muito vivos ainda se intensificam mais quando se lança sobre eles um pouco de água. Mas se deitarmos sal ainda se intensifica mais do que com a água, porque as partículas do sal, longas e rígidas, enlaçam-se como flechas e têm mais força quando ateadas para queimar as partes dos corpos que encontram. Por esta razão é costume misturar certos sais com os metais para serem mais facilmente fundidos.

106. Os corpos mais apropriados para alimentar o fogo.

Quanto à madeira e outros corpos duros com que se pode alimentar o fogo, devem ser compostos de diversas partes, algumas delas bastante pequenas e outras um pouco mais grossas, e assim gradualmente até se chegar às mais volumosas. Algumas devem também possuir figuras bastante irregulares e divididas em várias ramificações de modo a que entre elas fiquem inúmeros grandes poros para que as partículas ateadas do terceiro elemento entrem neles e possam agitar as mais pequenas; e depois, por seu intermédio, as médias, e por estas as mais volumosas; ao mesmo tempo o segundo elemento é expulso, antes de mais dos pequenos poros e depois dos restantes, levando finalmente consigo todas as partículas deste corpo, excepto as mais volumosas que ficam e formam as cinzas.

107. Por que razão há corpos que ardem e outros que o fogo consome sem os inflamar.

E quando as partículas que saem simultaneamente do corpo que arde são em número suficiente para poderem afastar as partículas do segundo elemento existentes por todo o ar contíguo a este corpo, elas preenchem todo este espaço com chamas. Se é formado por pares tão iguais e ordenadas da mesma forma que as primeiras que ardem, têm força para fazer arder as vizinhas ao deslizarem por entre elas, e assim o fogo mantém-se neste corpo até o ter gasto, como sucede às mechas de que os soldados se servem para os seus mosquetes.

108. De que modo o fogo se conserva no carvão.

Mas se as partículas deste corpo não estão assim ordenadas, o fogo só se conserva nelas enquanto as mais subtis, já a arder, são apanhadas entre muitas outras mais volumosas que ainda não arderam, precisando de algum tempo para se separarem dele. É o que se verifica com os carvões que, cobertos de cinzas, se mantêm acesos durante algumas horas: porque este fogo consiste na agitação de certas partículas muito pequenas do terceiro elemento com várias ramificações e que, tendo sido apanhadas entre outras mais volumosas, só podem libertar-se uma após outra, apesar de serem muito agitadas; e talvez necessitem de algum tempo para se reduzirem ou dividirem gradualmente [pela força da própria agitação antes de poderem sair dos sítios em que se encontram].

109. Sobre a pólvora de canhão, feita de enxofre, salitre e carvão, mas sobretudo com enxofre.

Mas não há nada que se incendeie mais depressa e que conserve menos tempo o fogo do que a pólvora de canhão, cuja causa é claramente conhecida se considerarmos a natureza do enxofre, do salitre e do carvão [os únicos ingredientes de que se constitui]. Antes de mais, o enxofre é por si mesmo extremamente rápido a atear-se, já que se compõe de parcelas de substâncias ácidas e corrosivas rodeadas de matéria oleosa [que também existe com eles nas minas] e se divide em ramificações tão fininhas e unidas que só o primeiro elemento pode passar entre elas; é por isso que também se considera que o enxofre muito quente tem aplicações medicinais.

110. Sobre o salitre.

O salitre compõe-se de partes longas e rígidas, como as do sal comum, diferenciando-se entre si pelo facto de uma das suas extremidades ser mais delgada e mais aguçada do que a outra, ao passo que as duas extremidades das partes do sal comum são idênticas. Isto pode ser conhecido experimentalmente se dissolvermos os dois sais na água: à medida que se evaporam, as partículas do sal comum ficam escondidas sob a superfície, formando quadradinhos, como expliquei nos *Meteoros*; mas as partes do salitre descem para o fundo e colam-se às paredes do recipiente, provando assim que uma das suas extremidades é muito mais grossa e pesada do que a outra.

111. Da mistura de ambos.

E há que observar que tal proporção entre as partes do salitre e as do enxofre existe mesmo apesar de serem mais pequenas ou mais maciças do que as outras, pois ao arderem têm contudo força para expelir rapidamente o que resta do segundo elemento entre elas e estas, e assim o primeiro elemento agita-as.

112. O movimento das partes do salitre.

Note-se que é principalmente a extremidade mais aguçada de cada uma das partes do salitre que se move quando são agitadas assim, descrevendo um círculo enquanto revoluteiam, ao passo que a outra extremidade, mais grossa e mais pesada, fica em baixo voltada para o centro do círculo. Por exemplo, se *B* é uma parcela de salitre que ainda não foi agitada, *C* representa-a quando começa a agitar-se, e o círculo que descreve não é grande; mas aumenta logo a seguir e torna-se tão grande quanto possível, como se vê em *D*, ao passo que as partes de enxofre, que não giravam do mesmo modo, vêm rapidamente de todos os lados em linha recta na direcção das outras partes do salitre [que imediatamente incendeiam, expulsando simultaneamente o segundo elemento que as rodeava].

Fig. 36

113. Por que razão a chama da pólvora se dilata muito e se dirige para cima.

Isto já nos faz entrever a causa de a pólvora se dilatar muito quando se incendeia e por que se dirige para cima, de modo que, se for fina, pode ser queimada nas mãos, que não sofrem qualquer queimadura. Cada uma das partes do salitre expulsa as outras do círculo que descreve, expulsando-se reciprocamente com grande força por serem duras e rígidas. [Mas uma vez que são as suas extremidades que descrevem estes círculo e se dirigem para cima, a sua chama pode estender-se livremente para cima, não queimando absolutamente nada do que está por baixo].

114. A natureza do carvão.

Se misturarmos carvão com salitre e enxofre, humedecendo-os com qualquer líquido para se juntarem mais facilmente, e se depois fizermos pequenas bolas ou esferazinhas, tornam-se em pólvora após estarem perfeitamente secas e sem qualquer vestígio do líquido. Tendo em conta que o carvão é normalmente feito com madeira cujo fogo se apagou antes de ter ardido completamente, devem existir nela poros grandes: antes de mais porque há muitos na madeira ou na substância com que se faz, depois porque muitas partes terrestres saíram dessa madeira enquanto ardia, transformando-se em fumo. Também se verifica que é formado por duas espécies de partículas, sendo umas tão volumosas que não se transformariam em fumo pela acção do fogo, tornando-se finas e moles e imediatamente inflamáveis, originando formas complicadas que não se desprendem facilmente dos locais onde se encontram, o que se deduz do facto de que as outras, ao saírem transformadas em fumo, ficaram em último.

115. Por que razão a pólvora é granulada, e em que consiste a sua força.

Assim, os fragmentos do salitre e do enxofre entram facilmente nos poros do carvão porque são grandes, sendo envolvidas e todas unidas pelas suas partículas, que são moles e complicadas, sobretudo quando o conjunto, depois de humedecido e transformado em grãos, é secado. A razão de a pólvora ser granulada é para que as partículas do salitre não se incendeiem umas após as outras, o que lhes daria menos força, mas para que todas se incendeiem simultaneamente. Os grãos da pólvora não se ateiam logo que são atingidos por qualquer chama, pois esta deve passar primeiramente da superfície do grão para o interior e atear as partes do enxofre, por intermédio das quais as do salitre são agitadas, descrevendo inicialmente muitos circulozinhos. Depois, quando descrevem círculos maiores, fazem força conjuntamente para partir o carvão que as retém, e desta forma incendeiam o grão. Apesar de tudo isto ser rapidíssimo quando comparado com as horas ou os dias, sendo portanto quase imperceptível, não deixa de ser prolongado se comparado com a extrema velocidade com que a chama sai de um grão de pólvora e se estende por todo o espaço do ar que o circunda. Assim, num canhão carregado a chama do rastilho ou dos primeiros grãos de pólvora ateia-se e estende-se por todo o ar existente à volta dos outros grãos, atingindo-os todos antes de qualquer deles se atear. Imediatamente a seguir, e ainda que as mais próximas da luz sejam as que se incendeiam mais facilmente, contudo, ao dilatarem-se atingem os outros e ajudam-nos a partirem-se, e isto faz com que se incendeiem e se dilatem todos ao mesmo tempo, pelo que todas as suas forças em conjunto expulsam o projéctil a grande velocidade. A resistência oferecida pelas partículas do carvão é de grande utilidade porque inicialmente atrasa a dilatação das partes do salitre, o que imediatamente aumenta de acordo com a velocidade com que se dilatam. A pólvora deve ser granulada, os grãos grossos e a quantidade do carvão deve ser proporcional ao tamanho do canhão a fim de que os intervalos deixados pelos grãos sejam bastante amplos para dar passagem à chama do rastilho [permitindo que se estenda à vontade por toda a pólvora e chegue assim tanto aos grãos mais afastados como aos mais próximos].

116. Acerca das lâmpadas que, segundo se diz, conservaram a sua chama durante séculos.

Depois do fogo da pólvora, que dura pouco, consideremos agora se poderá haver algum fogo que dure muito tempo sem necessidade de nova matéria para se alimentar, como se diz sobre certas lâmpadas que arderam em túmulos abertos após terem estado fechados durante vários séculos. [Não quero garantir a verdade de tais histórias]. No entanto, num lugar subterrâneo de tal modo fechado que o ar nunca foi agitado por qualquer vento vindo de dentro ou de fora da terra, parece-me que quando as partículas do azeite — que se transformaram em fumo e do fumo em fuligem — param e se pegam umas às outras, podem parar totalmente à volta da chama de uma lâmpada e formar como que uma pequena abóbada suficiente para impedir que o ar sufoque esta chama, tornando-a igualmente tão fraca e débil que não tenha força para atear qualquer das partes do azeite nem da mecha [se é verdade que continuam ainda por arder]. Desta forma, ficou só o primeiro elemento nesta chama, pois as partículas do azeite que continha pegaram-se pouco a pouco à pequena abóbada de fuligem que a circunda e giraram no interior como uma pequena estrela, tendo força para afastar todas as partes do segundo elemento, que apenas tende a chegar à chama pelos poros que conservou nessa abóbada, emitindo assim luz para o ar circundante [que será fraca enquanto o local permanecer fechado]. Mas quando abrimos o local, o ar vindo de fora dissipa a abobadazinha de fumo que a rodeava, podendo retomar a sua intensidade e dando assim a impressão de arder muito, ainda que se apague logo a seguir, pois é verosímil que esta chama tenha podido manter-se assim sem alimento após ter consumido todo o azeite].

117. Os outros efeitos do fogo.

Passemos agora aos efeitos do fogo que ainda não puderam ser explicados através dos diversos processos que servem para os produzir e conservar. Pelo que já foi dito, sabemos perfeitamente por que ilumina e aquece e dissolve todos os corpos que lhe servem de alimento em muitas partículas, e também por que razão expulsa em primeiro lugar as partículas mais pequenas e deslizantes destes corpos, e só depois aquelas que, apesar de não serem talvez menos pequenas do que as precedentes, saem contudo menos facilmente devido às suas figuras complicadas e divididas em várias ramificações (que é a causa de se transformarem em fuligem quando se agarram aos canos das chaminés); depois, por que razão ficam apenas as mais volumosas que formam as cinzas. Finalmente, só falta explicar como é que um mesmo fogo pode fazer com que certos corpos, que não servem para o alimentar, se tornem líquidos e fervam; e que outros, pelo contrário, sequem e endureçam; que uns se transformem em vapores, outros em cal e outros em vidro.

118. Os corpos que funde e ferve.

Nos corpos duros formados de partículas tão iguais ou tão parecidas que todas podem ser agitadas e separadas, tanto umas como outras tornam-se líquidas quando são agitadas e separadas pela acção do fogo. Um corpo só é líquido pelo facto de as partículas que o formam se moverem separadamente umas das outras. Quando o movimento é tão grande que algumas se transformam em ar ou fogo, requerem muito mais espaço do que o normal para o prosseguirem, fazendo subir em bolhas o líquido donde saem.

119. Os corpos que ele seca e endurece.

Pelo contrário, o fogo seca os corpos formando partículas desiguais, muitas das quais são longas, flexíveis e escorregadias. Uma vez que não estão agarradas a estes corpos, saem facilmente deles quando o calor do fogo as agita. Com efeito, quando se diz que um corpo está seco, isto apenas significa que nos seus poros ou na sua superfície não contém quaisquer partes unidas e escorregadias que ao juntarem-se formam a água ou qualquer outro líquido. E como estas partículas escorregadias estão nos poros dos corpos duros, alargam-se um pouco e comunicam o seu movimento às outras partículas destes corpos, o que normalmente lhes diminui a dureza; mas quando se quebram pela acção do fogo fora dos seus poros, isto faz com que as outras partículas se juntem mais intensamente, tornando estes corpos mais duros.

120. De que modo se obtém diversas aguardentes por distilação.

E as partículas que podem ser expulsas destes corpos pela acção do fogo são de diversos géneros [como se constata claramente pela Química]. Com efeito, além daquelas que são tão móveis e tão pequenas que sozinhas formam apenas o corpo do ar, outras são um pouco mais volumosas e saem mais facilmente destes corpos, a saber: aquelas que, deitadas e reunidas num alambique, produzem as aguardentes, como as que habitualmente são extraídas do vinho, do trigo e de muitas outras substâncias. Depois há outras um pouco mais volumosas com que se formam as águas doces e insípidas que também são extraídas por distilação das plantas e doutros corpos; e há ainda outras um pouco mais volumosas que formam os ácidos que extraímos dos sais violentamente pelo fogo.

121. De que modo se obtém sublimados e azeites.

Há ainda aquelas que são mais grossas, isto é, as partículas dos sais que se mantêm inteiras e as da prata viva, e que se elevam pela acção de um fogo muito forte, não permanecendo líquidas mas agarrando-se à superfície do recipiente que os contém, originando assim os sublimados. As últimas ou as que saem com mais dificuldade dos corpos duros e secos são os azeites; e podem ser obtidos não tanto pela violência do fogo mas simplesmente por uma técnica. Com efeito, uma vez que as suas partículas são muito finas e têm figuras muito complicadas, a acção de um fogo muito forte quebrá-las-ia e a sua natureza alterar-se-ia completamente ao puxá-las com força de entre as outras partículas dos corpos onde se encontram. Mas estes corpos são habitualmente temperados com uma grande quantidade de água, cujas partículas, unidas e escorregadias, facilmente se introduzem pelos seus poros, e aos poucos separa deles as partículas oleosas, de modo que esta água, subindo depois pelo alambique, as leva consigo.

122. Muitas vezes, quando se aumenta ou diminui a intensidade do fogo altera-se o seu efeito.

Ora, deve-se observar a intensidade do fogo em todas estas destilações, pois aumentando-o ou diminuindo-o os efeitos produzidos serão diferentes. Há corpos que podem secar muito [extraindo-se deles diversos líquidos por destilação se inicialmente os expusermos a um fogo lento e depois o aumentarmos gradualmente]; a não ser assim, fundir-se-iam e se os expuséssemos a um fogo muito intenso já não se poderia extrair deles os mesmos líquidos.

123. De que modo muitos corpos se calcinam.

E não é só a intensidade do fogo que pode alterar os seus efeitos, mas também a maneira de o aplicar. Muitos corpos fundem-se quando todas as partículas são igualmente aquecidas, e calcinam-se ou convertem-se em cal quando uma fogueira mais intensa actua contra a sua superfície e separa algumas partículas, fazendo com que as outras fiquem em pó. Segundo a maneira de falar dos químicos, diz-se que um corpo duro fica calcinado quando é reduzido a pó pela acção do fogo. Deste modo, não há outra diferença entre as cinzas e a cal: além de as cinzas serem o que resta dos corpos completamente queimados depois do fogo ter separado muitas das suas partículas que serviram para o alimentar, a cal é o que resta daqueles que pulverizou sem poder separar as partículas que servem de ligação entre elas.

124. Como se faz o vidro.

Finalmente, o último e um dos principais efeitos do fogo é que pode transformar todas as espécies de cinzas e de cal em vidro. As cinzas e a cal são aquilo que resta dos corpos queimados depois do fogo ter expelido todas as partículas demasiado pequenas para serem expulsas ou partidas por ele; e todas as partículas são tão sólidas e volumosas que não poderiam ser extraídas, como os vapores, pela acção. Além disso, na maioria dos casos têm figuras muito irregulares e desiguais; e assim, ainda que se apoiem umas nas outras, não se agarram nem se tocam imediatamente, a não ser nalguns pontos muitíssimos pequenos. Mas se depois forem cozidas num lume forte — isto é, quando muitas partículas do terceiro elemento, mais pequenas do que elas, e muitas do segundo, forem agitadas pelo primeiro — formam este fogo e passam velozmente por todos os lados entre elas, fazendo com que os seus ângulos fiquem pouco a pouco embotados, alisando as superfícies e flectindo algumas das suas partículas. Deste modo podem finalmente correr obliquamente umas pelas outras e tocarem-se imediatamente, não só nalguns pontos mas também nalgumas das suas superfícies, através das quais ficam unidas, formando assim o vidro.

125. De que modo as suas partículas se juntam.

Assim, quando dois corpos cujas superfícies têm alguma extensão se encontram de frente, só se aproximarão ao ponto de deixarem um pequeno espaço entre si que é ocupado pelo segundo elemento, mas quando correm obliquamente uns contra os outros, as suas superfícies podem unir-se completamente. Por exemplo, se os corpos *B* e *C* se aproximam um do outro segundo a recta *AD*, as partículas do segundo elemento entre eles não podem ser expulsas, pois impedem que se toquem. Mas os corpos *G* e *H* que vêm um contra o outro segundo a linha *EF* podem juntar-se de tal modo que não fique nada entre elas (desde que as suas superfícies sejam todas achatadas e polidas, caso contrário o movimento com que deslizam umas pelas outras une-as aos poucos). Assim, os corpos *B* e *C* representam a maneira como as partes das cinzas se unem, e *G* e *H* a maneira como as partes do vidro se unem. É a diferença entre estas duas maneiras de se unirem que nos permite conhecer perfeitamente a natureza do vidro e explicar todas as suas propriedades, sendo evidente que a primeira está nas cinzas e que a segunda deve ser introduzida por uma longa e violenta agitação do fogo.

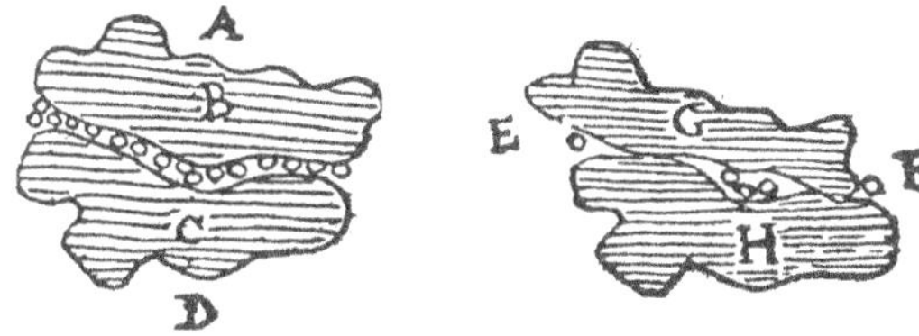

Fig. 37

126. Por que razão o vidro é líquido e viscoso quando incandescente.

A primeira propriedade do vidro é ser líquido quando muito aquecido, podendo adquirir toda a espécie de figura que conservará ao ficar frio [podendo até ser esticado em fios tão finos como cabelos]. E é líquido pela seguinte razão: se a acção do fogo teve força para fazer com que as suas partículas corressem umas sobre as outras para o polir e dobrar, transformado-as assim em vidro, então também teve força para as mover separadamente. E todos os corpos que o fogo tornou líquidos têm esta propriedade de adquirir facilmente todas as figuras que lhes queiramos dar, uma vez que as suas partículas que então se agitam continuamente se prestam a isso. Quando ficam frios mantêm a última forma que lhes imprimimos, porque o movimento das partículas se deteve devido ao frio. Além disso, o vidro é viscoso e pode ser esticado em fios sem se quebrar enquanto está quente até começar a ficar frio, e a razão é a seguinte: as suas partículas movem-se e resvalam continuamente umas pelas outras, sendo-lhes mais fácil continuar este movimento e estenderem-se em fios do que separarem-se.

127. Por que razão é muito duro quando frio.

Outra propriedade do vidro é tornar-se muito duro quando frio e por isso quebrável, e quanto mais rapidamente ficar frio mais quebrável se torna. A causa da sua dureza é que cada uma das partes é tão grossa e tão dura, e por isso difícil de dobrar, que o fogo não teve força para as partir, não se unindo portanto pelo entrelaçamento das suas ramificações, tocando-se imediatamente umas nas outras. Há muitos corpos que se movem pelo facto de as suas partículas serem flexíveis ou por terem pelo menos algumas ramificações cujas extremidades são flexíveis que se uniram umas às outras pelo entrelaçamento das suas ramificações. Mas as partículas de um corpo unem-se melhor quando se tocam imediatamente e não podem mover-se separadamente. É o que acontece às partes do vidro logo que as retiramos do fogo; e como são tão volumosas e colocadas umas sobre as outras e com figuras irregulares e desiguais, o ar não tem força para conservar nelas a agitação que o fogo lhes transmitira.

128. Por que razão é tão quebradiço.

O vidro é quebrável porque as suas partes só se tocam imediatamente em pouquíssimas e reduzidíssimas superfícies. E não é de estranhar que corpos menos duros sejam mais difíceis de partir: isto deve-se ao facto de as suas partículas, presas umas nas outras como os anéis de uma cadeia, poderem ser perfeitamente dobradas para todos os lados, embora não possam ser separadas sem se quebrarem, e nos corpos antes de estarem totalmente divididos há mais partículas pequeníssimas que se quebram do que as pequeníssimas superfícies que separam o vidro.

129. Por que não é tão quebradiço quando arrefece lentamente.

É mais quebradiço quando se tira imediatamente do forno do que quando se fica a recozer e a arrefecer aos poucos porque os seus poros são um pouco mais amplos quando líquidos do que quando frios. Quando arrefece de repente as suas partículas não têm tempo de se ordenarem como é necessário para as apertar todas igualmente; deste modo, o segundo elemento, que a seguir passa pelos seus poros, faz força para os tornar iguais, e então o vidro parte-se pois as suas partes seguram-se apenas por superfícies pequeníssimas e logo que duas delas se separam todas as subsequentes na mesma linha se separam também. É por isso que é costume recozer o vidro, ou seja, levam-no de novo ao fogo depois de feitos e depois retiram-nos gradualmente para evitar que arrefeçam rapidamente. Quando um vidro é metido no fogo de modo a aquecer muito mais de um lado do que do outro, isto fá-lo partir pois o calor dilata-lhe os poros e se uns forem mais dilatados do que os outros as suas partículas separam-se. Mas se o aquecermos igualmente em toda a superfície, de modo a que a mesma intensidade de calor chegue simultaneamente a todas as suas partículas, não chegará a partir-se, uma vez que todos os respectivos poros se abrirão por igual.

130. Por que razão é transparente.

Além disso, o vidro é transparente porque, sendo líquido quando foi feito, a matéria do fogo que corria por entre as suas partículas deixou muitos poros por onde o segundo elemento pôde depois transmitir a acção da luz em todas as direcções seguindo linhas rectas; mas não é necessário que os poros sejam exactamente rectilíneos, bastando que não se fechem ou interrompam em qualquer ponto. E de tal modo que se um corpo fosse formado de partículas perfeitamente redondas que se entrechocassem e fossem tão volumosas que o segundo elemento pudesse passar pelos pequenos espaços triangulares que ficam entre três dessas partículas quando se tocam, então este corpo seria mais sólido do que qualquer vidro existente e mesmo assim seria transparente [como se explicou].

131. Como pode ser feito com várias cores.

Mas quando se mistura ao vidro alguns metais ou outras substâncias cujas partes são mais resistentes e não podem ser tão facilmente polidas [pela acção do fogo] como as cinzas que o formam, isto torna-o menos transparente e reveste-o de diversas cores, uma vez que estas partículas dos metais, que são mais volumosas e com figuras diferentes das das cinzas, avançam um pouco mais pelo interior dos poros, alterando assim o movimento das partículas do segundo elemento e fazendo com que corram de várias formas. [Nos *Meteoros* demonstrei que este movimento dá origem às cores].

132. O que é ser duro ou ter elasticidade, e por que razão esta qualidade se encontra no vidro.

Finalmente, o vidro pode ser um pouco dobrado sem se partir, como se vê claramente quando o esticamos em fios finíssimos. Com efeito, quando é flexível tem elasticidade como um arco e tende a retomar a primeira figura. Esta propriedade de ser dobrado e ter elasticidade — ou seja, de ser um corpo duro mas elástico — encontra-se geralmente em todos os corpos cujas partículas se unem pelo ajustamento perfeito das suas pequeníssimas superfícies e não apenas pelo simples entrelaçamento das suas ramificações. A razão disto implica três circunstâncias: a primeira é que todos estes corpos têm muitos poros por onde alguma matéria passa continuamente; a segunda é que a figura destes poros se predispõe para dar livre passagem a esta matéria, uma vez que se formaram pela sua acção ou outra semelhante: como acontece, por exemplo, quando o vidro endurece e os seus poros (enquanto ele era líquido) se alargam pela acção do fogo e depois se estreitam pela acção do segundo elemento que os adapta ao volume das suas partículas; e a terceira é que os corpos só podem ser dobrados se a figura dos seus poros mudar também, de modo que a matéria que geralmente os preenche não pode correr por eles tão facilmente como de costume e empurra as partículas deste corpo que o impedem, obrigando-as a retomar a primeira figura. Por exemplo, se num arco frouxo os poros que dão passagem ao segundo elemento são perfeitamente redondos, é evidente que depois de esticado estes mesmos poros ficam um pouco maiores em formas ovais e as partículas do segundo elemento fazem pressão sobre estas formas ovais para as tornar imediatamente redondas. Embora a força — considerada apenas em cada uma destas partículas — com que as impelem não seja demasiado grande, não é de admirar porém que façam com que o arco afrouxe com muita violência. Quando se mantém um arco esticado durante muito tempo, principalmente um arco de madeira ou de outra substância que não seja das mais duras, a força com que tende a afrouxar diminui a matéria subtil, que faz pressão sobre as paredes dos poros e os ampliam aos poucos por correrem tanto por dentro, adaptando-os assim à sua figura.

133. A explicação da natureza do íman.

Até aqui procurei explicar a natureza e todas as principais propriedades do ar, da água, da terra e do fogo, uma vez que são os corpos mais comuns em todo o lado [nesta região sublunar que habitamos, e aos quais se dá o nome de quatro elementos]. Mas há ainda outro corpo, o íman, do qual se pode dizer que tem mais extensão do que qualquer um destes quatro [porque toda a nossa Terra é um íman e não podemos ir a qualquer lado sem que constatemos o seu efeito]. Deste modo, não querendo esquecer nada do que há de mais geral na Terra, torna-se necessário explicá-lo. Para tal, lembremo-nos do que foi dito anteriormente, no artigo 87 e seguintes da terceira parte, a respeito das partículas caneladas do primeiro elemento deste mundo visível. Aplicando agora à Terra tudo o que também na terceira parte se disse, desde o artigo 105 ao 109 sobre o astro assinalado com *I*, pensamos que na sua região central tem muitos poros ou pequenos canais paralelos ao seu eixo por onde as partículas caneladas passam livremente de um pólo ao outro. Estes canais estão de tal modo cavados e ajustados à forma destas partículas caneladas que aquelas que recebem as partes vindas do pólo austral não poderiam receber as que vêm do pólo boreal e, reciprocamente, os canais que recebem as partes vindas do pólo setentrional não são adequados para receberem as que vêm do pólo austral porque estão dispostas em forma helicoidal umas contra as outras. Pensemos também que estas partículas caneladas podem entrar perfeitamente por um lado nos poros preparados para os receber, não podendo voltar pelo outro lado dos mesmos poros porque existem cílios ou ramificações finíssimas que deslizam de tal modo pelas espirais que não impedem a passagem das partículas caneladas que aí chegam pelo lado por onde entram geralmente [retrocedendo e voltando um pouco para trás as suas extremidades quando estas partículas caneladas se apresentam para entrar pelo outro lado, tapando-lhes assim a passagem, como se disse no artigo 106 da III Parte]. Por isso, depois de atravessarem toda a Terra de uma metade à outra, seguindo linhas paralelas ao seu eixo, há muitas que voltam pelo ar circundante para a mesma metade por onde entraram, passando assim reciprocamente da Terra para o ar e do ar para a Terra e formando uma espécie de turbilhão cuja explicação se forneceu no artigo 108 – III Parte.

134. No ar e na água não há poros apropriados à recepção das partículas caneladas.

Além disso, como se disse no artigo 113 da mesma terceira parte, não pode haver poros no ar que rodeava o astro assinalado com *I* (a Terra), mas só nos fragmentos volumosos deste ar em que ficaram marcas dos canais que antes se formaram aí. Também se disse depois, nesta última parte, que toda a massa deste ar se separou em quatro corpos diferentes: o ar que respiramos; a água, tanto a doce como a salgada; a terra em que caminhamos e outra terra interior donde se extraem os metais em que se reuniram todos os fragmentos mais volumosos que antes estavam no ar. Disto se conclui que não pode haver nenhuns canais adequados à recepção das partes caneladas na água e no ar que agora existe, porque os fragmentos que os formam são demasiado delgados e também porque estão todos em acção para se moverem separadamente; de modo que apesar de algumas terem possuído canais, estes ter-se-iam deteriorado já há muito tempo devido a uma frequente mudança, pois necessitam de uma posição estável e segura para se conservarem.

135. Também não existem em nenhum outro corpo da Terra, excepto no ferro.

E também porque se disse [Art. 59] que a terra interior, donde se extraem os metais, está formada por duas espécies de partículas —

uma dividida em ramificações presas umas nas outras, e outra em que se movem continuamente nos intervalos entre as ramificações —, há que pensar que semelhantes canais não existem nestas últimas, pelo que acabou de ser exposto; só aquelas que se dividem em ramificações é que podem tê-los. Também há que pensar que inicialmente não houve nenhum nesta terra exterior em que habitamos, porque se formou entre a água e o ar, e as parcelas que o formaram eram muitíssimo pequenas; mas através do tempo recebeu muitos metais vindos da terra interior. Apesar de aqueles canais não terem existido em muitos destes metais formados de partículas muito sólidas e fluidas, como o ar e a prata viva, contudo é muito provável que existam naqueles cujas partes se dividem em ramificações, não sendo sólidos proporcionalmente ao seu volume. É o que pode dizer-se do ferro [ou do aço], mas não de qualquer outro metal.

136. Por que razão o ferro tem poros.

Não há outro metal que mais dificilmente obedece ao martelo sem a ajuda do fogo, que seja fundido com tanta dificuldade, e que seja difícil de endurecer sem a mistura de outro corpo; o que prova que os fragmentos que o formam têm mais desigualdades ou ramificações, com as quais se podem juntar e unir, do que os fragmentos de outros metais. É verdade que não é muito difícil fundi-lo logo que é extraído da mina, mas isto deve-se a que as suas partículas estão totalmente separadas umas das outras e podem ser facilmente agitadas pela acção do fogo. Apesar de o ferro ser mais duro e mais difícil de fundir do que os outros metais, nem por isso deixa de ser um dos mais pesados e um dos que mais facilmente podem dissolver-se em ácidos, além de que só a ferrugem o pode corromper. Isto prova que, proporcionalmente ao seu peso, os fragmentos que o formam não são mais sólidos do que os dos metais, tendo consequentemente muitos poros.

137. Como estes poros podem existir em cada uma das suas partículas.

Contudo, não posso afirmar nem negar que estes canais em forma helicoidal dão passagem às partículas do ferro. Mas basta pensar que as figuras das metades destes canais estão de tal modo formadas de ferro que quando duas partículas destas superfícies estão perfeitamente ajustadas estes canais permanecem inteiros. E quando um corpo duro com muitos buracos redondos se parte, geralmente isso acontece em linhas rectas que passam exactamente pelo meio deste orifícios; e como as partículas da terra interior em que existem semelhantes orifícios eram as que formavam o ferro, facilmente se vê que só puderam ser divididas pela força de voláteis ou substâncias corrosivas se pelo menos algumas metades destes orifícios ficaram impressas nas suas superfícies.

138. De que modo se predispõem a receber as partículas caneladas dos dois lados.

Deve observar-se que enquanto os fragmentos do ferro sobem para as minas não puderam manter sempre a mesma posição, porque tendo figuras irregulares e seguindo vias diferentes, rolaram ao subir, voltando-se ora para um lado ora para o outro; e a certa altura as partículas caneladas saíram com grande velocidade da terra interior e procuraram no exterior passagem adequada à sua recepção, encontrando partículas — inteiras ou não — nestes fragmentos de ferro voltados ao contrário, fazendo virar para trás as pontinhas destas ramificações que, como disse [Parte III – Art. 106], se encontram nas suas dobras. Assim, gradualmente dobraram-nas por completo de modo a entraram pelo lado destes poros por onde saíam anteriormente. Quando a localização destes fragmentos de ferro se alterou, a acção das partículas caneladas imediatamente fez com que as ramificações se dobrassem muitas vezes alternadamente para ambos os lados, adquirindo então uma grande facilidade para se dobrarem imediatamente depois de ambos os lados.

139. A diferença entre o íman e o ferro.

Ora, a diferença entre o íman e o ferro consiste em que os fragmentos que formam o ferro mudaram muitas vezes de posição por este processo após terem saído da terra interior, e por isso as suas pontazinhas que seguem pelas dobras dos seus poros podem voltar-se facilmente de todos os lados. Pelo contrário, as do íman mantiveram sempre, ou quase sempre, a mesma posição, e assim as pontas das ramificações nos seus poros só muito dificilmente podem voltar-se. Por conseguinte, a natureza do íman e do ferro têm muito em comum e só estas parcelas da terra interior em que existem poros adequados à recepção das partículas caneladas é que lhes imprime a forma, se bem que geralmente haja muitas outras substâncias misturadas com elas, não só na mina de ferro (onde a outra substância se separa facilmente pela fundição) mas muito mais no íman. Com efeito, muitas vezes o íman permanece mais tempo na mesma posição do que os fragmentos que formam o ferro, porque as suas partículas foram apanhadas pelas partículas de alguma substância muito dura, e por isso muitas vezes é impossível fundi-las para extrair o ferro, uma vez que estão mais calcinadas e gastas pelo fogo do aquelas que foram isoladas dos locais onde se encontram.

140. Como se faz o ferro e o aço.

O conteúdo da mina de ferro pode ser fundido para ser convertido em ferro ou em aço. Mas os fragmentos do metal e das outras substâncias com que estão misturados continuam a agitar-se separadamente até que as suas superfícies — em que as metades dos canais acima descritos estão impressos — estejam de tal modo ajustadas umas às outras que esses canais fiquem cheios. Quando isto acontece, as partículas caneladas que existem em maior número no fogo do que em todos os outros corpos terrestres dirigem-se imediatamente para o interior desses canais e impedem que as pequenas superfícies, de cuja conjunção são feitos, mudem tão facilmente de lugar como acontecia antes. Além disso, o choque recíproco e a força do peso que faz pressão sobre todas as partes do metal ajuda a mantê-las assim unidas. Contudo, uma vez que estas partículas do metal continuam a ser agitadas pelo fogo, muitas seguem o mesmo movimento quando todo o líquido do metal fundido se divide em montículos ou gotas cujas superfícies se tornam polidas. Quando todos os fragmentos do metal se reúnem, formam uma destas gotas, e quando é apertada por todos os lados pelas outras gotas nenhuma ponta ou ramificação destes fragmentos poderá avançar mais do que as outras para fora da sua superfície, caso contrário seria imediatamente repuxada para o seu centro pelas outras gotas, e é isto o que faz polir a superfície. Ora, assim os fragmentos que formam cada gota juntam-se e unem-se muito melhor.

141. Por que razão o aço é muito duro, rígido e quebrável.

Quando o metal se funde e se divide em gotículas que se desfazem e refazem continuamente enquanto permanece líquido, quando arrefecido torna-se aço, que é muito duro, rígido e quebrável como o vidro. É duro porque as suas partículas estão estreitamente unidas; rígido e flexível uma vez que podemos alterar ao dobrá-lo devido à forma dos poros e não por causa da organização das suas partículas, como se disse acerca do vidro [Art. 132]. E é quebrável porque as gotículas que o formam só se juntam pelo contacto das superfícies que se tocam imediatamente em poucas partículas.

142. A diferença entre o ferro simples e o aço.

Mas nem todas as minas donde se extrai o ferro são adequadas para produzir aço bom, pois a melhor apenas fornece ferro simples quando é fundido com um fogo não rigorosamente temperado. Com efeito, as parcelas da mina não formam o aço mas apenas o ferro comum quando são demasiado toscas e desiguais de modo que se agarram umas às outras antes de ajustarem as suas pequeníssimas superfícies e se diferenciarem em muitas gotículas como já se explicou; o mesmo acontece quando o fogo não é suficiente para fazer com que a mina fundida se diferencie em muitas gotículas e assim as parcelas de cada uma destas gotículas comprimem-se; ou quando o fogo é tão violento que perturba a sua posição exacta.

143. A causa das várias têmperas dadas ao aço.

E quando se tem aço já preparado e o colocamos no fogo, não pode ser facilmente refundido e transformado em ferro comum uma vez que as gotículas de que é formado são demasiado volumosas e sólidas para serem isoladas inteiras pela acção do fogo, além de que as parcelas de cada uma destas gotas estão também extremamente unidas e apertadas para se separarem imediatamente por esta mesma acção. Mas pode ser amolecido dado que todas as partículas são agitadas pelo calor. E se depois o deixarmos arrefecer muito lentamente, não se torna tão duro, rígido e quebrável como era, ficando mole e flexível como o ferro. E isso porque enquanto arrefecia, e à medida que a força desta acção diminuía, as ramificações dos fragmentos que constituem cada uma das suas gotas — que, como disse, são impelidas para dentro pela acção das outras gotas que a rodeiam — tiveram tempo para sobressaírem um pouco além da superfície (seguindo em tudo isto a sua situação mais natural). Desta maneira, agarram-se e entrelaçam-se com aquelas que sobressaem além das superfícies das outras gotas, e assim as paredes de cada gota já não ficam tão estreitamente unidas e apertadas e portanto estas gotas também já não se tocam tão imediatamente, ligando-se apenas pelas pontazinhas ou ramificações que saem das superfícies, o que faz com que o aço já não seja tão duro, rígido ou quebrável como antes. Mas esta diferença permanece sempre entre o aço e o ferro simples, pois podemos retirar-lhe a sua dureza primitiva avermelhando-o no fogo e arrefecendo-o imediatamente; já o ferro comum não pode tornar-se tão duro pelo mesmo processo. E isto porque as parcelas do aço não estão devidamente afastadas da posição correcta para o tornar mais duro, não podendo ser repostas pela acção do fogo nem conservadas quando o frio se segue imediatamente ao quente, ao passo que as partículas do ferro nunca apresentam semelhante situação e por isso nunca a podem assim adquirir. Ora, para fazer com que o ferro ou aço arrefeça rapidamente, é costume temperá-lo com água ou outros líquidos frios; para o arrefecer lentamente ou tornar mais mole deve ser temperado com azeite ou outra substância gordurosa. E porque à medida que endurece também se torna mais quebrável, os artífices que fazem espadas, serrotes e outros instrumentos nem sempre empregam os líquidos mais frios para o temperar, mas somente aqueles que são temperados e proporcionados para o efeito desejado. Desta forma, a têmpera das limas ou dos buris é diferente da dos serrotes, das espadas ou de outros instrumentos parecidos, conforme a dureza exigida para cada caso: por isso se diz com razão que só temperamos o aço quando o temperamos adequadamente.

144. A diferença entre os poros do íman, do aço e do ferro.

Quanto aos canaizinhos apropriados à recepção das partículas caneladas, sabemos — pelo que se disse (Arts. 134/140] — que deve haver inúmeros tanto no aço como no ferro [e muito mais do que no íman, em que há sempre muitas partículas que não são metálicas]. Também se sabe que estes canais devem ser muito mais completos e muito mais perfeitos no aço do que no ferro e que as pontazinhas nas suas dobras não se voltam tão facilmente de um lado para o outro como acontece no ferro. Em primeiro lugar porque a mina donde o aço foi extraído é mais pura e os seus fragmentos alteraram-no menos após terem saído da terra interior; e depois porque são mais ordenadas e mais densas do que no ferro. Por fim, sabe-se que quer no aço quer no ferro os canais não estão todos voltados, como acontece no íman; ou seja: quando todas as entradas dos canais por onde as partículas caneladas (que vêm do pólo austral) podem passar estão todas voltadas para o mesmo lado e todas as que podem receber as partículas caneladas (que vêm do pólo setentrional) estão voltadas para o lado contrário. Mas estes canais estão voltados de diversas maneiras e sem nenhuma ordem certa porque a acção do fogo lhes alterou a posição. [É verdade que quando esta acção desaparece o ferro e o aço incandescente arrefecem e as partículas caneladas que correm sempre por cima da terra de um pólo para o outro têm à disposição alguns canais adequados para terem passagem livre. Quando permanecem muito tempo na mesma posição também podem dispor aos poucos de alguns poros do aço ou do ferro que não está incandescente]. Dado que no ferro e no aço há muitos mais canais do que partículas caneladas que passam pelo ar e que os podem ocupar, então todo o ferro e aço possuem alguma da força do íman, ainda que geralmente não possa aumentar.

145. A enumeração de todas as propriedades do íman.

E todas estas coisas se seguem tão claramente dos princípios atrás expostos [Parte II – Arts. 37, 39 e 40] que só poderão ser como as acabo de expor, se bem que ainda não tenha considerado as propriedades que se podem deduzir deles. Mas agora espero demonstrar que todas estas propriedades, que as mais curiosas experiências dos admiradores dos ímanes puderam descobrir até agora, podem ser facilmente explicadas por seu intermédio, bastando para nos persuadir de que são verdadeiras ainda que não tivessem sido deduzidas dos primeiros princípios da Natureza. E para melhor observarmos todas estas propriedades reduzi-las-ei a artigos, como segue:

1. Há dois pólos em cada íman, um dos quais tende sempre a voltar-se para Setentrião e o outro para Sul, independentemente do lugar da Terra em que esteja [ver Art. 150].

2. Estes pólos do íman tendem também a inclinar-se para a terra de diversas maneiras, conforme os diferentes locais para onde é levado [ver Art. 151].

3. Quando dois ímanes redondos se aproximam, voltam-se e inclinam-se um para o outro, mas só um se volta e inclina para a Terra [ver Art. 152].

4. Quando voltados um para o outro, aproximam-se até se tocarem [ver Art. 153].

5. Se forem mantidos forçadamente numa posição contrária à sua natureza, fogem e recuam relativamente um ao outro [ver Art. 154].

6. Se um íman se parte em dois segundo uma linha que une os dois pólos, as partes de cada um destes fragmentos tendem a afastar-se das do outro fragmento de que estavam mais próximas antes da separação [ver Art. 155].

7. Se se partir noutra direcção, de modo que o plano da divisão corta a linha que une os pólos em ângulos rectos, os dois pontos desta linha assim cortada [que antes se tocavam] — sendo cada um deles um dos fragmentos do íman — tornam-se dois pólos de força contrária [de modo que um tende a voltar-se para Norte e o outro para Sul] [ver Art. 156].

8. Apesar de só haver dois pólos em cada íman, um boreal e outro austral, mesmo assim também existem dois em cada uma das partes quando isoladas, e a força de cada uma das partes é semelhante àquela que existe no todo [ver Art. 157].

9. O ferro pode receber esta força do íman quando o toca ou se aproxima dele [ver Art. 158].

10. Quando se aproxima do íman fá-lo de acordo com o lado pelo qual recebe diversamente esta força [ver Art. 159].

11. Apesar de tudo, e independentemente de aproximarmos um pedaço de ferro mais comprido ou mais largo, recebe-o sempre longitudinalmente [ver Art. 160].

12. O íman nunca perde nada da sua força mesmo se a comunicar ao ferro [ver Art. 161].

13. Comunica-lhe essa força durante pouco tempo; mas se o ferro permanecer na mesma posição contra o íman, aumenta e reforça-se [ver Art. 162].

14. Quanto mais duro for o aço, mais intensa é a força com que fica, e consegue manter esta força que recebeu muito melhor do que o ferro [ver Art. 163].

15. Recebe mais de uma pedra boa do que de outra que não o é tanto [ver Art. 164].

16. Toda a terra é um íman e também comunica alguma da sua força ao ferro [ver Art. 165].

17. Apesar de a terra ser grande, esta força não parece ser tão forte nela como na maioria das pedras do íman, que são incomparavelmente mais pequena [ver Art. 166].

18. As agulhas tocadas pelo íman voltam uma extremidade para Norte e outra para Sul, tal como o íman volta os seus pólos [ver Art. 167].

19. Nem os pólos destas agulhas nem os das pedras de íman se voltam exactamente para os pólos da Terra, mas muitas vezes afastam-se um pouco [dependendo dos locais em que se encontram] [ver Art. 168].

20. Isto também pode aumentar com o tempo [de modo que agora há locais onde esta declinação do íman é menor do que no século passado e outros onde é menor] [ver Art. 169].

21. Esta declinação é nula, como alguns dizem, ou talvez não seja a mesma nem tão grande quando um íman está perpendicularmente levantado sobre um dos pólos do que quando os seus dois pólos são equidistantes da Terra [ver Art. 170].

22. O íman atrai o ferro [ver Art. 171].

23. Estando guarnecido, pode segurar uma maior quantidade de ferro do que quando não está [ver Art. 172].

24. Ainda que os seus pólos sejam de força contrária, ajudam-se mutuamente a segurar um mesmo pedaço de ferro [ver Art. 173].

25. Enquanto uma argola de ferro gira para a direita ou para a esquerda, se a suspendermos de um íman nem por isso ele a impede de continuar a mover-se [ver Art. 174].

26. A força do íman é por vezes acrescida e outras vezes diminuída com a aproximação de um pedaço de ferro ou de outro íman, conforme os diferentes lados se voltem para ele [ver Art. 175].

27. Quando um pedaço de ferro e um íman (por mais fraco que seja) estão unidos, não podem ser separados por outro íman, ainda que muito forte, enquanto não o tocar [ver Art. 176].

28. Pelo contrário, o ferro unido ao íman muito forte pode separar-se dele por um íman mais fraco quando o toca [ver Art. 177].

29. O lado norte do íman pode sustentar mais ferro do que o outro lado [ver Art. 178].

30. A limalha de ferro ordena-se à volta das pedras do íman [ver Art. 179].

31. Aplicando uma lâmina de ferro a um dos pólos do íman desvia-se a força com que podia atrair o ferro para esse lado [ver Art. 180].

32. Esta força não pode ser desviada nem impedida por qualquer corpo colocado no lugar desta lâmina de ferro [ver Art. 181].

33. Se um íman permanece muito tempo desviado da terra ou de outros ímans mais próximos para os quais naturalmente se desviaria, vai perdendo a sua força aos poucos [ver Art. 182].

34. Esta força pode ser-lhe tirada pelo fogo e diminuída pela ferrugem e humidade, mas não por mais nada que se conheça [ver Art. 183].

146. Como as partículas caneladas se deslocam através e à volta da Terra.

Para compreendermos as razões destas propriedades do íman consideremos a figura em que *ABCD* representa a Terra, sendo *A* o pólo austral [o Sul] e *B* o boreal [ou Norte]. Todos os pequenos anéis repre-

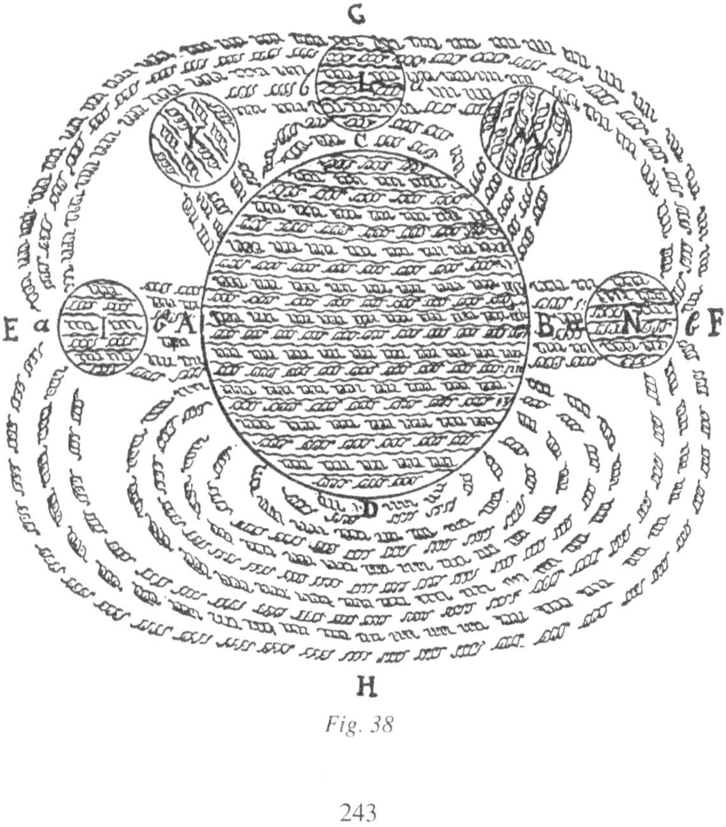

Fig. 38

sentam as partículas caneladas, a respeito das quais há que observar que umas estão voltadas completamente para as outras, e portanto não podem passar pelos mesmos poros, e todas as que vêm do céu assinaladas com *E* (o Sul) estão voltadas na mesma direcção, e na metade da terra *CAD* têm as entradas dos poros por onde passam continuamente em linha recta até à superfície da sua outra metade *CBD*; e daí, de um lado e do outro dentro do ar, água e outros corpos da terra superior, regressam circularmente para *CAD*. Da mesma maneira, todas as que se voltam na outra direcção vêm do Norte *F* e, entrando no hemisfério *CAD* por onde tinham saído, regressam pelo ar para *CBD*; como se disse, os poros por onde passam através da terra são tais que não podem entrar pelo mesmo lado por onde podem sair.

147. Passam com mais dificuldade pelo ar e pelo resto da terra exterior do que pelo interior.

Também há que observar que há sempre novas partículas caneladas a chegar à Terra vindas dos recantos do céu [tanto a Norte como a Sul] (e que foi difícil representar aqui), havendo outras que voltam para o céu, para *G* e para *H*, ou que perdem a sua forma quando se dirigem para aí. É verdade que nunca podem perder a sua forma enquanto atravessam o interior da Terra, uma vez que encontram aí canais tão ajustados ao seu tamanho que passam por eles sem qualquer impecilho. Mas ao regressarem pelo ar, pela água ou por outros corpos da terra exterior, não encontram tais poros e passam então com muita dificuldade. E porque chocam continuamente com as partículas do segundo e do terceiro elementos [pensa-se que muitas vezes alteram as suas formas].

148. Não têm a mesma dificuldade quando passam pelo íman.

Ora, estas partículas caneladas têm dificuldade em correr por dentro da terra exterior; mas se encontrarem um íman com canais ajustados à sua medida, tal como na terra interior, sem dúvida que passarão mais facilmente por dentro desta pedra do que pelo ar ou pelos outros corpos circundantes: pelo menos se estiver em tal posição que as entradas dos seus poros estejam sempre voltadas para os lados donde vêm as partículas caneladas que facilmente pode receber.

149. Quais são os seus pólos.

E como o pólo austral da Terra está exactamente no meio das suas metades por onde entram as partículas caneladas que vêm do céu do lado sul, então o pólo austral do íman será a sua extremidade que está no meio das suas metades por onde essas partículas entram; e a extremidade oposta será o seu pólo setentrional, apesar de saber perfeitamente que isto é contra o hábito de muitos, para os quais o pólo do íman que chamo austral volta-se naturalmente para o setentrião (como explicarei agora mesmo) e lhe chamam o seu pólo setentrional, e pela mesma razão chamam austral ao outro pólo. [Com efeito, só o povo, devido a um longo hábito, tem o direito de atribuir os nomes que erradamente deu às coisas; mas uma vez que o povo não tem o hábito de falar destas coisas, mas só os filósofos que desejam conhecer a verdade, estou certo de que não vão achar mal que prefira a razão ao costume.

150. Por que razão se voltam para os pólos da Terra.

Quando os pólos do íman não estão voltados para a Terra donde provêm as partículas caneladas que podem receber, estas apresentam-se obliquamente para entrar [Fig. 38]. E devido à força para continuarem o seu movimento em linha recta, empurram as partículas que encontram até situá-las da maneira mais conveniente. Desta forma, se este íman não é detido por outros corpos mais fortes, elas obrigam-no a mover-se até que o pólo que chamo austral esteja completamente voltado para o austral. Isto deve-se ao facto de as partículas caneladas vindas do Norte para o íman serem as mesmas que entraram na Terra interior pelo lado Sul e que saíram pelo Norte; [como também as que vêm do Sul para o íman são as mesmas que entraram pelo Norte na Terra interior e que saíram pelo Sul].

151. Por que razão também se inclinam de diversas maneiras para o seu centro, conforme os lugares onde se encontram.

A força que as partículas caneladas têm para continuar o seu movimento em linha recta também faz com que os pólos do íman se inclinem, um mais do que o outro, para a terra; e isto de diversas maneiras, conforme os diferentes locais onde se encontra. Por exemplo, no íman *L*, que aqui se encontra colocado directamente sobre o equador da Terra, as partículas caneladas fazem com que o seu pólo austral *a* se volte para *B* (o boreal da Terra) e o seu outro pólo *b* para o austral *A*, porque aquelas que entram pelo seu lado *CaG* entraram também na Terra por *CAD* e saíram por *CBD*. Mas não fazem com que um destes pólos se incline mais do que o outro, uma vez que vindas do Norte não têm mais força para fazer descer um do que aquelas que vêm do Sul para fazer descer o outro. Por sua vez, no íman *N* (situado no pólo boreal da Terra) as partículas caneladas fazem com que o seu pólo austral *a* desça completamente para a Terra e que *b* continue em cima e direito. No íman *M*, que se encontra entre o equador e o Norte, fazem inclinar o pólo austral mais ou menos para baixo, conforme a localização seste íman estiver mais próxima do Setentrião [ou do Sul]. [No outro hemisfério fazem inclinar o pólo boreal do íman *I* e *COM* da mesma maneira que o austral dos ímans *N* e *M*]. As razões são evidentes: as partículas caneladas que saem da Terra por *B* e entram no íman *N* por *a* e devem continuar aí o seu percurso em linha recta devido à facilidade da passagem com que deparam; e as outras partículas caneladas que vêm de *A* por *H* e por *G* para *N* só com muita dificuldade entram nele pelo seu pólo *b*. Da mesma maneira que as partículas caneladas entram por *a* (o lado austral do íman M), também saem da superfície da terra interior, situada entre *B* e *M*, fazendo inclinar o seu pólo *a* a meio desta superfície. E isto não pode ser impedido pelas outras partículas caneladas que entram pelo outro lado deste íman [já que, vindo do outro hemisfério da Terra, necessariamente devem completar uma meia-volta para entrar aí], não se desviando mais ao passar por este íman quando assim situado do que se passassem apenas pelo ar.

152. Por que razão duas pedras de íman se voltam uma para outra [como se voltam para a Terra, que também é um íman].

Assim, as partículas caneladas fazem os seus percursos pelos poros de cada pedra de íman da mesma maneira que pelos da Terra. Donde se segue que quando dois ímans redondos se aproximam um do outro, cada um deles deve voltar-se e inclinar-se para o outro, da mesma forma que se inclinaria para a Terra se esta fosse o único íman. Há que observar que há sempre mais partículas caneladas à volta das pedras de íman do que nos outros espaços do ar, porque após a sua saída por um dos lados do íman a resistência que encontram no ar que as rodeia faz com que a maioria volte por este ar para o outro lado do íman, pelo qual elas entram imediatamente; [assim, permanecem várias à sua volta e formam uma espécie de turbilhão, como o faziam à volta da Terra]. Deste modo, toda esta Terra também pode ser considerada um íman, diferindo dos outros apenas por ser muito maior e porque na sua superfície, onde vivemos, a sua força não parece ser muito intensa.

153. Por que razão dois ímanes se aproximam um do outro e qual a esfera da sua acção.

Além disso, dois ímans próximos um do outro voltam-se até o pólo austral de um estar voltado para o pólo boreal do outro, aproximando-

-se e voltando-se; ou então, se nada impedir o seu movimento, voltam-se até se tocarem. Há que observar que as partículas caneladas passam muito mais depressa pelos canais do íman do que pelo ar, no qual o seu curso fica travado pelo segundo e terceiro elementos, ao passo que nestes canais só se misturam com a matéria mais subtil do primeiro elemento, que aumenta de velocidade. É por isso que uma vez saídas do íman continuam um pouco mais em linha recta antes de a resistência do ar as poder desviar. E se no espaço por onde seguem em linha recta, os canais de outro íman estão dispostos a recebê-los, entram neste íman em vez de se desviarem e expulsam o ar existente entre estes dois ímans, fazendo então com que se aproximem um do outro. Por exemplo, as partículas que correm nos canais do íman assinalado com *O* (umas de *B* para *A* e outras de *A* para *B*) têm força suficiente para seguirem em frente em linha recta dos dois lados até *R* e *S* antes de a resistência do ar as obrigar a desviar o seu curso para *V*. Note-se que todo o espaço *RVS* que contém o turbilhão feito pelas partículas caneladas à volta deste íman *O* se chama a esfera da sua acção ou da sua actividade, e que esta esfera é tanto mais ampla quanto maior for, ou pelo menos quanto mais comprido for, dado que as partículas caneladas que passam por canais mais longos têm tempo para adquirir velocidade para seguir no ar em linha recta. [Isto faz com que a força dos grandes ímans se estenda muito mais longe do que as dos pequenos, ainda que por vezes seja menos intensa, isto é, quando num íman grande não há tantos canais adequados à recepção das partículas caneladas como num pequeno]. Ora, se a esfera da acção do íman *O* estivesse totalmente separada da do íman *P*, que é *TXS*, ainda que as partículas caneladas que saem de íman *O* empurrassem o ar próximo de *R* e *S* como fazem, nem por isso o afastariam dos locais onde se encontra, dado que não haveria outro lugar para onde pudesse ir de modo a não ser empurrado por elas e para que o seu trajecto fosse mais fácil. Mas como as esferas destes dois ímanes estão de tal modo juntas em *S* que o pólo boreal de um está voltado para o pólo austral do outro, há assim um lugar em que o ar à volta de *S* pode ser retirado, isto é, perto de *R* e *T*, por detrás destes dois ímanes, fazendo com que se aproximem um do outro. É evidente que isto facilita o trajecto das partículas caneladas, que passam mais facilmente em linha recta de um

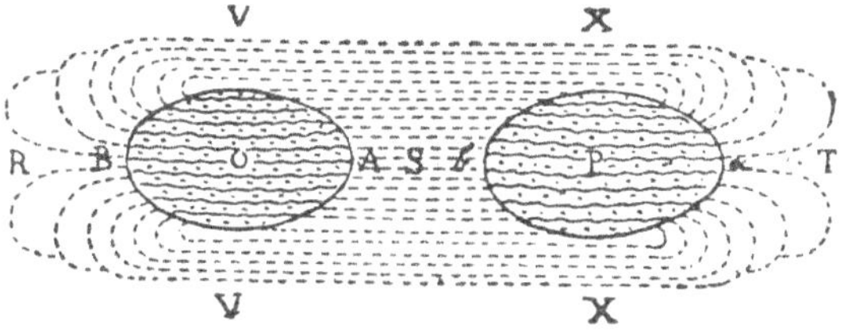

Fig. 39

íman para outro do que acontece com dois turbilhões separados à volta delas. Assim, também podem passar em linha recta de um para outro, e tanto mais facilmente quanto mais próximos se encontrem; é por isso que elas expelem para *R* e *T* o ar que se encontra em ambos: este ar assim expelido faz avançar os dois ímanes de *R* e *T* para *S*.

154. Por que razão algumas vezes se afastam.

Mas isso só acontece quando o pólo austral de um destes ímanes está voltado para o boreal do outro. A não ser assim, recuam e afastam-se um do outro quando os seus pólos (voltados um para o outro) têm a mesma força; e se a sua posição, ou qualquer outra coisa, os impede de se voltarem, nem por isso essas partículas deixarão de se mover em linha recta, pois as partículas caneladas que saem destes dois ímanes não podem passar de um para outro e reservam entre ambos algum espaço para passar para o espaço circundante. Por exemplo, se o íman *O* flutua na água numa pequena gôndola em que esteja de tal modo instalado que o seu pólo boreal *B* só se possa mover com ela, e se segurarmos o íman *P* com a mão de modo que o seu pólo austral *a* esteja voltado para *A* (que é o pólo austral do outro), fazendo-o avançar aos poucos de *P* para *Y*, então o íman *O* deve recuar de *O* para *Z* antes de o tocar, uma vez que as partículas caneladas que saem do espaço de cada um destes ímanes, colocados um diante do outro, devem ter algum espaço por onde possam passar.

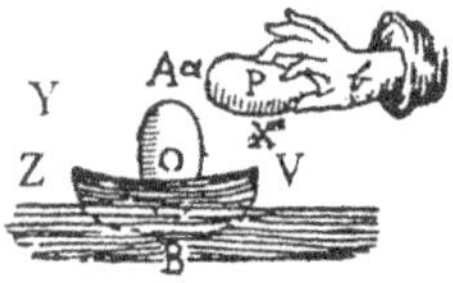

Fig. 40

155. Por que razão as partes um íman se afastam quando ele se parte.

Pelo que foi dito, vê-se claramente que se um íman se divide em duas partes, segundo a linha que une os seus dois pólos, se segurarmos com um fio uma daquelas partes por cima da outra, ela voltar-se-á por si mesma e adquirirá uma posição contrária à que tivera. Com efeito, antes da divisão as suas partes austrais estavam unidas às partes austrais da outra parte e as boreais às austrais; mas uma vez separadas, as partículas caneladas que saem do pólo austral de uma destas partes retomam o seu trajecto por dentro do ar na direcção do pólo boreal do outro. Por este processo fazem com que *a* (o pólo austral da que está sempre suspensa) se volte para *B* (o pólo boreal da outra) e *b* para *A*.

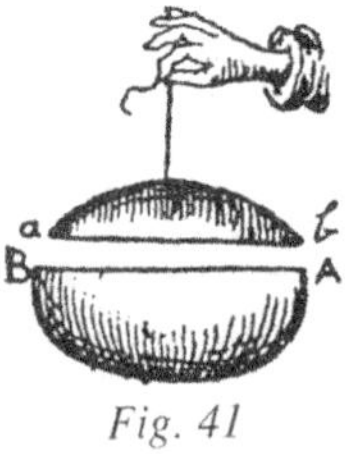

Fig. 41

156. De que modo duas partes do íman que se tocam se tornam em dois pólos de força contrária quando se separam.

Se um íman for dividido de tal modo que o plano da divisão corta em ângulos rectos a linha *AB* que une os seus dois pólos, então os dois pontos desta linha que se tocavam antes de ser dividida — e que correspondem a cada um dos seus fragmentos, *b* e *a* — são agora dois pólos de força contrária, uma vez que as partículas caneladas que podem sair por um também podem entrar pelo outro.

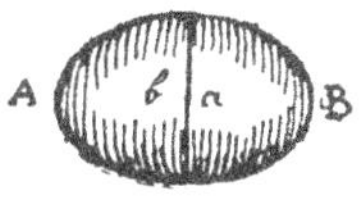

Fig. 42

157. De que modo a força de um dos fragmentos de um íman é parecida com as do conjunto.

Além disso, a força de um íman inteiro possui sempre a mesma natureza em cada uma das suas partes, embora surja de maneira diferente nos seus pólos [não deixando por isso de ser igual]. É maior dado que a linha que as une é mais longa e tem o seu meio entre todas as linhas cuja direcção as partículas caneladas seguem através deste íman, pelo menos num íman esférico; e este modelo leva-nos a pensar que os pólos dos outros ímans são os pontos em que a força se nota mais. Esta força é idêntica no pólo austral e no boreal, na medida em que aquilo que entra por um deve sair pelo outro. [Mas todos os fragmentos de íman, por mais pequenos que sejam, possuem poros com um lado por onde as partículas caneladas entram e outro por onde saiem, isto é, têm todos dois pólos].

158. Como esta força se comunica ao ferro pelo íman.

E se um fragmento de ferro ou de aço for aproximado de uma pedra de íman, não há que estranhar que adquira imediatamente a sua força. Com efeito, e de acordo com o que se disse, possui já poros adequados para a recepção das partículas caneladas, tal como o íman, e até em maior número. É por isso que não lhe falta nada para terem a mesma força, a não ser que as pequenas extremidades que seguem pelas dobras dos seus poros se voltem desordenadamente de maneiras diferentes, quando aquelas dos poros vindas do Norte deveriam encontrar-se do mesmo lado e as outras do lado oposto. Mas quando um íman se aproxima dele, as partículas caneladas que saem deste íman entram com tal impetuosidade nos seus poros que têm força suficiente para dispor estas pequenas extremidades da forma mais conveniente. É assim que proporcionam ao ferro o que lhe faltava para ter a força do íman.

159. Como se comunica diversamente ao ferro conforme as diferentes formas que o íman adopta ao voltar-se para ele.

Também não é de admirar que o ferro receba diversamente esta força conforme os diferentes lados do íman lhe são aplicados. Com efeito, se *R* (uma das extremidades de ferro *RST*) se junta a *B* (o pólo boreal do íman *P*), este ferro vai receber de tal modo a força deste íman que *R* será o seu pólo austral e *T* o boreal, dado que as partículas caneladas — que vêm do Sul para a Terra e saem pelo Norte — entram por *R*, e as que vêm do Norte, após terem saído da Terra por *A* e terem dado a volta por ambos os lados pelo ar, entram por *T* no ferro. Se este mesmo ferro for colocado ao longo do equador deste íman (isto é, no círculo equidistante dos seus pólos) e o seu ponto *R* estiver voltado para *B*, como se vê na parte do equador assinalado com *C*, adquirirá a sua força no mesmo sentido que antes e *R* ainda será o seu pólo austral, dado que as mesmas partículas caneladas entraram aí. Mas se voltarmos este ponto *R* para *A*, como se vê na zona do equador assinalado com *D*, perderá a força do pólo austral e transformar-se-á no pólo setentrional deste ferro, uma vez que as partículas caneladas que antes entravam por *R* entrarão por *T*, e as que entravam por *T* entrarão por *R*. Finalmente, se *S* (o ponto do meio deste ferro) toca o pólo austral deste íman, as partículas caneladas que vêm do Norte entrarão no ferro por *S* e sairão pelas suas extremidades *R* e *T*, ficando assim no seu meio com a força do pólo boreal, e em ambas extremidades com a do pólo austral.

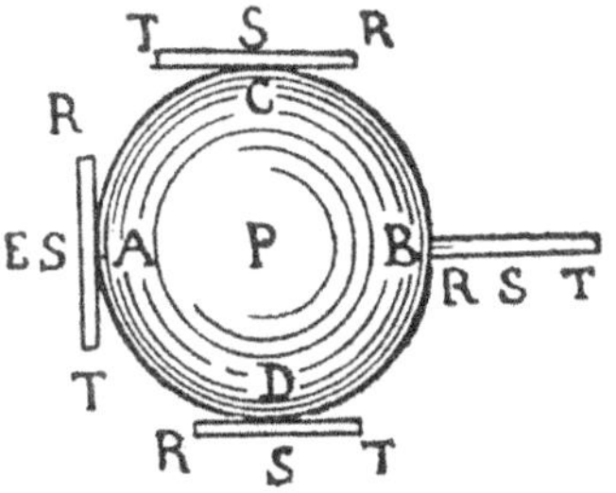

Fig. 43

160. Por que razão um ferro mais comprido do que largo ou espesso a recebe sempre segundo o seu comprimento.

E não há nisto qualquer dificuldade a não ser perguntarmo-nos por que razão as partículas caneladas que saem do pólo *A* do íman entram por *S* (o meio do ferro) e não seguem depois a direito pelos poros *E*, em vez de se desviarem de ambos os lados para *R* e para *T*. A isto pode responder-se que estas partículas caneladas encontram no ferro poros adequados a recebê-las e, não encontrando ar lá dentro, são desviadas para dentro do ferro, o qual receberá sempre a força do íman segundo a sua largura quando é notoriamente mais comprido do que longo e espesso.

161. Por que razão o íman não perde nada da sua força ao comunicá-la ao ferro.

Também é fácil de responder aos que perguntam por que razão o íman não perde nenhuma força mesmo quando comunica uma grande quantidade dela ao ferro. Nada se altera no íman pelo facto de as partículas caneladas que saem dos seus poros entrarem no ferro mais do que em qualquer outro corpo, a não ser que passam mais facilmente pelo ferro do que pelos outros corpos, passando também mais livremente e em maior quantidade pelo íman quando tem ferro à sua volta do que quando não tem. Assim, em vez de lhe diminuir a força, aumenta-a e comunica-a ao ferro.

162. Por que razão se comunica imediatamente ao ferro e por que enfraquece com o tempo.

E esta força é mais rapidamente adquirida pelo ferro uma vez que as partículas caneladas passam muito rapidamente e quase não precisam de tempo para transitar de uma extremidades para outra [e depois de aí passarem a primeira vez comunicam-lhe a força do íman do qual acabam de chegar]. Mas se mantivermos um ferro encostado a uma pedra de íman durante muito tempo, adquirirá uma força mais acentuada [que não pode ser facilmente retirada], porque as ramificações que avançam pelas estrias dos seus poros permanecem muito tempo apenas de um lado e aos poucos perdem a facilidade com que se viravam para o outro.

163. Por que razão o aço a recebe melhor do que o ferro simples.

E o aço recebe melhor esta força do que o ferro simples, porque os seus poros adequados à recepção das partículas caneladas são mais perfeitos e em maior número; e uma vez recebida não pode ser retirada tão depressa, dado que as ramificações que avançam pelos canais não se podem voltar tão facilmente.

164. Por que razão a recebe em maior quantidade de um bom íman do que doutro mais pequeno.

Conforme o íman for maior e mais perfeito também lhe comunicará uma força mais intensa, uma vez que as partículas caneladas entram com maior ímpeto nos seus poros e voltam melhor todas as ramificações que encontram nas estrias, e também porque vindo simultaneamente em maior quantidade preparam uma maior quantidade de poros. Note-se que há sempre mais poros no ferro ou no aço (cujas partículas são todas metálicas) do que no íman, no qual as partículas metálicas se misturam com as da mesma pedra. Assim, como só poucas partículas caneladas podem sair simultaneamente de um íman fraco, não entram em todos os poros do aço, mas apenas naqueles onde existem menos ramificações que lhes ofereçam resistência [ou então onde estas ramificações são fáceis de dobrar, já que depois as outras partículas caneladas encontrarão o caminho já aberto]; os outros poros só servem para quando estes ferros se aproximam de um íman mais perfeito, o qual enviará para ele mais partículas caneladas, transmitindo-lhes assim uma força mais intensa.

165. De que modo só a terra pode comunicar esta força ao ferro.

E porque as ramificações que entram pelos poros do ferro vulgar podem ser facilmente dobradas, daqui deriva a razão de a própria terra lhe poder comunicar rapidamente a força do íman, se bem que nos pareça muito reduzida. A experiência em que tal coisa se verifica é tão bela que indicarei aqui os meios para a realizar. Pega-se num simples pedaço de ferro que tenha uma forma comprida e sem possuir qualquer força notória do íman. Baixa-se mais uma das suas extremidades para a terra do que outra; depois, mantendo-se ambas igualmente distantes do horizonte, aproxima-se uma bússola daquela que se baixou em último lugar, e a agulha desta bússola volta para aquela o mesmo lado que habitualmente volta para Sul. A seguir, levantando um pouco a mesma extremidade deste ferro e colocando-a paralelamente ao horizonte próximo da mesma bússola, vê-se que a agulha lhe apresenta o outro lado; [e se o levantarmos ou baixarmos muitas vezes, vê-se sempre nestas zonas setentrionais que o lado que a agulha habitualmente volta para Sul volta-se agora para a extremidade do ferro que se baixou em último lugar; e aquele que habitualmente se volta para o Norte volta-se na direcção da extremidade do ferro que se levantou em último lugar. Isto prova que é só a sua posição em relação à terra é que lhe comunica a força para fazer girar esta agulha: pode ser levantado e baixado e quem o vê não se apercebe da causa que o leva a mudar tão repentinamente a sua força, ficando então muito admirado].

166. Por que razão pequeníssimas pedras de íman têm muitas vezes mais força do que toda a Terra.

Mas também nos podemos interrogar por que razão a Terra, que é um enorme íman, tenha menos força do que as pedras de íman, que são incomparavelmente mais pequenas. Na minha opinião, tem muito mais força na segunda região em que, como disse atrás [Arts. 133 e segs.], possui muitos poros por onde as partículas caneladas seguem o seu trajecto; mas após terem saído por um dos lados desta segunda região, a maioria volta para o outro pela parte mais baixa da terceira região donde vêm os metais, onde também há muitos poros, e por isso só um reduzido número vem até à superfície da terra onde habitamos. Penso que nesta terceira região da terra as entradas e as saídas dos poros por onde elas passam se voltaram de uma maneira diferente da segunda, de modo que as partículas caneladas que vêm do Sul para o Norte pelos poros desta segunda região regressam do Norte para o Sul pela terceira, passando quase todas pela sua camada mais baixa e também pelas minas de íman e de ferro, dado que encontram nelas poros apropriados. Deste modo, só poucas tentam por passar pelo ar e por outros corpos próximos de nós onde estes poros não existem. [Por isso podemos constatar a verdade através da experiência. Efectivamente — e se aquilo que escrevi é certo —, enquanto estiver perto da mina, o mesmo lado do íman voltado para Norte deve voltar-se sempre por si mesmo para o Norte quando é separado e deixado a flutuar livremente na água, sem se aproximar de qualquer outro íman a não ser da Terra]. E Gilbert* foi o primeiro a descobrir que a Terra é um íman [e, curiosamente, examinou as suas forças, assegurando que é assim mesmo]. É verdade que outros afirmam também que fizeram a experiência ao contrário, mas talvez se tenham enganado: talvez tenham feito com que o íman flutuasse no próprio local donde o tinham extraído, para ver se mudaria de posição: e de facto mudou, porque o resto da mina donde fora extraído era também um íman [conforme o que se disse no artigo 155. Ora, para se fazer correctamente a experiência deve-se assinalar os lados do íman voltados para Norte e para Sul quando se encontra perto de qualquer outro íman que não unicamente a Terra, para se saber para onde os mesmos lados se voltarão].

167. Por que razão as agulhas magnéticas têm sempre os pólos da sua força nas extremidades.

Ora, na medida em que o aço ou o ferro tiverem uma forma longa, recebem sempre a força do íman segundo o comprimento, ainda que lhe seja aplicado noutro sentido; é verdade que as agulhas magnéticas

* William Gilbert (1544-1603), médico e físico inglês que ficou conhecido pelas suas experiências originais sobre a natureza da *electricidade* e do *magnetismo*: descobriu que muitas substâncias tinham o poder de atrair objectos leves quando esfregadas. Foi o primeiro a usar os termos «força eléctrica», «atracção eléctrica» e «pólo magnético» e a sua contribuição mais importante foi a demonstração experimental da natureza magnética da Terra (*N. do R.*).

devem ter sempre os pólos da sua força precisamente nas extremidades e devem voltar-se para os mesmos lados para os quais um íman totalmente esférico voltaria os seus se estivesse no mesmo local da Terra onde elas se encontram.

168. Por que razão os poros do íman não se voltam sempre exactamente para os pólos da Terra.

É mais fácil saber para que lado se volta a extremidade de uma agulha do que o lado para o qual se volta o pólo de uma pedra redonda: com efeito, por meio destas agulhas descobriu-se que o íman não volta sempre os pólos exactamente para os da Terra [mas que geralmente os desvia um pouco, umas vezes mais outras menos, de acordo com os diferentes países para onde é levado]. A razão do fenómeno deve ser atribuída às desigualdades da superfície da Terra, como Gilberto muito bem observou. É evidente que certos locais da Terra têm mais íman ou ferro, e por consequência as partículas caneladas que saem da terra interior vão para esses locais em maior quantidade do que para outros, desviando-se então muitas vezes do trajecto que seguiriam se todos os locais da Terra fossem semelhantes. E porque não há nada além destas partículas caneladas que possa desviar os pólos do íman, estes devem seguir todas as variações do seu trajecto. Isto pode ser verificado pela experiência que consiste em colocar uma agulha de aço grossa e curta numa pedra de íman bastante grossa que não seja redonda: ver-se-á que as extremidades da agulha não se voltam sempre exactamente para os mesmos pontos da pedra, desviando-se de acordo com as desigualdades da sua forma. Apesar de as desigualdades que surgem à superfície da Terra não serem muito grandes devido ao volume do seu corpo, mesmo assim são suficientemente desiguais — devido aos diferentes locais desta superfície — para dar origem à variação dos pólos do íman que se observa.

169. De que modo com o tempo esta variação pode mudar no mesmo local.

Há quem defenda que esta variação não só é diferente relativamente aos diversos locais da Terra, mas também que com o tempo pode mudar num mesmo local [de modo que aquela que agora se observa em certos lugares não se harmoniza com aquela que aí se observou no século passado]. Isto não deve espantar-nos [se considerarmos que essa variação depende apenas da quantidade de ferro e de íman, que existe em diferentes quantidades nos diversos locais], não só devido ao facto de os homens extraírem continuamente ferro de certos locais da Terra e o transportarem para outros, mas principalmente porque outrora houve minas de ferro em locais onde hoje não existem, porque se deterioraram com o tempo; e actualmente há outras onde antes não havia nenhuma, porque se formaram aí.

170. De que modo também pode ser alterada pela diferente situação do íman.

Também há quem diga que esta variação é nula num íman redondo se for colocado no seu pólo austral quando se encontra nas zonas setentrionais, e no boreal quando no outro hemisfério; assim, este íman colocado numa pequena gôndola a flutuar na água volta sempre o mesmo lado para Terra, sem se afastar nada quando levado para locais diferentes. Ora, apesar de não ter feito experiência alguma que me certifique se isto é verdade, apesar de tudo penso que a inclinação de um íman assim colocado não é a mesma e talvez não seja tão grande como quando a linha que une os pólos é paralela ao horizonte. É que em todos os locais desta terra exterior, exceptuando o equador e os pólos, há partículas caneladas que tomam os trajectos de duas maneira: umas seguem linhas paralelas ao horizonte, porque vêm de mais longe e continuam sempre; e as outras tomam-no de baixo para cima ou de cima para baixo, porque saem da terra interior ou entram nestes locais por aí. E são principalmente estas últimas que fazem voltar o íman colocado nestes pólos, ao passo que as primeiras causam a variação que se observa quando se encontra noutra situação.

171. Por que razão o íman atrai o aço.

A propriedade mais comum do íman e que foi assinalada como a primeira, é que atrai o ferro, ou antes, que o ferro e o íman se aproximam naturalmente um do outro quando nada os detém. Com efeito, e propriamente falando, não há aqui nenhuma atracção; mas quando o ferro se encontra na esfera de acção do íman, esta é-lhe comunicada e as partículas caneladas que passam deste íman para este ferro afastam o ar existente entre elas, aproximando-se então [tal como no artigo 153 se disse acerca de dois ímans]. O ferro tem mais facilidade para se mover na direcção do íman do que o íman para se mover na direcção do ferro, dado que qualquer substância de ferro tem poros adequados para receber as partículas caneladas, ao passo que a matéria que forma o íman é geralmente destituída destes poros.

172. Por que razão o ferro aguenta mais quando carregado do que quando não está.

Muita gente admira-se que um íman carregado — isto é, tendo algum pedaço de ferro preso a um dos seus pólos — possa, por meio deste ferro, aguentar com muito mais ferro do que se estivesse descarregado. É fácil descobrir a causa disto mesmo, basta observar que apesar de a chapa de ferro o ajudar a sustentar o ferro que toca, não o ajuda da mesma maneira a fazer aproximar aquele de que está tão próximo, nem mesmo a sustentá-lo se entre ele e ela houver algo, mesmo que fosse uma folha de papel muito fina. Isto prova que a força da chapa de ferro consiste apenas em tocar o ferro de maneira diferente da do íman, a saber: como esta chapa é de ferro, todos os poros encontram-se diante do ferro que ela sustenta; e as partículas caneladas, que passam de um ferro para outro, afastam todo o ar existente entre elas, fazendo com que as suas superfícies se toquem imediatamente; é esta espécie de toque que confere essa forte ligação que pode unir dois corpos um ao outro, como acima se demonstrou. Mas porque no íman habitualmente existe uma substância não-metálica, os seus poros não conseguem encontrar-se exactamente diante dos do ferro, e deste modo as partículas caneladas que saem de um só podem entrar no outro se deslizarem um pouco obliquamente entre as suas superfícies. Assim, apesar de os aproximarem um do outro, impedem que se toquem totalmente, uma vez que entre ambos conservam o espaço necessário para assim deslizar obliquamente dos poros de um para os do outro.

173. De que modo os dois pólos do íman se ajudam mutuamente para segurar o ferro.

Há igualmente quem se admire quando os dois pólos de um íman têm forças completamente contrárias, e contudo [quanto a voltarem-se para Sul e para Norte] harmonizam-se e entreajudam-se para segurar o ferro. Deste modo, um íman carregado nos dois pólos pode aguentar quase o dobro do ferro do que quando carregado só num dos pólos. Por exemplo, se *AB* é um íman com dois pólos avançados para *D* e *F* e se o ferro *GH* a que se uniram as chapas *CD* e *EF* de tal maneira que estas o aguentam se tocarem numa superfície maior, este ferro *GH* pode ser quase o dobro tão pesado como se apenas tocasse uma destas chapas. A razão disto é evidente se considerarmos o movimento das partículas caneladas, já explicado. Com efeito, e apesar de contrárias, tanto umas como outras saem do íman por um dos seus pólos e só podem voltar a entrar pelo outro, mas

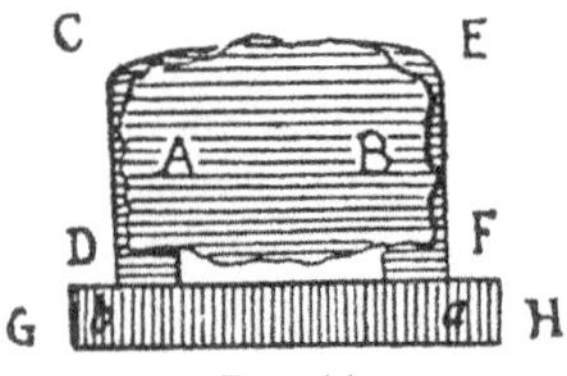

Fig. 44

isto não impede que juntem as suas forças para prender o ferro ao íman, pois as saídas de *A* (o pólo austral deste íman) são desviadas pela chapa *CD* para *b* (onde formam o pólo boreal do ferro *GH*) e vão de *b* para *a* (o pólo austral do mesmo ferro); e de *a* entram em *B* (o pólo boreal do íman) pela chapa *FE*, da mesma maneira que aquelas que saem de *B* regressam circularmente a *A* por *EF*, *HG* e *DC*. E assim prendem o ferro a qualquer uma destas armaduras.

174. Por que razão um pião de ferro não é impedido de rodar pelo íman do qual está suspenso.

Mas este movimento das partículas caneladas não parece harmonizar-se tão bem com uma propriedade do íman: a de poder aguentar no ar um pequeno pião de ferro enquanto gira [quer para a direita quer para a esquerda] e não impedir que continue a mover-se se estiver suspenso do íman por mais tempo do que se estivesse pousado numa mesa. De facto, se as partículas caneladas só tivessem um movimento recto e o ferro e o íman se pudessem ajustar de tal maneira que todos os poros de um se encontrassem exactamente em frente dos do outro, deveriam assim ajustar todos os seus poros e por este meio impedir o pião de girar. Mas uma vez que elas mesmas giram incessantemente para a direita e para a esquerda, conservam sempre um espaço reduzidíssimo entre as superfícies do íman e do ferro, por onde saem obliquamente dos pólos de um para os do outro; e uma vez que não se relacionam entre si podem também passar facilmente dos poros do íman para os do pião quando este gira para a direita ou para a esquerda, como se estivesse parado: e assim elas não o travam. E como enquanto está suspenso há sempre um pouco de espaço entre ele e o íman, o seu toque trava-o muito menos do que o de uma mesa quando colocado sobre ela fazendo pressão com o seu peso.

175. De que modo devemos colocar dois ímans para mutuamente se entreajudarem ou impedirem de sustentar o ferro.

Finalmente, a força de uma pedra de íman para sustentar o ferro pode ser aumentada ou diminuída diversamente por outro íman ou por outro pedaço de ferro, conforme o modo como lhe é aplicado. E nisto só se verifica uma regra geral: sempre que um ferro ou um íman está de tal modo situado relativamente a outro íman que faz passar algumas das partículas caneladas para ele, aumenta-lhe a força; e, pelo contrário, se passarem menos, diminui-lha. Com efeito, quanto mais numerosas e agitadas são as partículas caneladas que passam por um íman, mais força tem. E podem chegar até ele em maior quantidade e mais agitadas se em vez do ar ou de qualquer outro corpo colocássemos um pedaço de ferro ou de outro íman. Assim, não é apenas quando o pólo austral de um íman se une a um pólo setentrional de outro que se entreajudam para segurar o ferro voltado igualmente para os outros pólos; também se entreajudam quando são separados para segurar o ferro colocado entre eles. Por exemplo, o íman *C* é ajudado pelo íman *F* a segurar o ferro *DE* encostado a ele; e, reciprocamente, o íman *F* é ajudado pelo íman *C* a aguentar no ar a extremidade deste ferro assinalado com *E*. De facto, poderia ser tão pesado que o íman *F* não aguentaria com ele no ar se o outro, assinalado com *D*, em vez de estar encostado ao íman *C* estivesse apoiado em qualquer outro corpo [que o mantivesse no lugar onde se encontra sem impedir *E* de descer].

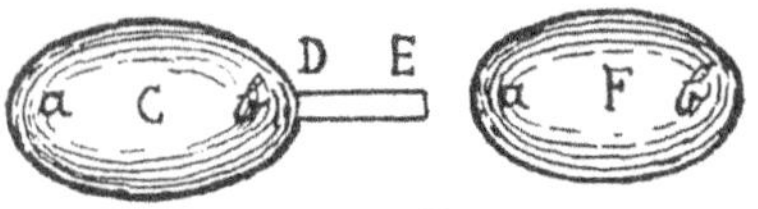

Fig. 45

176. Por que razão um íman muito forte não pode atrair o ferro que pende para um íman mais fraco.

Mas enquanto o íman *F* é assim ajudado pelo íman *C* a sustentar o ferro *DE*, esse mesmo íman impede-o de aproximar este ferro de si. Note-se que enquanto este ferro toca *C*, não pode ser atraído por *F*, que não toca, apesar de supormos que este último seja muito mais potente do que o primeiro. A razão disto está no facto de as partículas caneladas passarem através destes dois ímans e deste ferro como se fossem um só íman, como se explicou [Art. 153], tendo portanto igual força em todos os locais entre *C* e *F*, e por conseguinte não podem fazer com que o ferro *DE* deixe *C* para se dirigir para *F*, tanto mais que em *C* não foi retido apenas pela força que este íman tem para o atrair, mas sobretudo porque se tocam [ainda que o íman não esteja carregado com tantas partículas].

177. Por que razão algumas vezes o íman mais fraco atrai o ferro de outro mais forte.

Isto permite-nos compreender por que razão um íman com pouca força ou um simples pedaço de ferro muitas vezes consegue separar outro ferro de um íman muito potente ao qual está unido. Ora, isto nunca acontece se o íman mais fraco não tocar também no ferro que tem de separar do outro. Assim, quando um ferro alongado como *DE* toca dois ímans situados como *C* e *F*, de modo que as duas extremidades dos seus pólos com força contrária se toquem, se separarmos estes dois ímans, então o ferro que toca em ambos nunca permanecerá unido apenas ao mais forte ou ao mais fraco, mas umas vezes a este e outras àquele. Isto prova que a única razão de se prender mais a um do que a outro é o facto de tocar numa superfície um pouco maior [ou então em mais pontos] daquele a que permanece agarrado.

178. Por que razão nos países setentrionais o pólo austral do íman atrai mais ferro do que o outro.

Também se pode compreender por que razão o pólo austral de todas as pedras de íman parecem ter mais força e sustentar mais ferro neste hemisfério setentrional do que o outro pólo: basta prestarmos atenção ao modo como o íman *C* [ver Fig. 45] é ajudado pelo íman *F* a sustentar o ferro *DE*. Sendo a Terra também um íman, aumenta a força dos outros ímans quando o pólo austral está voltado para o pólo boreal, da mesma maneira que o íman *F* aumenta a força do íman *C*. Pelo contrário, essa força diminui quando o pólo setentrional destes ímans está voltado para ela neste hemisfério setentrional.

179. De que modo os grânulos da limalha do íman se ordenam.

Se nos detivermos a considerar o modo como [o pó ou] a limalha de ferro lançada à volta do íman se ordena, muitas vezes observaremos que confirmarão a verdade daquilo que acabámos de referir. Em primeiro lugar, os grânulos deste pó não se ordenam confusamente, mas juntam-se uns após os outros, formando uma espécie de fiozinhos que são como tubozinhos por onde as partículas caneladas passam mais livremente do que pelo ar, e desta maneira podem servir para dar a conhecer os trajectos que conservam após terem saído do íman. Mas para se poder aperceber à vista desarmada qual é a inflexão destes trajectos, devemos espalhar esta limalha numa superfície mais reduzida e introduzir este íman esférico de modo que os dois pólos a toquem, como se costuma colocar as esferas num círculo do horizonte para representar correctamente a esfera. Os grânulos desta limalha ordenar-se-ão nesta superfície segundo linhas que indicarão exactamente o trajecto que, como referi atrás [Art. 146], as partículas caneladas seguem à volta de cada íman assim como à volta de toda a Terra. Depois, se também introduzirmos dois ímanes nesta superfície e o pólo boreal de um estiver voltado para o austral do outro — tal como na Fig. 39, p. 247 —, a limalha colocada à sua volta mostrará que as partículas caneladas seguem os seus trajectos à volta destes dois ímanes como se fosse apenas apenas um. As linhas segundo as quais os grânulos se ordenarão serão rectas entre os dois pólos voltados um para o outro, como as que vemos aqui entre *A* e *b*, e as outras inflectirão dos dois lados, como vemos nas assinaladas com as letras *BRVXTa*. Se segurarmos um íman na mão, também observaremos que um dos seus pólos, por exemplo o austral, se volta para a Terra com a limalha de ferro suspensa nesse pólo; se houver outro íman por baixo cujo pólo tenha força igual (ou seja, o austral) e estiver voltado para esta limalha, os fiozinhos que ela forma pendem em linha recta de cima para baixo quando estes dois ímans se afastam um do outro, e inflectem de baixo para cima quando se aproximam. Isto deve-se ao facto de as partículas caneladas do íman superior, que correm ao longo destes fios, serem impelidas para cima pelas suas semelhantes que saem do íman inferior. Se este íman inferior for mais potente do que o outro, separará esta limalha e fá-la-á cair sobre ele quando estiverem mais próximos: isto deve-se ao facto de as suas partículas caneladas tentarem passar pelos poros da limalha e só poderem entrar aí pela superfície dos grânulos que se juntaram ao outro íman, separando-se então dele. Mas se, pelo contrário, voltarmos o pólo boreal do íman inferior para o pólo austral do superior, do qual a limalha pende, esta alongará os seus fiozinhos em linha recta uma vez que os respectivos poros se disporão para receber todas as partículas caneladas que irão passar de um dos seus pólos para o outro. Mas nem por isso a limalha se separará do íman superior enquanto não tocar no outro, dada a ligação que adquire pelo toque, como atrás se referiu [Arts. 176 e 177]. Devido a esta ligação, se a limalha que pende de um íman muito potente é separada por outro muito mais fraco, ou apenas por qualquer pedaço de ferro, então muitos dos seus grânulos deixarão o mais potente e ficarão agarrados ao mais fraco, ou então ao pedaço de ferro quando os afastamos; isto deve-se ao facto de as pequenas superfícies desta limalha serem muito diversificadas e desiguais, e por isso muitos grânulos tocam em mais pontos e em mais superfície do íman mais fraco do que no do mais potente.

180. De que modo uma lâmina de ferro unida a um dos pólos do íman impede a sua força.

Ao aplicarmos a um dos pólos de um íman uma lâmina de ferro que lhe serve de carga, aumentará muito a sua força para sustentar outro ferro e impedirá a força que este mesmo íman tem para atrair a si as agulhas próximas deste pólo. Por exemplo, a lâmina *DCD* impede que o íman *AB*, a cujo pólo está encostada, não possa girar ou aproximar de si a agulha *EF*, como o faria se retirasse esta lâmina. Isto deve-se ao facto de as partículas caneladas que continuariam o trajecto de *B* para *EF* — no caso de apenas haver ar entre ambos — entrarem nesta lâmina pelo meio de *G*, sendo são desviadas por ela para as extremidades *DIO*, donde regressam para *A*, e dificilmente haverá alguma que vá para a agulha *EH*. Como já dissemos antes [Art. 166], poucas são as que vêm até nós e que passam pela segunda região da Terra, uma vez que quase todas regressam de um pólo para o outro pela camada interior da terceira região onde nos encontramos. Por esta razão a força do íman parece-nos mais fraca.

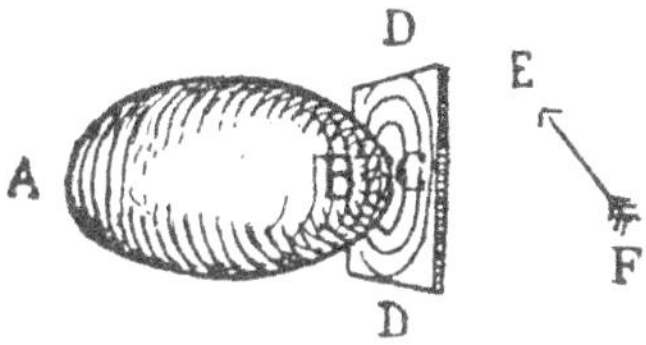

Fig. 46

181. Esta mesma força não pode ser impedida pela interposição de qualquer outro corpo.

Exceptuando o ferro e o íman, não há qualquer outro corpo nesta terra exterior que colocado no lugar desta lâmina *CD* impeça que a força do íman *AB* não passe até à agulha *EF*, porque não há nenhum corpo tão sólido e tão duro que tenha poros exactamente ajustados à forma das partículas caneladas como acontece com os do ferro e do diamante, que são sempre muito maiores e portanto preenchidos com o segundo elemento. Isto faz com que as partículas caneladas passem tão facilmente por dentro e através destes corpos duros como pelo ar pelo qual não podem passar, a não ser que se substitua as partículas do segundo elemento com que se encontram.

182. A posição do íman, contrária à que lhe é natural quando nada o impede, extrai-lhe gradualmente a força.

Também não conheço nada que possa fazer o íman ou o ferro perder a força, excepto quando se mantém muito tempo na posição contrária à que lhe é natural, quando nada o impede de voltar os seus pólos para os da Terra ou para os de outros ímans mais próximos; e também quando a humidade ou a ferrugem o corrompe; ou, finalmente, quando é posto no fogo. Mas se se mantém muito tempo na posição contrária à natural, as partículas caneladas que vêm da Terra ou dos ímans mais próximos tentam entrar ao contrário nos respectivos poros, alterando deste modo as suas formas e fazendo-o perder força.

183. Esta força também lhe pode ser retirada pelo fogo e diminuída pela ferrugem.

A ferrugem que sai para fora das partículas metálicas do íman tapa as entradas dos respectivos poros, de modo que as partículas caneladas não entram facilmente; e a humidade faz quase o mesmo, ao passo que o princípio da ferrugem e o fogo muito intenso altera e agita a ordem das partículas do ferro, e pode ser de tal forma violento que também altere a forma dos respectivos poros. Quanto ao mais, creio que é tudo quanto é possível ser observado acerca do íman [em que o observador não seja desprezado] e cuja razão não esteja compreendida por aquilo que acabo de explicar [e donde facilmente se pode deduzir].

184. A atracção do âmbar, do jade, da cera, do vidro, etc.

Depois de ter falado da força do íman em atrair o íman, parece vir a propósito dizer algo do âmbar, do jade, da cera, da resina, do vidro e de muitos outros corpos que atraem toda a espécie de pequenas poeiras. De facto, apesar de o meu objectivo não ser o de explicar aqui a natureza de algum corpo particular, mas apenas porque pode servir à confirmação da verdade daquilo que escrevi a respeito daqueles mais abundantes por todo o lado e que podem ser tomados pelos elementos deste mundo visível, se antes não fizer muitas experiências que demonstrem a sua natureza íntima como poderei saber com segurança por que razão o âmbar ou o jade têm esta força. Contudo, e uma vez que a mesma força se encontra no vidro sobre o qual falei anteriormente [Arts. 124/133] a propósito dos efeitos do fogo, se não explicasse de que maneira esta força se encontra nele seria caso para duvidar das outras coisas que escrevi sobre ele. Ora, aqueles que observam que quase todos os outros corpos em que esta força se encontra são gordurosos ou oleosos, talvez se persuadissem de que isso se deveria ao facto de que quando se fricciona estes corpos — pois geralmente é necessário friccioná-los para a produzir — algumas das suas partículas espalham-se pelo ar circundante; e por serem formadas de muitas ramificações, ficam de tal modo ligadas umas às outras que imediatamente voltam para o corpo donde saíram, transportando para ele as poeiras às quais se agarram. Assim, quando agitamos um pouco a extremidade de uma vara da qual pende uma gota de qualquer líquido muito viscoso, uma parte deste líquido transforma-se num fio e desce até certa distância, subindo depois imediatamente por si próprio até ao que resta da gota que permaneceu na vara, levando consigo poeiras que encontra pelo caminho. No vidro não se pode imaginar nada de semelhante, pelo menos se a sua natureza é como a descrevi. Por isso, é necessário que procure outra causa desta atracção.

185. A causa da atracção no vidro.

Ora, considerando o modo como ele se fabrica [Art. 125], sabemos que a maioria dos intervalos entre as suas partículas são alongados e apenas o meio destes intervalos é suficientemente largo para dar passagem às partículas do segundo elemento, que fazem com que o vidro seja transparente; assim, nos dois lados em cada um destes intervalos ficam pequenas fendas tão estreitas que só podem ser ocupadas pelo primeiro elemento. Como a propriedade deste primeiro elemento é adquirir sempre a forma dos locais onde se encontra, enquanto corre por estas pequenas fendas as suas partículas menos agitadas agarram-se às outras e formam tirinhas muito finas, mas com pouca largura e muito mais comprimento e volteando por todo o lado entre as partículas de vidro sem nunca se afastarem dele, uma vez que as passagens com que deparam no ar, ou nos outros corpos que o rodeiam, não se adaptam tanto ao seu tamanho nem são tão adequadas à sua recepção. De facto, ainda que o primeiro elemento seja muito fluido, tem porém partículas menos agitadas do que o resto da sua substância, como se explicou nos artigos 87 e 88 da terceira parte. É razoável acreditar que enquanto o que de mais fluido existe na sua matéria passa continuamente do ar para o vidro e do vidro para o ar, já as suas partículas menos fluidas que se encontram no vidro permanecem nas fendas a que não correspondem poros do ar e que aí se juntam umas às outras formando estas tirinhas, e por este meio rapidamente adquirem formas tão estáveis que não são facilmente alteráveis. É por isso que quando friccionamos o vidro intensamente, de modo a aquecê-lo um pouco, estas tiras são expulsas dos respectivos poros por esta agitação e são obrigadas a ir para o ar ou para outros corpos circundantes, onde não encontrarão poros tão apropriados para as receber, tendo assim de regressar logo ao vidro, levando consigo poeiras ou outros corpúsculos que se encontram nos seus poros.

186. Esta mesma causa explica as outras atracções.

E o que se disse do vidro deve também entender-se de todos os corpos, ou pelo menos da maioria em que se verifica esta atracção. Isto é, há intervalos entre as suas partículas que são demasiado estreitos para o segundo elemento, e por isso só podem receber o primeiro; e como são maiores do que aqueles que só deixam passar primeiro elemento, conservam em si as partículas deste primeiro elemento que são as menos agitadas, que depois se juntam umas às outras e formam as tirinhas que, na verdade, têm formas diferentes conforme a diversidade dos poros por onde passam, mas que são concordes no facto de serem longas, achatadas, flexíveis e de andarem de cá para lá entre as partículas destes poros. [Uma vez que os intervalos por onde passam são tão estreitos que o segundo elemento não pode entrar lá, só poderiam ser maiores do que aqueles que o são no ar (e nos quais o mesmo segundo elemento não entra) se se alongassem mais do que elas em comprimento, sendo como pequenas fendas que tornam estas tirinhas largas e finas]. E estes intervalos devem ser maiores do que os do ar para que as partículas menos agitadas do primeiro elemento se detenham neles, ao passo que saem continuamente tantas do primeiro elemento por outros poros destes corpos como as que lhes vêm dos poros do ar. Embora não negue que a outra causa da atracção, que há pouco expliquei [Art. 184], possa verificar-se nalguns corpos, contudo não me parece bastante geral para poder ser aplicada a tanta diversidade de corpos como sucede com esta última, se bem que esta propriedade de levantar poeiras seja observada em inúmeros corpos. Por conseguinte, deve verificar-se neles, ou pelo menos na maioria, de modo semelhante à verificada no vidro.

187. Tomando como exemplo as coisas já explicadas, podemos compreender todos os efeitos existentes na Terra.

Finalmente, desejo que se preste atenção a estas tirinhas [ou outras partes diminutas, longas e flexíveis] que se formam com a matéria do primeiro elemento nos intervalos dos corpos terrestres, pois podem ser a causa das diferentes atracções, como as do íman e do âmbar, e também de uma infinidade de outros efeitos admiráveis. Efectivamente, aquelas que se formam em cada corpo têm algo de particular na sua forma que as diferencia de todas as coisas que se formam nos outros corpos. E enquanto se movem incessantemente e muito depressa, de acordo com a natureza de um elemento de que fazem parte, pode acontecer que circunstâncias muito específicas façam voltá-las para aqui e para ali no corpo onde se encontram, ou então pode separá-las; outras vezes, pelo contrário, são transportadas muito rapidamente para locais muito afastados sem que o seu trajecto seja impedido por qualquer corpo que possa detê-las ou desviá-las; e, encontrando então uma matéria disposta a receber a sua acção, produzem nela efeitos totalmente raros e maravilhosos [tais como fazer sangrar as feridas do morto quando o assassino se aproxima; excitar a imaginação dos que dormem e até dos acordados, transmitindo-lhes pensamentos que os avisam de coisas que sucedem longe deles, ou fazendo-os passar pelas mesmas aflições de um íntimo amigo, pelas más intenções de um assassino e coisas semelhantes]. Por fim, quem quiser considerar como as propriedades do íman e do fogo são admiráveis e diferentes de quantas se observam vulgarmente nos outros corpos; ou o modo como é enorme a chama que rapidamente pode ser atcada por uma faísca quando cai numa grande quantidade de pólvora, e como pode ter força; ou então até que distância extrema as estrelas fixas podem estender a sua luz instantaneamente, e ainda outros efeitos cujas causas penso ter aqui claramente exposto, deduzindo-as apenas de princípios geralmente aceites e conhecidos por toda a gente, como a grandeza, a figura, a situação e o movimento das diversas partículas da matéria — por isto tudo parece-me que tem motivos para se persuadir de que não se observam quaisquer qualidades que sejam tão ocultas; nem quaisquer efeitos de simpatia ou de antipatia tão maravilhosos e tão estranhos; nem, finalmente, qualquer outra coisa tão rara na Natureza [visto que não age senão mediante causas puramente materiais e destituídas de pensamento ou de livre arbítrio] cuja causa não possa ser apresentada por meio destes mesmos princípios. [O que me leva a concluir que todos os outros princípios que nunca se acrescentaram a estes são completamente supérfluos, pois não havia razão para o fazer, a não ser que acreditássemos que sem ela podíamos explicar alguns efeitos naturais].

188. Que coisas devem ainda ser explicadas para que este tratado seja completo.

Terminaria aqui esta quarta parte dos *Princípios da Filosofia* se acrescentasse outras duas, uma sobre a natureza dos animais e outra sobre o homem, como me propus ao iniciar este tratado. Mas uma vez que não conheço suficientemente muitas coisas que desejaria incluir nas duas últimas partes e porque talvez não disponha de meios para os terminar, por falta [de experiência ou] de tempo, para que estas fiquem então completas e não falte nada do que pensei aqui inserir, acrescentarei portanto algo sobre os projectos dos nossos sentidos. Até agora descrevi esta Terra e todo o mundo visível em geral, como se fosse apenas uma máquina onde só há a considerar as figuras e movimentos das respectivas partículas. Apesar de tudo, é verdade que os nossos sentidos nos mostram muitas outras coisas, isto é, cores, odores, sons e todas as outras qualidades sensíveis; e se a seu respeito não referir nada, poderia pensar-se que teria omitido a explicação da maioria das coisas existentes na Natureza.

189. O que são os sentidos e como sentimos.

Por isso é necessário que observemos que apesar de a alma informar todo o corpo, todavia ela exerce as suas principais funções no cérebro, e é aí que entende e imagina e sente. E sente por meio de nervos que se estendem como fiozinhos muito delgados a partir do cérebro até todas as partes dos restantes membros, que estão de tal modo ligadas que mal se toca nalguma logo se faz mover as extremidades de cada nervo, e assim este movimento passa por meio deste nervo até ao cérebro onde a alma tem sede, como já expliquei amplamente no capítulo quarto da *Dióptrica*. Os movimentos que assim passam por meio dos nervos até ao cérebro — ao qual a alma está intimamente ligada e unida — levam-nos a ter diversos pensamentos conforme a diversidade daqueles. Finalmente, são estes diversos pensamentos (ou afecções) da alma que derivam imediatamente dos movimentos excitados por intermédio dos nervos no cérebro, e aos quais chamamos propriamente as sensações ou percepção dos sentidos.

190. Como há diversos sentidos e quais são os internos, isto é, os apetites naturais e as paixões.

Também se deve considerar que todas as variedades destes sentidos dependem antes de mais de termos muitos nervos e que em cada nervo há diversos movimentos; contudo, não há tantos sentidos como nervos; distingo apenas sete, dois dos quais podem ser internos e os outros cinco externos. O primeiro sentido, que chamo interno, compreende a fome, a sede, e todos os outros apetites naturais: é excitado na alma pelos movimentos do nervo do estômago, garganta e de todas as outras partes que servem as funções naturais pelas quais temos semelhantes apetites. O segundo compreende a alegria, a tristeza, o amor, a cólera e todas as outras paixões, e depende principalmente de um pequeno nervo que vai para o coração; depois os do diafragma e de outras partes internas. Quando, por exemplo, o nosso sangue é muito puro e bem temperado, de modo que se dilata no coração mais fácil e intensamente do que normalmente, isto faz com que os pequenos nervos situados nas entradas das respectivas concavidades se movam, seguindo-se consequentemente um movimento no cérebro e despertando na alma o sentido [ou a paixão] da hilaridade. E sempre que estes nervos se movem da mesma maneira, ainda que seja por outras causas, despertam na alma este mesmo sentimento de alegria. Assim, quando pensamos desfrutar de qualquer bem, a imaginação desta alegria não contém em si o sentimento de alegria, e os espíritos animais passam do cérebro para os músculos em que estes nervos estão inseridos; por este processo, as entradas do coração dilatam-se e os nervos movem-se como ficou estabelecido pela Natureza para incutir o sentimento da alegria. Deste modo, quando nos dão alguma novidade, a alma avalia antes de mais se é boa ou má; se a achar boa, alegra-se em si mesma, com uma alegria puramente intelectual e de tal modo independente das emoções do corpo que os estóicos não negaram poder acontecer ao sábio [apesar de pretenderem que ele estava isento de toda a paixão]. Mas logo que esta alegria espiritual passa do entendimento para a imaginação, faz com que os espíritos passem do cérebro para os músculos que rodeiam o coração, estimulando o movimento dos nervos e desencadeando no cérebro outro movimento que incutirá na alma o sentimento [ou a paixão] de alegria. Da mesma maneira, quando o sangue é tão denso que não corre e tem dificuldade em se dilatar no coração, desencadeia nos mesmos nervos um movimento diferente do precedente e que por natureza está determinado a incutir na alma o sentimento de tristeza, ainda que muitas vezes ela própria não saiba o que a entristece. E todas as outras causas que movem estes nervos da mesma maneira também incutem na alma o mesmo sentimento. Mas os movimentos dos mesmos nervos fazem-lhe experimentar outras paixões, isto é, o amor,o ódio,o medo,a cólera, etc., enquanto sentimentos ou paixões da alma, isto é, enquanto pensamentos confusos que a alma não tem só por si mas apenas porque está intimamente unida ao corpo e é afectada pelos movimentos que se verificam nele. De facto, há uma grande diferença entre estas paixões e os conhecimentos ou pensamentos distintos que temos daquilo que deve ser amado, odiado, temido, etc. [apesar de muitas vezes se encontrarem misturados]. Os apetites naturais, como a fome, a sede e outros também são sentimentos desencadeados na alma por meio dos nervos do estômago, da garganta e de outras partes. São completamente diferentes do apetite ou da vontade de comer, de beber [e de obter tudo o que pensamos ser próprio para a conservação do nosso corpo]. Mas como este apetite ou vontade os acompanha quase sempre, chamamos-lhes apetites.

191. Os sentidos externos: em primeiro lugar o tacto.

Quanto aos sentidos externos, toda a gente enumera habitualmente cinco porque existem outros tantos géneros de objectos que põem em acção os nervos cujas impressões desencadeiam na alma cinco géneros diversos de pensamentos confusos. [O primeiro é o tacto e tem como objecto todos os corpos que podem agir sobre qualquer parte da carne ou da pele do nosso corpo; o seu órgão são todos os nervos que se encontram nessa parte do corpo e que participam do seu movimento]. Assim, os diversos corpos que tocam a nossa pele movem os nervos aí existentes, às vezes pela sua dureza, outras pelo peso, pelo calor, pela humidade, etc. Ora, estes nervos desencadeiam sensações tão diferentes na alma conforme a diferença das formas como agem ou conforme o seu movimento é normalmente impedido. [Por isso também se atribui a estes corpos qualidades diferentes: dureza, peso, calor, humidade e outras semelhantes, significando que nestes corpos existe o indispensável para que os nervos desencadeiem na alma as sensações de dureza, peso, calor, etc.]. Além disso, quando os nervos são accionados mais intensamente do que o normal e apesar de tudo o corpo não fica lesionado, isto origina na alma as cócegas, que também são um pensamento confuso; e este pensamento é-lhe naturalmente agradável, porque é sinal da força do corpo a que está unida, já que experimenta a acção das cócegas sem sofrer qualquer lesão. Contudo, se esta mesma acção for um pouco mais intensa de modo a magoar o corpo, isto confere à alma a sensação da dor. Por aqui se vê por que razão o prazer e a dor do corpo são sensações contrárias para a alma, apesar de muitas vezes ocorrerem quase simultaneamente e as suas causas serem quase iguais.

192. O gosto.

Depois do tacto, o sentido mais grosseiro é o gosto, que tem por órgão os nervos da língua e outras partes mais próximas, e por objecto as partículas dos corpos terrestres [quando estão separadas umas das outras e] que nadam na saliva que mantém o interior da boca húmido. Com efeito, devido às suas diferentes formas, em grossura e em movimento, agitam de modo diferente as extremidades destes nervos, e por este meio levam a alma a experimentar outros tantos gostos diferentes.

193. O olfacto.

O terceiro é o olfacto, que tem por órgão dois nervos [que parecem ser apenas partes do cérebro] que avançam até ao nariz, não saindo do crânio, e por objecto as partículas dos corpos terrestres que se separam umas das outras e esvoaçam pelo ar; não todas, mas apenas as suficientemente subtis e penetrantes para entrar pelos poros do osso chamado esponjoso, quando atraídas pela respiração juntamente com o ar, accionando assim as extremidades destes nervos de tantas formas diferentes quantos os cheiros que experimentamos.

194. A audição.

O quarto é a audição, que só tem por objecto as diferentes vibrações do ar. Há nervos dentro dos ouvidos que estão de tal modo unidos que os três ossinhos se seguram uns aos outros; o primeiro apoia-se na película que recobre a concavidade chamada tímpano, que comunica as diferentes vibrações do ar interior a esta pele e as leva até à alma por estes nervos, fazendo-a ouvir outros tantos sons.

195. A visão.

[Finalmente, o mais subtil dos sentidos é a visão]. Os seus órgãos são os nervos ópticos e não são accionados pelo ar nem por outros corpos terrestres, mas apenas pelas partículas do terceiro elemento que passam pelos órgãos de todos os humores e pelos cristalinos dos olhos até chegarem aos nervos. As diferentes formas de se moverem fazem com que a alma experimente toda uma diversidade de cores e de luz, como já expliquei extensamente na *Dióptrica* e nos *Meteoros*.

196. Como se prova que a alma só sente enquanto se encontra no cérebro.

É fácil provar que a alma não sente enquanto se encontra em cada membro do corpo: só enquanto se encontra no cérebro, no qual os movimentos dos nervos lhe trazem as diferentes acções dos objectos exteriores que tocam as partes do corpo em que estão inseridos. Antes de mais, há muitas doenças que apesar de só afectarem o cérebro privam contudo os sentidos do seu uso, o que acontece no sono que experimentamos todos os dias, embora o cérebro não se altere nada com isso. Além do mais, apesar de estar tudo em ordem, tanto no cérebro como nos membros onde se encontram os órgãos dos sentidos externos, se o movimento de um dos nervos que se estendem do cérebro até aos membros for impedido em qualquer ponto do espaço que medeia entre os dois, tanto basta para privar de sensação a parte do corpo onde as extremidades destes nervos se situam. Algumas vezes também sentimos dor como se estivesse localizada nalguns dos nossos membros, embora a sua causa não esteja neles mas nalgum local mais perto do cérebro por onde passam os nervos que produzem a sensação na alma. Isto pode experimentar-se de muitas maneiras; mas por agora basta referir uma conhecidíssima. Era costume vendar os olhos a uma rapariga quando o médico fazia o curativo de uma mão doente; se a gangrena se instalava e fosse necessário cortar-lhe o braço pelo meio, fazia-se isto sem que ela o soubesse para não a entristecerem; atavam-lhe muitos panos ligados entre si na parte cortada de modo que durante muito tempo ela não sabia o que lhe acontecera. E o espantoso é que continuava a experimentar diversas dores que julgava provirem da mão que já não tinha, queixando-se de que sentia dores nos dedos. Ora, isto só pode ser explicado pelo facto de os nervos da mão, que então terminavam na zona do cotovelo, serem accionados do mesmo modo como acontecia antes nas extremidades dos seus dedos para fazer sentir à alma no cérebro a sensação de semelhantes dores. [Isto prova, evidentemente, que a dor da mão não é sentida pela alma enquanto se encontra na mão, mas somente enquanto se situa no cérebro].

197. Como se prova que a mente é de tal natureza que basta o movimento de qualquer corpo para lhe transmitir toda a espécie de sensações.

Também é fácil provar que a alma é de tal natureza que os movimentos dos corpos são suficientes para a fazer experimentar toda a espécie de pensamentos, mesmo que seja necessário que haja neles algo semelhante ao que lhe fazem conceber, sobretudo quando podem despertar nela estes sentimentos confusos que são as sensações. Com efeito, primeiramente vemos que as palavras proferidas oralmente ou escritas fazem com que a alma conceba tudo o que elas significam [transmitindo-lhe depois diversas paixões]. Com o mesmo papel e com a mesma pena e a mesma tinta, e mexendo apenas o bico da pena de certa maneira, escrevemos letras que fazem com que os leitores imaginem combates, tempestades ou fúrias, e que os pode indignar ou entristecer; porém, se movermos a pena de outra forma muito parecida, a única diferença deste insignificante movimento pode proporcionar pensamentos totalmente contrários, como a paz, o repouso ou a doçura e despertar paixões relacionadas entre si. E sobre o bem-estar e a dor? Para nos causar dor basta o movimento de uma espada ao cortar alguma parte da nossa pele sem que isso nos dê a conhecer o movimento ou a figura desta espada. E é verdade que a ideia que temos desta dor é tão diferente do movimento quanto a causa ou a parte do corpo que a espada corta, que são as ideias que temos das cores, dos sons, dos cheiros ou dos gostos. Portanto, podemos concluir que a nossa alma é de tal natureza que bastam os movimentos de alguns corpos para desencadear nela toda uma diversidade de sensações como a de uma espada que provoca a dor.

198. Nos corpos não há nada que possa fazer experimentar qualquer sensação a não ser o movimento, a forma ou posição e o tamanho das partes.

Além disso, não há nenhuma diferença entre os nervos que nos induza a pensar que uns podem levar ao cérebro algo mais do que os outros, apesar de despertarem na alma sensações, nem também que transportem outra coisa a não ser as diversas maneiras como são accionados. Por vezes a experiência mostra-nos muito claramente que os movimentos em si são suficientes para causar em nós o bem-estar e a dor, mas também os sons e a luz. Se apanharmos uma pancada violenta nos olhos, de modo a afectar o nervo óptico, vemos inúmeras faíscas que não existem fora dos olhos; e quando pomos um dedo no ouvido, ouvimos um zumbido cuja causa só pode ser a agitação do ar que aí temos fechado. Também se observa frequentemente que o calor, a dureza, o peso e as outras qualidades sensíveis — enquanto permanecem nos corpos que chamamos quentes, duros, pesados, etc., e até as formas destes corpos que são puramente materiais, como a forma do fogo e semelhantes — são produzidas pelo movimento de outros corpos, que produzem igualmente outros movimentos noutros corpos. É possível conceber de que modo o movimento de um corpo pode ser causado e diversificado pela grandeza, figura e situação das suas partes; mas de modo algum será possível conceber como estas mesmas coisas, isto é, a grandeza, a figura e o movimento, podem produzir naturezas completamente diferentes das suas, a tal ponto que a maioria dos filósofos supôs que nos corpos existiam apenas as qualidades reais e as formas substanciais; também não é possível saber como é que estas formas ou qualidades estão num corpo e têm força para mover outros. Ora, sabemos que a alma é de tal natureza que os diversos movimentos de um corpo se diferenciam para a fazerem experimentar as diversas sensações, e também sabemos por experiência que muitas sensações são de facto causadas por estes movimentos; todavia, não nos apercebemos se há mais alguma coisa além delas que passa pelos órgãos dos sentidos até ao cérebro. Assim, temos motivos para concluir que, seja como for, também não nos damos conta de tudo quanto existe nestes objectos a que chamamos luz, cores, cheiros, gostos, sons, calor ou frio e outras qualidades que verificamos pelo tacto. E o que chamamos as suas formas substanciais não são senão as diferentes figuras, posições, grandezas e movimentos das suas partes, que estão de tal maneira dispostas que podem accionar os nervos de diferentes maneiras de forma a desencadear na alma todas as diversas sensações.

199. Todos os fenómenos na Natureza podem ser compreendidos pelo que se explicou aqui.

Assim, mediante uma fácil enumeração posso demonstrar que não há nenhum fenómeno na Natureza cuja explicação tenha sido omitida deste tratado. Só pode ser considerado fenómeno aquilo que pode ser percepcionado por meio dos sentidos. Mas, exceptuando o movimento, a grandeza, a figura e a situação das partes de cada corpo [que aqui expliquei o mais exactamente possível], fora de nós os sentidos só percepcionam a luz, as cores, os cheiros, os gostos, os sons e as qualidades do tacto. Ora, isto também demonstra que fora do nosso pensamento todas estas espécies de qualidades são apenas movimentos, grandezas e figuras de alguns corpos [se bem que tenha demonstrado que neste mundo visível só existem as coisas que aqui expliquei, desde que sejam visíveis ou sensíveis].

200. Este tratado só contém os princípios sempre aceites por todos. E por isso esta filosofia não é nova mas a mais antiga e a mais vulgar de todas.

Também desejo que se observe que, apesar de ter procurado explicar todas as coisas materiais, só me servi de princípios aceites e aprovados por Aristóteles e por outros filósofos que já viveram. Assim, esta filosofia não é nova mas a mais antiga e vulgar de todas. Só me limitei a considerar a figura, o movimento e a grandeza de cada corpo e examinei apenas aquilo que as leis da Mecânica — cuja verdade pode ser comprovada por inúmeras experiências — nos ensinam acerca das acções dos corpos de diversas grandezas, figuras e movimentos. Ainda não houve ninguém que duvidasse que no mundo existam corpos com diferentes grandezas e figuras que se movem de diferentes maneiras, de acordo com os diferentes modos de se encontrarem, e que algumas vezes se dividem, modificando assim a sua forma e grandeza. Todos os dias verificamos isto mesmo, não por um único sentido mas por vários: o tacto, a visão e a audição. A imaginação recebe ideias muito distintas e o nosso entendimento faz concepções muito claras, embora o mesmo não possa ser dito de qualquer coisa que os sentidos alcançam, como as cores, os cheiros, os sons e coisas semelhantes, pois cada uma destas coisas atinge um único sentido e apenas imprime uma de cada vez na imaginação, e essa coisa é tão confusa que o entendimento não sabe o que ela é.

201. É verdade que os corpos sensíveis são compostos de corpos insensíveis.

Também considero que em cada corpo há muitas partículas que são tão pequenas que não podem ser sentidas, e sei perfeitamente que isto não é aceite por aqueles que tomam os sentidos pela medida das coisas que podem ser conhecidas. [Aliás, parece-me uma ofensa ao entendimento humano não pretendermos ir mais além do que os olhos]; ninguém pode duvidar que haja corpos tão pequenos que não possam ser percepcionados por nenhum sentido, e para tal basta considerar os corpos que são acrescentados às coisas que aumentam lenta e continuamente e os que se tiram às coisas que diminuem da mesma maneira. Todos os dias vemos plantas a crescer e se não concebemos que algum corpo foi acrescentado ao seu será impossível conceber como se tornam maiores do que antes. No entanto, ainda ninguém conseguiu observar por meio dos sentidos que corpúsculos se acrescentaram continuamente a cada parte da planta que cresce. Ora, os filósofos que afirmam que as partes da quantidade são divisíveis até ao infinito, devem declarar que quando as partes se dividem podem tornar-se tão pequenas que jamais serão objecto dos sentidos. E a razão que nos impede de verificar os corpos pequeníssimos é evidente, pois todos os objectos que sentimos devem accionar algumas partes do corpo que servem de órgãos aos nossos sentidos, isto é, alguns filamentos dos nervos, e que cada um tenha alguma grossura; ora, os corpos que são muito mais pequenos do que eles não têm força para os accionar, e assim cada um destes corpos que sentimos compõem-se de muitos outros tão pequenos que não podemos percepcioná-los. Por conseguinte, quem faça um verdadeiro uso da razão só poderá afirmar que é muito melhor filosofar avaliando o que acontece com estes corpúsculos — cuja pequenez nos impede de poder sentir, por exemplo, o que sabemos ocorrer naqueles que sentimos, explicando por este meio tudo quanto existe na Natureza (como procurei fazer neste tratado) — do que ter de inventar outras razões que não têm nada a ver com aquilo que sentimos, tais como a matéria primeira, as forças substanciais e todo esse aparato de qualidades que muitos costumam imaginar, sendo cada uma mais difícil de conhecer do que todas aquelas que pretendem poder ser aprendidas por seu intermédio.

202. Estes princípios estão de acordo com os de Demócrito [os de Aristóteles] e de outros.

Podem dizer que Demócrito já tinha imaginado os corpúsculos com diversas figuras, tamanhos e movimentos e cuja combinação formava todos os corpos sensíveis e que, apesar de tudo, a sua filosofia foi comummente rejeitada. A isto respondo que ninguém a rejeitou por ele imaginar corpos mais pequenos do que os percepcionados pelos nossos sentidos, atribuindo-lhes diversos tamanhos, formas e movimentos, pois ninguém pode duvidar que existam verdadeiramente, como já se demonstrou. No entanto foi rejeitada: primeiramente porque supunha que estes corpúsculos eram indivisíveis, o que rejeito totalmente; depois porque imaginou que entre eles existia o vazio, e eu demonstro que é impossível que exista; a seguir, também porque lhes atribuía peso, e eu nego que o peso unicamente em si possa existir em qualquer corpo, já que é uma qualidade que depende da relação mútua entre os vários corpos; finalmente, há motivos para a rejeitar uma vez que não explicava em particular como todas as coisas tinham sido formadas pela simples reunião destes corpúsculos [ou então, se explicava algumas, as razões que fornecia não dependiam bem umas das outras de modo a provar que toda a Natureza poderia ser explicada da mesma maneira]; pelo menos não o poderemos saber só pelas opiniões que nos deixou escritas. Mas deixo ao juízo dos leitores aceitar se as razões que incluí neste tratado podem ser perfeitamente deduzidas e se delas podemos deduzir muitas coisas. [Se a consideração das figuras, dos tamanhos e dos movimentos foi aceite por Aristóteles e pelos restantes, como por Demócrito, eu rejeito tudo quanto este último imaginou, como rejeito em geral tudo quanto foi imaginado pelos outros. Sendo assim, é evidente que esta maneira de filosofar tem tanta afinidade com a de Demócrito como com todas as outras seitas particulares].

203 Como se pode alcançar o conhecimento das formas, tamanhos e movimentos dos corpos insensíveis.

Enfim, qualquer pessoa poderia também perguntar como cheguei ao conhecimento das formas, tamanhos e movimentos das partículas de cada corpo, muitas das quais determinei como se as tivesse visto, apesar de ser verdade que não poderia percepcioná-las através dos sentidos, pois afirmo que são insensíveis. A minha resposta é a seguinte: primeiramente considerei genericamente todas as noções claras e distintas que podem existir no entendimento sobre as coisas materiais; e, não encontrando outras, a não ser as que temos das formas, tamanhos e movimentos, assim como das regras segundo as quais estas três coisas podem distinguir-se umas das outras — sendo essas regras os princípios da Geometria —, julguei que todo o conhecimento que os homens podem ter da Natureza só pode ter sido obtido assim. E tanto é verdade que as outras noções que temos das coisas sensíveis são confusas e obscuras e não podem por conseguinte proporcionar-nos o conhecimento de algo exterior a nós; pelo contrário, podem até impedir esse conhecimento. Após isto, examinei as principais diferenças entre as formas, tamanhos e movimentos dos diversos corpos e que a sua pequenez torna insensíveis, e que efeitos sensíveis são produzidos pelos diversos modos como se combinam; e depois, quando deparei com semelhantes efeitos nos corpos que os sentidos percepcionam, pensei que só poderiam ter sido produzidos assim. Finalmente, acreditei que foi infalivelmente assim quando me pareceu impossível encontrar em toda a Natureza outra causa capaz de os produzir. Para isto servi-me de muitos corpos formados artificialmente pelos homens; aliás, não vejo, efectivamente, nenhuma diferença entre as máquinas feitas pelos artesãos e os diversos corpos formados exclusivamente pela Natureza [a não ser que aqueles feitos pelas máquinas dependem apenas da disposição de certos tubos, molas ou outros instrumentos] e que são proporcionais às mãos daqueles que os fabricam, e como são sempre tão grandes as suas formas e movimentos podem ser facilmente percepcionados; ao passo que os tubos ou molas que causam os efeitos nos corpos naturais são normalmente demasiado pequenos para que os sentidos os possam percepcionar. É verdade que todas as regras da Mecânica pertencem à Física, de modo que todas as coisas artificiais são, por isso, naturais. Por exemplo, quando um relógio marca as horas por meio das rodas que o compõem, isso não lhe é menos natural do que uma árvore produzir frutos. Por conseguinte, quando um relojoeiro olha para um relógio que não fez, mediante a simples observação de uma única parte normalmente consegue avaliar quais são as outras que não vê. Por isso considerei os efeitos e as partes sensíveis dos corpos naturais e procurei conhecer depois as partes insensíveis.

204. Quanto às coisas que os nossos sentidos não percepcionam, basta explicar como podem ser, tal como Aristóteles fez.

Ora, apesar de ter talvez imaginado causas que poderiam produzir efeitos semelhantes aos que vemos, nem por isso se deve concluir que aqueles que vemos sejam produzidos por elas. De facto, tal como um relojoeiro habilidoso pode fazer dois relógios que marquem as horas da mesma maneira — sendo completamente iguais no exterior, embora no interior a combinação das suas rodas seja totalmente diferente —, também é verdade que Deus usa uma infinidade de meios para fazer com que todas as coisas deste mundo pareçam tais como aparecem agora [não sendo possível ao espírito humano conhecer qual foi o meio empregado para as fazer]. E já seria muito se as causas explicadas permitissem que todos os efeitos que podem ser produzidos fossem semelhantes aos que vemos neste mundo [sem cuidar de saber se são produzidos por essas causas ou por outras]. Acredito que é tão útil para a vida conhecer causas assim imaginadas como se conhecêssemos as verdadeiras. A finalidade da Medicina, da Mecânica e em geral de todas as partes do conhecimento da Física é aplicar de tal modo alguns corpos sensíveis uns aos outros a fim de produzir alguns efeitos sensíveis que sejam consequência das causas naturais. [Isto é perfeitamente realizável se considerarmos como verdadeira a sequência de algumas causas assim imaginadas, apesar de serem falsas, uma vez que esta sequência será supostamente semelhante aos efeitos sensíveis].

E, finalmente, para que não se imagine que Aristóteles tenha alguma vez pretendido fazer mais do que isto, ele próprio diz no começo do sétimo capítulo do primeiro livro dos *Meteoros*: "Quanto às coisas não conhecidas pelos sentidos, penso demonstrar suficientemente tudo quanto possa ser razoavelmente desejado se apenas demonstrar que elas podem ser tais como as explico".

205. Apesar de tudo, há uma certeza moral: que todas as coisas deste mundo são tais como aqui se demonstrou poderem ser.

Apesar de tudo, e para não prejudicar a verdade [imaginando-a menos certa do que é], distinguirei aqui duas espécies de certeza. A primeira chama-se moral, ou seja, aquilo que é suficiente para regular os nossos costumes; ou aquilo que é tão grande como a moral que temos sobre as coisas de que habitualmente não duvidamos quanto à conduta da vida, apesar de sabermos que, absolutamente falando, podem ser consideradas falsas. [Assim, quem nunca esteve em Roma não duvida que não seja uma cidade de Itália, apesar de ser possível que todos aqueles que o informaram estavam enganados]. Imaginemos que alguém tentava decifrar algo escrito em letras normais: se determinasse ler um B onde está um A e ler um C onde está um B, substituindo assim cada letra pela que se lhe segue no alfabeto, por este processo poderia encontrar palavras com sentido, e então não duvidaria que esse não fosse o verdadeiro sentido das palavras que encontrava, ainda que fosse possível terem outro sentido completamente diferente; mas isto só muito dificilmente poderia acontecer, principalmente se o texto contiver muitas palavras, o que não é moralmente crível. Ora, se se considera que as diversas propriedades do íman, do fogo e de quantas coisas existem no mundo foram deduzidas evidentemente de um reduzidíssimo número de causas que propus no início do tratado, ainda que se imaginasse que as supus ao acaso e sem a ajuda da razão, nem por isso se poderia julgar que não fossem as verdadeiras causas de tudo quanto deduzi, pois isso seria como acreditar que encontramos o verdadeiro sentido de um texto através das significações conjecturais que dermos a cada letra. Efectivamente, o número de letras do alfabeto é muito maior do que o das primeiras causas que supus, e habitualmente nunca se põe tantas letras num texto quantos os diferentes efeitos que eu deduzi destas causas.

206. Possuímos uma certeza mais do que moral.

A outra espécie de certeza é quando pensamos que as coisas nunca serão diferentes daquilo que julgamos. E isto funda-se num princípio metafísico muito seguro: Deus é soberanamente bom e fonte de toda a verdade [pois criou-nos]. É verdade que o poder ou a faculdade que nos concedeu para distinguir o verdadeiro do falso é infalível quando usado correctamente [demonstrando com evidência que uma coisa é verdadeira]. Assim, esta certeza estende-se a tudo quanto foi demonstrado na Matemática. [Com efeito, vemos claramente que é impossível que dois e três juntos apresentem uma soma diferente de cinco, ou que um quadrado só tenha três lados, e assim por diante]. O conhecimento que temos também se estende sobre os corpos no mundo [pelas razões já anteriormente explicadas no início da segunda parte]; depois, estende-se a todas as coisas que podem ser demonstradas acerca destes corpos, mediante os princípios da Matemática ou outros tão evidentes e certos, entre os quais devemos aceitar os que descrevi neste tratado, pelo menos os principais e mais gerais. De facto, espero que sejam evidentes para aqueles que os experimentem atentamente, comprovando claramente toda a sequência das deduções que fiz [e como todos os princípios de que me servi são evidentes, principalmente se compreenderem que só é possível percepcionar qualquer objecto mediante algum movimento que este objecto desencadeia em nós], e que as estrelas fixas não podem desencadear qualquer movimento nos nossos olhos a não ser que de alguma forma toda a matéria existente entre elas e nós também se mova. Donde se segue, evidentemente, que os céus devem ser fluidos, isto é, formados de partículas que se movem separadamente umas das outras, ou pelo menos que tais partículas devem existir neles. [Com efeito, tudo quanto imaginei no artigo 46 da terceira parte pode ser reduzido a isto: os céus são fluidos]. Assim, se este único ponto foi suficientemente demonstrado [em relação a todos os efeitos da luz e, por consequência, a todas as outras coisas que expliquei], penso que também deve reconhecer-se que provei matematicamente [de acordo com os princípios que estabeleci] tudo quanto escrevi, pelo menos as causas mais gerais sobre a criação do céu e da Terra, e até o modo como as escrevi. [De facto, tive sempre o cuidado de propor como duvidosas aquelas que aparentavam sê-lo].

207. Mas submeto todas as minhas opiniões ao juízo dos mais sábios e à autoridade da Igreja.

Contudo, e porque não quero fiar-me demasiado em mim mesmo, não afirmo nada: submeto todas estas minhas opiniões ao juízo dos mais sábios e à autoridade da Igreja. Peço até aos leitores para não darem crédito a tudo [quanto encontrarem aqui escrito, mas que examinem] e que aceitem aquilo que a força e a evidência da razão os persuade a aceitar.

ÍNDICE